LE
PORTUGAL

PARIS — LIBRAIRIE LAROUSSE.

LE PORTUGAL

LE
PORTUGAL

GÉOGRAPHIQUE, ETHNOLOGIQUE,
ADMINISTRATIF, ÉCONOMIQUE, LITTÉRAIRE, ARTISTIQUE,
HISTORIQUE, POLITIQUE, COLONIAL, ETC.

PAR MM.

Brito ARANHA, Christovam AYRES, Teixeira BASTOS,
Daniel BELLET, Cardozo DE BETHENCOURT,
Louis-Pilate DE BRINN'GAUBAST,
Xavier DE CARVALHO, Z. CONSIGLIERI PEDROSO, Alcide EBRAY,
Bartholomeu FERREIRA, John GRAND-CARTERET,
Domingos GUIMARÃES, Francisco DE LACERDA, Magalhães LIMA,
Silva LISBOA, Ernesto DE VASCONCELLOS,
Alves DA VEIGA, ZABOROWSKI.

162 Gravures et 12 Cartes.

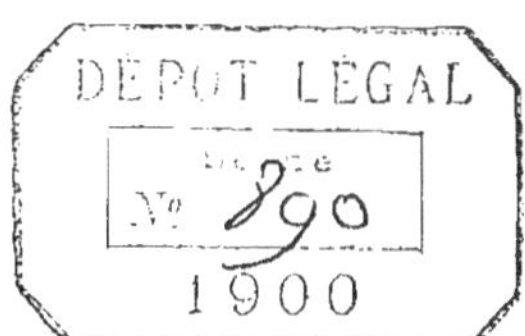

PARIS

LIBRAIRIE LAROUSSE

17, rue Montparnasse, 17

SUCCURSALE : rue des Écoles, 58 (Sorbonne).

LE PORTUGAL

LE PAYS

Par Xavier de CARVALHO

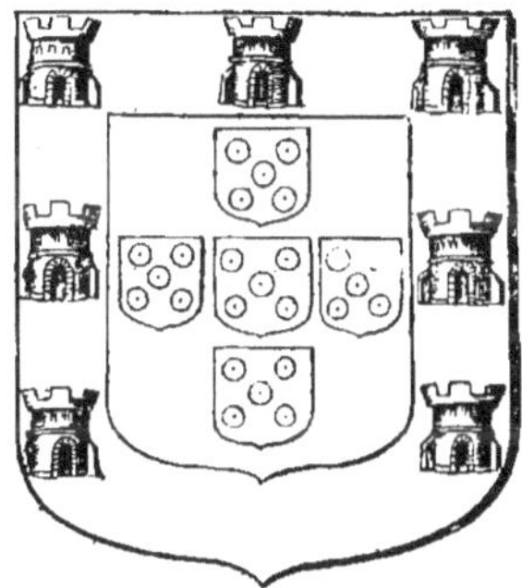

Armes de Portugal.

(Fac-similé d'une gravure de 1628.)

L E territoire du Portugal, de la vieille Lusitanie, affecte dans son ensemble, la forme d'un parallélogramme limité au nord et à l'est par l'Espagne, à l'ouest et au sud par l'océan Atlantique, dont la superficie peut être évaluée à 89 625 kilomètres carrés. Bien que faisant partie intégrante de la péninsule ibérique, traversé par les mêmes chaînes de montagnes, baigné par les mêmes fleuves, Minho, Douro, Tage, Guadiana, il constitue une contrée bien originale, une individualité géographique nettement déterminée : il a des reliefs moins puissants, des vallées plus largement ouvertes. Son climat surtout diffère singulièrement de celui de la Castille et de la Galice. Rebord occidental des plateaux espagnols, le Portugal s'infléchit doucement vers la côte comme une sorte de toit sur lequel les nuages chassés par le vent de mer viennent se condenser en ondées bienfaisantes pour l'atmosphère qu'elles rafraîchissent et pour le sol qu'elles fertilisent.

Toutefois la diversité des altitudes, les particularités du système hydrographique, l'exposition des localités, les unes battues
par les pluies, les autres tournées vers le soleil, et aussi les
perfectionnements apportés par le génie humain à l'œuvre primitive de la nature, ont rompu sur plus d'un point l'uniformité
constitutive du pays portugais. De fait, tous les géographes

Pont près de Mirandella. — Phot. E. Biel et Cie, Porto.

s'accordent pour le partager en plusieurs régions particulières,
différentes par les productions autant que par l'aspect, et qui,
dans l'ordre historique et politique, correspondent à autant de
provinces. On en compte huit, du nord au sud : le Minho, le
Douro, le Tras-os-Montes, la Beira Haute, la Beira Basse, l'Estrémadure, l'Alemtejo et l'Algarve.

Les deux premières ont un caractère franchement alpestre.
Elles sont couvertes de montagnes de granit et de schiste, ratta-
chées par les massifs de la Galice à la chaîne des Pyrénées
cantabriques. Généralement sèches et nues, coupées d'affreux
précipices dans le Tras-os-Montes, ces *serras* se parent dans

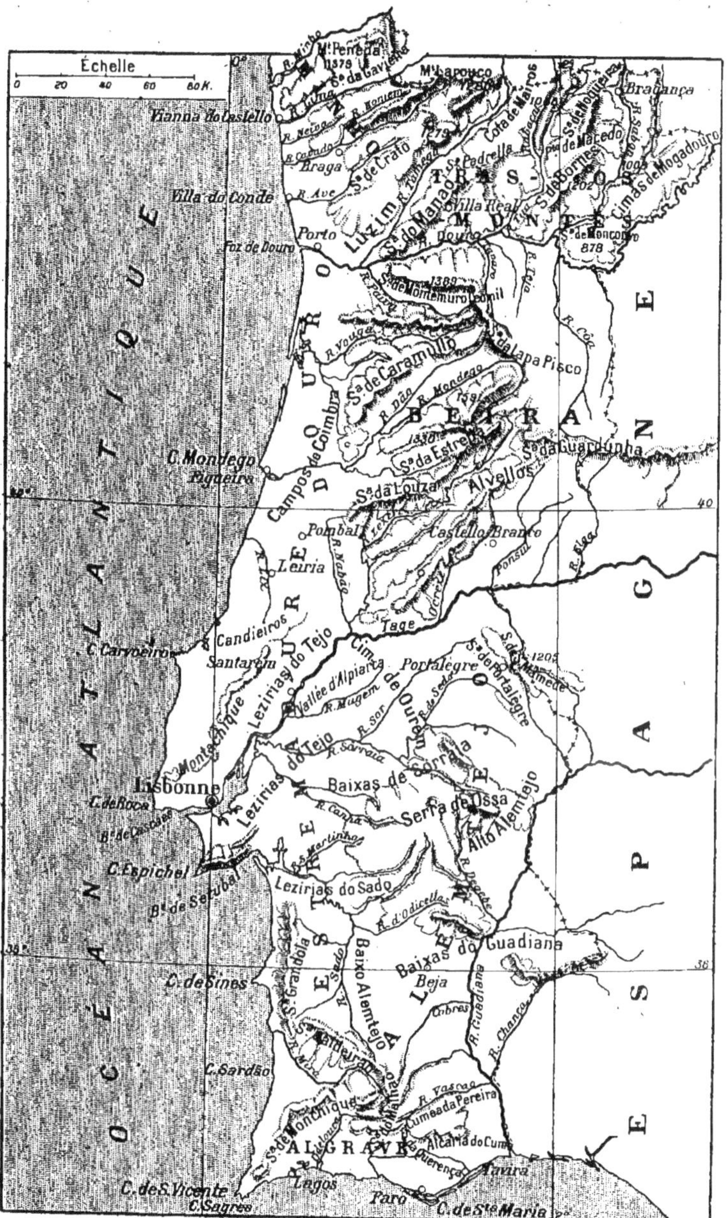

CARTE PHYSIQUE DU PORTUGAL

le Minho et le Douro d'épaisses forêts de châtaigniers. C'est, à
la frontière, entre le Minho et le Lima, petit fleuve côtier, la
bizarre serra de Gaviarra ou d'*Outeiro maior* (Grand sommet) qui
monte à 1 380 mètres, et la serra de Gerez, dont le point culminant, le pic de Larouco, domine de 1 548 mètres la source du Ta-
mega. Cet affluent du Douro dévale rapidement, encaissé par les
chaînons parallèles de la serra de Maran (*Marão* [1]), aux flancs aussi

Voie romaine, à Gerez (province de Minho).

dénudés qu'abrupts, et de la serra de Cabreira, dont le nom
évoque le souvenir des troupeaux de chèvres sauvages qu'elle
abritait naguère. Un véritable dédale de collines rocheuses
relie entre elles ces ramifications extrêmes du système pyré-
naïque. Au fond de leurs ravins coulent des *rios* aux allures plus
ou moins torrentueuses, mais aux flots de pur cristal, comme
le Cavado et ce Lima dont les soldats romains ne quittaient
jamais qu'avec regret les gracieux paysages. Plus austère est
la vallée du Minho, comparable, avec ses parois à pic, aux cañons

---

(1) Au sujet de l'emploi du *tilde* dans les mots portugais, voir la note p. 68.

du Tarn. Quant au Douro, qui, sur un très long espace, constitue la frontière hispano-portugaise, il fertilise une *veiga* dont les richesses fruitières sont renommées dans toute la péninsule.

Si l'aspect général de ces campagnes est, en effet, des plus pittoresques, cela tient surtout à l'étrange contraste d'une végétation semi-tropicale, épanouie dans un cadre tout alpestre, à la générosité d'un terroir où les plantes cultivées de l'Europe

Vue générale de Gerez. — Phot. E. Biel et Cⁱᵉ.

centrale, le blé, le seigle, le chanvre, le lin, croissent à côté des arbustes de la zone méditerranéenne, oliviers et orangers. Le climat se montre ici d'une douceur admirable ; la moyenne de la température est de 15°6′. Le froid ne sévit avec quelque rigueur que sur les hautes pentes de la serra de Gaviarra ou dans certaines localités, assez rares, des plateaux du Tras-os-Montes. D'autre part, le sol est très morcelé. Sauf dans quelques districts de la frontière où domine la vie pastorale, et dont l'industrie mulassière et l'élevage du menu bétail représentent la principale ressource, la Lusitanie du nord est avant tout un pays de petite culture et de petite propriété.

Ce système d'exploitation a toujours et partout produit des

résultats merveilleux. On ne saurait en douter devant cette multitude de petites fermes qu'on aperçoit nichées dans la verdure, devant cette fourmilière de travailleurs qui s'éparpillent dès l'aube, une éternelle chanson aux lèvres, à travers la campagne.

La vallée inférieure du Douro au voisinage de la serra de Maran porte le nom caractéristique de *Paiz do Vinho*, pays du vin. C'est en effet sur les bords de ce fleuve, mais principale-

Fontaine et rue, à Gerez. — Phot. E. Biel et Cie, Porto.

ment sur les collines de la rive droite, que s'étagent les vignobles célèbres dont les produits, sous le nom générique de *porto*, font les délices des gourmets des deux mondes. La viticulture et la fabrication du vin constituent l'occupation presque exclusive des habitants. L'entreprise est certes lucrative, mais aussi combien dispendieuse ! D'abord la raideur de la pente des collines a nécessité un mode spécial d'installation des ceps. Ils sont plantés sur des terrasses artificielles, dites *calços* ou *geios*. Les coteaux sont, comme ceux de la Toscane ou de la rive septentrionale du Léman, taillés en gradins soutenus par des murs de 3 à 4 mètres de haut, et dont la vision produit à distance l'effet d'un gigantesque amphithéâtre en partie caché par le feuillage.

Vue de Luso et du Bussaco. — Phot. E. Biel et Cie.

En outre, le personnel ordinaire de la ferme ne suffit pas
pour la récolte : il faut faire appel à la main d'œuvre étrangère, couper les grappes avec soin, les trier suivant la nature du
vin à produire, et en détacher les grains un à un en ne choi-
sissant que ceux qui sont bien mûrs et parfaitement sains. La
vendange, ce labeur qui clôt partout si joyeusement l'année

Caldas de São Lourenço.

rustique, grâce au concours des femmes et des enfants, et à l'aisance des opérations dans la tiédeur du ciel automnal, est
empreinte dans le Douro d'une gaieté débordante. C'est pour
les montagnards du Minho, de la Beira et du Tras-os-Montes
comme un rendez-vous de fête auquel ils accourent en bandes
nombreuses chantant et dansant par les chemins et souvent avec
toute leur maisonnée.

Quant aux opérations vinicoles proprement dites, pressurage,
mode de fermentation du moût, transvasement dans les tonneaux, elles n'offrent aucune particularité locale. On laisse le

Le Bussaco : Chapelle du Calvaire.

Barcellos : Pont sur le Cavado (province du Douro).

vin reposer en cave de novembre à mars; alors on le soutire
dans des pipes, on le renforce avec de l'alcool et on l'envoie
dans les chais de Villa-Nova da Gaya ou de Porto, d'où il est
ensuite exporté, suivant les demandes du commerce, dans tous
les pays de l'univers, mais surtout en Angleterre, au Brésil et
aux États-Unis.

Le Douro est la voie la plus naturelle et la plus économique
pour le transport des vins du pays. Malheureusement il n'offre
pas toujours un régime stable et une navigation sûre. En aval
même de Porto, l'embouchure du fleuve est d'un accès difficile,
surtout au moment des crues ou des fortes brises marines, par
suite de la faible profondeur de la passe de São João de Foz. C'est
d'ailleurs un vice commun à toutes les rivières de cette côte
basse et sablonneuse, aux havres rares, qui descend presque rec-
tiligne de l'estuaire du Minho à celui du Mondego.

Situées entre le Douro au nord et le Tage au midi, la Haute-
Beira et la Basse-Beira, dans leur ensemble, sont moins mon-
tagneuses que les deux provinces que nous venons de décrire.
Mais elles portent le massif le plus élevé du Portugal, la serra
d'Estrella, ou mont de l'Étoile, continuation de la chaîne qui
sillonne le nord du plateau castillan sous les noms successifs
de Serra Guadarrama, Serra de Grados et Serra de Gata, comme
disent les Espagnols. Elle s'y soude par une plate-forme rocheuse
bien dénommée « las Mezas » (les Tables). D'une hauteur de
1 993 mètres, la serra d'Estrella, prolongée à l'ouest par la serra
de Lousão, s'élève en pentes douces au sud du Mondego pour
tomber en roides escarpements sur la rive droite du Zezere,
affluent du Tage. Isolée à l'horizon du Beira, elle revêt un aspect
majestueux au regard du voyageur qui, du haut des terrasses de
Coïmbre, admire son profil déchiqueté, ourlé de neige pendant
quatre mois de l'année. Elle a pour pendant, de l'autre côté du
Zezere, entre cette rivière et le Tage, les serras de Moradel et de
Guardunha, comme elle issues de las Mezas.

C'est surtout dans ces montagnes des deux Beiras, exposées
aux vents de l'Atlantique, que l'on peut constater cette fraîcheur
humide qui s'oppose heureusement en pays portugais à la sécheresse lamentable des campagnes espagnoles. L'amoncellement
des nuages qu'apporte le souffle du large vient se fondre sur leurs
pentes en averses abondantes et plus ou moins tenaces en hiver
et au printemps. Le climat s'en trouve bien. De 20°, 50 en été
la température moyenne des Beiras ne tombe guère au-dessous
de 11°, 24 en hiver. Éternel jouet des eaux et des feux du ciel
se succédant à des intervalles rapprochés, le sol se couvre

Pinhão (région du Douro). — Phot. E. Biel et Cie.

d'une végétation exubérante et plutôt méditerranéenne. D'autre part, les pluies et les brouillards de la mauvaise saison amassent des réserves d'eau dans les creux des montagnes : ils y entretiennent quelques lacs, petits, mais jolis dans leur cadre de roches boisées, et tels sont les lacs d'Arestel et d'Escura dans la serra d'Estrella. Les cascatelles qui s'épanchent de ces aiguades engendrent une multitude de fleuves moins importantes, vassaux du Douro et du Tage, comme le Coa, le Paiva, le Zezere, ou des fleuves tributaires directs de l'Océan, comme le Mondego et la Vouga.

Né dans la serra d'Estrella, le Mondego est un fleuve entièrement portugais. C'est, avec le Tage, la plus poétique et pour ainsi dire la plus populaire des rivières lusitaniennes. Camoëns a célébré les charmes idylliques de cette « rivière des Muses » et chanté l'idéale pureté de ses ondes cristallines, miroir naturel offert aux bois d'orangers de Condeixa-a-Nova, aux frondaisons moutonnantes des chênes-lièges et des cèdres de la forêt de Bussaco, à tous ces gracieux paysages qui se multiplient autour de la cité universitaire de Coïmbre. Moins séduisant est le Vouga : ce fleuve n'arrive pas jusqu'à la mer, mais va mourir tristement dans cette lagune d'Aveiro qui ressemble d'une manière si frappante au bassin d'Arcachon. Toute la côte des Beiras peut d'ailleurs être comparée au littoral de la Gascogne. Ce sont les mêmes étangs dormant dans le fouillis sans cesse houleux de leurs grands roseaux, de leur cadre de genêts et d'arbousiers, derrière le même rempart de dunes hérissées de pins maritimes, et tapissées de fougères. Les prairies et les marais coupés de canaux qui s'étendent vers l'intérieur des terres fournissent plutôt des tableaux dignes de la Hollande. Les parcelles assainies ont été transformées pour la plupart en rizières.

Aussi pauvre dans la zone frontière que son homonyme espagnole, l'Estrémadure portugaise déploie au contraire une rare opulence dans sa partie maritime, sur les bords du Tage (*Tejo*) inférieur. Aux revêches solitudes que ce fleuve parcourt en Espagne, entre Tolède et Alcantara, succèdent les plantureuses campagnes et l'éternel printemps de la vallée portugaise. Toutes frémissantes encore de leur passage à travers les gorges qu'enjambent les arches colossales du pont romain d'Alcantara, les eaux du Tage se dégonflent peu à peu dans un lit qui s'élargit progressivement, la frontière franchie. L'afflux des eaux du Zezere en aval d'Abrantès achève de modifier la physionomie du Tage, et d'une rivière de montagne fait un fleuve de plaine, une sorte de Rhin dont les eaux semblent flâner autour d'innom-

Cap Sines (province de l'Estrémadure).

brables îlots sableux ou marécageux. Au-dessous du village d'Al-
verca, le Tage s'étale brusquement en lac, ou plutôt en golfe
de 30 kilomètres de long sur 5 à 12 de large : la célèbre « mer
de paille », c'est-à-dire la rade de Lisbonne, et sur les bords
de laquelle la métropole du Portugal étage dans un artistique

Le Bussaco : une chapelle.

désordre la masse gaie de ses maisons blanches et de ses vertes
promenades d'où émergent les coupoles des églises et les tours
des palais royaux. La rade communique avec la haute mer par
une passe large de 1 à 3 kilomètres, resserrée entre la crayeuse
serra d'Arrabida et les hauteurs basaltiques de Cintra ; elle rappelle à la fois le goulet de Brest avec ses fortifications et l'entrée
des Dardanelles avec ses rochers roux ombragés. De fait, les
deux rives du Tage inférieur ne se ressemblent guère : tandis

Vue générale de Coïmbre.

que la rive gauche reste basse et se développe vers le sud en une vaste plaine, la rive droite est bordée de collines de 500 à 600 mètres qui, dans la partie comprise entre le fleuve et l'Atlantique, se redressent parfois en véritables montagnes, comme le Monte Junto ou la Serra Adoire (Montagne du Vent). Elles vont tomber sur l'Océan en falaises escarpées qui enfoncent dans les flots les deux énormes éperons du cap Carvoeiro et du Cabo da Roca (cap du Roc), points de repère pour le marin qui cherche l'entrée de la rade de Lisbonne.

Petits ou grands, ces monts de l'Estrémadure contribuent au renom de beauté des rives du Tage dont elles encadrent magnifiquement l'estuaire. Ce n'est point une vague légende, mais une réalité tangible et inoubliable pour quiconque a pu la contempler, que « la merveille » de la montagne de Santarem, cette riche glèbe où le blé et le maïs se mêlent aux productions de la flore exotique, ces vignobles de Termo et de Carcavellos, ces vallons ombreux de Colares et de Cintra embaumés par les orangers, ces jardins de roses enclos de haies de cactus et d'aloès, de manguiers et d'agavés, qui fleurissent aujourd'hui à Torres-Vedras les ruines des « lignes » fortifiées de Wellington. Qu'on y ajoute un ciel de saphir dont aucun nuage ne vient altérer la pureté pendant cent cinquante jours de l'année, une atmosphère généralement tiède en été grâce à la brise marine, des hivers courts sans froids sensibles, exempts sinon de brumes, du moins de neiges, et l'on ne doutera plus de la place privilégiée que l'Estrémadure occupe entre toutes les contrées de l'Europe méridionale.

Au sortir de cette terre heureuse, combien apparaît triste et laide la région d'outre-Tage (Alemtejo)! Elle sert vraiment de repoussoir à l'Estrémadure. Le relief général en est peu accentué. Il faut aller vers la frontière du nord-est et du sud pour rencontrer quelque cime un peu fière : la serra de São Mamede ou de Portalègre, reliée à la chaîne des monts de Tolède, se dresse à 1 025 mètres au-dessus de l'Alemtejo oriental; la serra de Monchique et la serra de Malhão, qui sépare l'Alemtejo de l'Algarve, n'atteignent pas 1 000 mètres. Au centre même de la province, le bourrelet granitique de la serra d'Ossa, qu'une série de plateaux unit à la jurassique serra de Caldeirão ou du Chaudron, et la serra de Beja descendent plus bas encore.

Le sol de l'Alemtejo a été le grenier de la péninsule au temps des Romains et sous les califes; il n'offre plus maintenant, d'une serra à l'autre, que d'immenses plaines bosselées et broussailleuses, de vastes landes de bruyère ou de genêt roussies par le

Bom Jesus do Monte, à Braga.

soleil, et tachées çà et là par la sombre verdure des fourrés de cistes et des bois de genévriers. Un seul cours d'eau de quelque envergure, le Sado, y traîne nonchalamment vers la baie de Setubal ses eaux troubles comme celles du Tibre romain. Bas et sablonneux, le littoral se profile avec la même régularité que celui de la Basse-Beira, interrompu seulement vers le milieu de son tracé par le cap de Sines. Au nord, il s'échancre profondément pour former la baie de Setubal, que la serra d'Arrabida sépare de l'estuaire du Tage, et à laquelle l'exploitation des marais salants, la culture de l'oranger et le commerce du fameux muscat de Setubal donnent une certaine activité. L'Alemtejo doit son état au régime actuel de la grande propriété. Cependant les fermes sont peu nombreuses. La vie pastorale et nomade prévaut ici sur la vie agricole sédentaire : l'Alemtejo sert, en effet, de quartier d'hiver aux nombreux troupeaux de moutons transhumants venus des montagnes des Beiras. L'élevage des porcs noirs du pays, facilement entretenus dans les belles forêts de chênes des serras, fournit un appoint notable aux revenus du sol.

L'Algarve, la mauresque Al-Gharb, de toutes les provinces portugaises la plus petite et la plus méridionale, est celle qui présente la physionomie la plus tranchée. C'est une véritable oasis d'Afrique égarée sur le sol lusitanien. De l'Afrique elle a tout : et d'abord le climat torride, avec des chaleurs de 39° et une température moyenne de 18°. La végétation surtout est caractéristique. Bien abrités des vents du nord par le rempart de la serra de Monchique et les bastions du cap Saint-Vincent, constamment enveloppés par le souffle chaud venu des *hamadas* et des sablières marocaines, les jardins et les vergers de l'Algarve réunissent à tous les arbustes méditerranéens déjà rencontrés dans les autres zones du Portugal, les caroubiers, les figuiers et les dattiers. Des vignobles escaladent les pentes des montagnes que couronnent des forêts de châtaigniers. C'est une terre mixte, à la fois européenne et arabe, et cela suffit pour lui donner entre toutes les provinces de la péninsule une originalité saisissante.

Aux provinces continentales il faut ajouter les archipels des Açores et de Madère. Ils ne sont pas, en effet, considérés comme des colonies, mais comme des « îles adjacentes », formant dans la géographie administrative du pays le *Portugal insulaire*.

Le groupe des Açores, ainsi appelé du grand nombre d'autours (*açores*) que les premiers Portugais, compagnons d'Alvares Cabral, y rencontrèrent en débarquant, se compose de neuf îles, dont les principales sont San-Miguel, Fayal et Terceira. Elles sont toutes de formation volcanique. Ce mode de

Château de la Pena, à Cintra.

naissance se révèle immédiatement, aux yeux du marin près d'aborder, dans la hauteur anormale et la masse noirâtre des falaises du rivage, dans les cassures tranchantes et les cimes cratériformes des montagnes. Elle s'accuse plus nettement encore, à l'intérieur des îles, dans l'abondance des scories et des blocs de laves qui parsèment le sol, dans les fumerolles et les sources chaudes qui en jaillissent çà et là, et trahissent l'activité latente des couches profondes. L'une des îles, Pico, renferme même un cône d'éruption éteint. Les autres cratères semblent bien éteints pour toujours. Le fond de leur vaste entonnoir est souvent occupé par un lac : tel est, dans l'île San-Miguel, le volcan des Sept-Cités, avec son *lagoa* dont les eaux bleues reflètent si nettement les hautes murailles rocheuses qui l'encadrent et les blanches villas qui s'égrènent sur ses rives. Ces *caldeiras* ou chaudières sont la principale beauté naturelle des Açores, avec les longues colonnades de basalte aux fûts prismatiques qui s'alignent au bord de la mer, non moins admirables que les « orgues » de Fingal en Écosse, de Bort ou d'Espaly en France.

Les Açores sont plus privilégiées au point de vue de la flore. En dehors des figuiers et des pins et d'une grande quantité d'arbres fruitiers éparpillés aux flancs des monts, elle ne comporte qu'un très petit nombre d'espèces cultivées : le blé, le millet, l'igname, la patate, et en fait d'arbres, l'olivier et l'oranger. Par contre, les rendements sont toujours satisfaisants sous ce climat tiède et sur ce sol volcanique, dont l'humus, constitué par les cendres des anciennes laves, est constamment rafraîchi par les embruns et par les pluies abondantes de l'hiver.

L'archipel de Madère, envisagé au seul point de vue économique, ne comprend que deux îles, *Madère* et *Porto-Santo;* car le groupe insignifiant des Desertas qui en fait nominalement partie n'est qu'un amas de rochers nus, absolument vide de tout être humain. L'îlot de Porto-Santo, à une cinquantaine de kilomètres au nord-ouest de Madère, n'a lui-même que 2 000 habitants. La presque totalité de la population de l'archipel, évaluée à environ 138 000 âmes, s'est agglomérée à Madère.

De nombreux sondages pratiqués à travers l'archipel ont révélé que les îles qui le composent sont les sommités de volcans profondément immergés. Madère, la plus grande, est aussi la plus élevée. Son ossature offre dans l'ensemble une remarquable régularité. Allongée de l'ouest à l'est, sur une étendue de 55 kilomètres, l'île est sillonnée d'un bout à l'autre par une chaîne de basalte et de trachyte qui, étalée au début en larges

Château des Maures, à Cintra.

plateaux herbeux, s'exhausse au centre en une serra bizarre-
ment déchiquetée, dont la haute cime, le Pico do Ruios, se dresse à
1 847 mètres. Au delà cette épine dorsale s'abaisse et va en s'amin-
cissant progressivement jusqu'à ne plus former vers son extrémité orientale qu'un chapelet de vertèbres rocheuses. De chaque
côté de la ligne de faîte se détachent une nombreuse série de
contreforts qui vont finir brusquement à la mer en escarpe-

Pont Maria Pia, à Porto. — Phot. Biel, à Porto.

ments d'une âpreté singulière, notamment sur la côte septentrionale. Les vallées que séparent ces chaînons latéraux peuvent donner au montagnard émigré du Tras-os-Montes l'illusion
du pays natal : ce sont les mêmes ravines étroites, aux talus
rocailleux, creusés de précipices, les mêmes *rios* au flot rapide
et mousseux, bondissant en bruyantes cascatelles.

Cependant l'origine éruptive de l'île a donné aux vallées
madériennes un charme inédit : parfois elles s'ouvrent dans la
grande chaîne centrale en d'énormes cirques rocheux de l'effet
le plus imposant : tel ce *curral das Freiras* qui se déploie au cœur
de l'île entre des talus verticaux de 500 mètres d'élévation. C'est
à cette même constitution volcanique que Madère doit les intu-
mescences coniques tout en point semblables aux dykes du Velay,

qui hérissent ses hautes vallées, cette étonnante gamme de couleurs qui nuancent les blocs de lave au flanc des montagnes, et, comme aux Açores, les superbes alignements de colonnes basaltiques qui bordent le littoral.

D'ailleurs, à Madère aussi le temps a fait son œuvre. La nature, cette Pénélope éternelle, a siècle par siècle profondément modifié son travail initial. Le soleil d'Afrique et les intempéries ont alternativement désagrégé les rochers, élargi leurs brèches, émoussé leurs saillies : un voile de verdure dissimule aujourd'hui presque partout les témoignages des anciennes convulsions terrestres, et, sauf dans les parages du Pico de Ruios ou aux abords restés sauvages de la côte boréale, la physionomie de Madère est des plus attrayantes.

Sa séduction lui vient surtout de son climat insulaire très doux, très sec au midi, grâce à la direction de la chaîne centrale et au régime des vents. C'est lui qui a fait de Madère, et particulièrement de sa capitale, Funchal, où le

Un moulin dans le nord du Portugal.

thermomètre marque rarement plus de 20 à 21° en été, moins de 15° en hiver, un sanatorium renommé pour les affections pulmonaires et fréquenté par de nombreux Anglais.

En dehors de son utilité thérapeutique, Madère offre à ses hôtes malades ou bien portants un séjour des plus agréables. A l'azur de son ciel s'ajoute la verdure persistante et les floraisons parfumées de ses campagnes. Si les hauteurs sont incultes et ne servent guère qu'au pacage des troupeaux, les basses vallées et les pentes inférieures des monts se couvrent d'une puissante végétation : les champs de blé, d'orge et de seigle y alternent avec les plantations de café et de cannes à sucre. Ses cultures

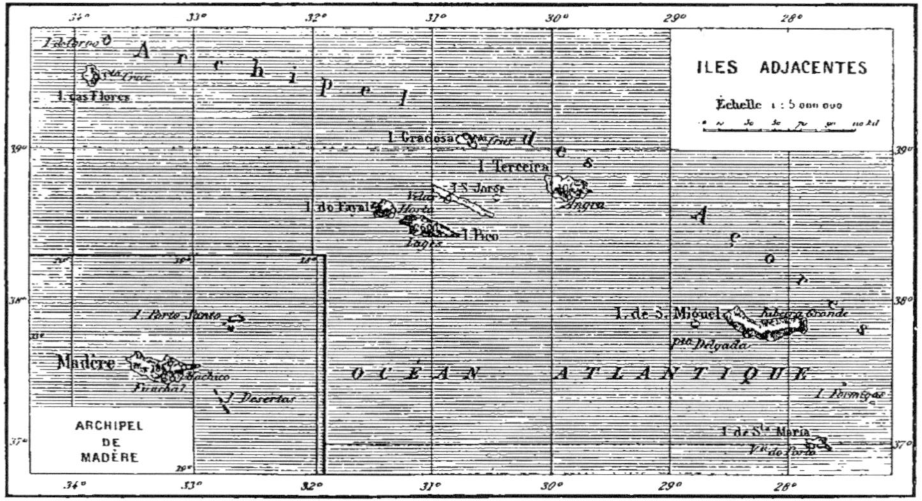

CARTE DES ILES ADJACENTES

Vue générale de Funchal (Madère).

Vue de l'île du Pico (Açores).

fruitières sont surtout très développées : les vergers, toujours bien entretenus et méthodiquement irrigués, donnent d'abondantes récoltes de bananes, de mangues, de goyaves, d'ananas, de cédrats, d'oranges, de citrons et même d'abricots, de pêches et de poires.

Mais le premier rang appartient encore à la vigne : c'est elle qui a fait la grande richesse de Madère et lui a valu son universelle renommée. Elle y est cultivée surtout en espalier, princi-

Jardin du Marquez de Montfort, à Furnas (Açores).

palement dans la région méridionale. Entièrement détruits une première fois en 1852 par l'oïdium, puis de nouveau par le phylloxera, il y a une dizaine d'années, les vignobles ont été immédiatement reconstitués, presque toujours avec des cépages provenant du Rheingau ou de Chypre. Le producteur s'attache surtout aux variétés à raisin blanc. Elles fournissent deux sortes de vin : d'abord le vin de liqueur, dont le plus célèbre est le *malvoisie*, très doux et si délicieusement parfumé, et le *madère sec* ou madère proprement dit, fortement alcoolisé et qui constitue le principal élément des exportations. En dehors de ces vins dorés, on récolte dans l'île un vin rouge, le *tinto*, capiteux comme celui de Bourgogne.

La terre portugaise, on le voit, a été favorisée par la nature. Elle jouit, dans sa partie continentale comme dans sa partie insulaire, d'un climat admirable. Malgré les nombreuses émigrations au Brésil, qui enlèvent sans retour à la mère patrie un bon nombre de ses habitants, malgré la concurrence que les grandes puissances coloniales, comme l'Angleterre et la Hollande, font à son commerce de produits agricoles, le sol est resté d'une richesse inépuisable, et son exploitation est facile. Avec de si précieux avantages, une nation peut toujours aspirer à de meilleures destinées

LA RACE

Par ZABOROWSKI

I. — L'HOMME TERTIAIRE.

Jusqu'après les premiers siècles de notre ère, sinon jusqu'à l'époque moderne du grand développement des voyages de circumnavigation et de l'expansion coloniale, le Portugal n'a été qu'une des petites provinces du monde méditerranéen. Comme les autres, il a été peuplé à une époque très reculée. Et dans l'état de nos connaissances, il pourrait passer pour une des terres de l'Europe le plus anciennement peuplées.

En 1866, Ribeiro, directeur du relevé géologique du Portugal, reconnut des silex et quartzites taillés intentionnellement parmi ceux qu'on recueillait en grand nombre dans un puissant dépôt de grès grossier de la vallée d'Otta. Ce dépôt fut donc un instant rangé par lui-même dans l'époque quaternaire. Mais, après un examen plus attentif de la faune et de la flore, il fallut revenir sur cette détermination. Le grès d'Otta appartenait au tertiaire miocène supérieur. Si donc les silex recueillis par Ribeiro étaient taillés, ils avaient été les outils d'un homme tertiaire. Le congrès international d'anthropologie et d'archéologie préhistorique se réunit, en 1880, à Lisbonne, pour les examiner, ainsi que leur gisement. Les archéologues ont été généralement d'avis que s'ils appartenaient à des couches quaternaires, aucun doute ne serait élevé sur la taille de certains d'entre eux. Mais l'extrême ancienneté de leur gisement donnait à réfléchir. L'homme tel que nous le connaissons n'avait pu exister à une époque aussi reculée. Le congrès dans son ensemble resta donc hésitant. Et des anthropologistes (G. de Mortillet) acceptèrent les silex d'Otta comme l'œuvre d'un précurseur de l'homme.

II. — L'HOMME QUATERNAIRE. — LES AMAS DE MUGEM
ET LES RACES DE LEURS AUTEURS.

Les dépôts des vallées des fleuves n'ont pas été explorés en Portugal, comme en France et en Angleterre. Nous savons néanmoins qu'à l'époque de leur formation, l'homme habitait le Portugal comme l'Espagne. Quelques haches en silex ont été recueillies aux environs de Lisbonne ; elles sont absolument comparables à celles des célèbres gisements de Chelles près de Paris et de la vallée de la Somme.

Il y avait en Portugal des tribus de la même race d'hommes que les plus anciens habitants des cavernes belges, de la même race que les restes fameux de Néanderthal. Mais le climat ici et là n'était pas le même. Il était à tel point différent au nord et au sud des Pyrénées qu'il est permis d'affirmer que jamais en Portugal l'homme quaternaire n'a été obligé de se confiner dans des cavernes, comme il le faisait dans le midi de la France. C'est une des raisons (la principale peut-être) pour lesquelles nous avons si peu de documents sur l'industrie quaternaire de la péninsule ibérique et les mœurs de ses habitants.

A la fin pourtant du quaternaire, ou tout au moins à l'aurore des temps actuels, les rivages des embouchures des fleuves portugais étaient occupés par des tribus de pêcheurs qui vivaient absolument de la même manière que celles du Danemark, plus ou moins contemporaines, de la même manière que les Fuégiens de nos jours. Elles ont laissé des amas de coquilles et d'os semblables aux *Kjœkkenmœddings* danois. Les plus connus sont les amas de Mugem, signalés déjà en 1865 par M. Pereira da Costa, puis fouillés par Ribeiro, Delgado et Paulo e Oliveira. Ils sont devenus célèbres, surtout en raison de ce que leurs auteurs y ont enterré au moins certains de leurs morts. Je dis enterré, parce qu'on a trouvé à travers leurs couches, vers le fond, des hommes, des femmes, des enfants, et que tous y étaient dans la même position accroupie, les membres inférieurs ramenés sur la poitrine. Mais d'ailleurs il n'y avait avec eux aucun objet quelconque, rien qui annonçât que l'ensevelissement avait été relevé d'une cérémonie funéraire. D'après Paulo e Oliveira, les cadavres étaient simplement pris par les bras et les jambes, et jetés au fond de trous trop petits. D'où la position ramassée de leurs restes. Les hommes, pour la plupart, n'étaient même probablement pas enterrés du tout. On n'en a pas trouvé en proportion des enfants et des femmes. Exposés à périr à la chasse, à la guerre, ils étaient abandonnés où ils tombaient, ou jetés dans les broussailles.

Paulo e Oliveira a donné au congrès de Lisbonne une courte étude sur une première série de dix crânes de cette provenance et d'assez nombreux os longs. La plupart d'entre eux appartiennent à une race petite, au crâne allongé, dolichocéphale, peu capace, à la face plutôt longue, prognathe, aux membres robustes, à l'aspect sauvage. Avec les crânes de ce type se trouvaient d'ailleurs des crânes d'un type très différent, quoique également inférieurs par la grossièreté des traits. L'un de ceux-ci a été rapproché, il y a longtemps, de l'un des crânes de la caverne célèbre de Furfooz en Belgique. A la fin des temps quaternaires, je l'ai exposé ailleurs, des Asiatiques appartenant à une même race, barbares encore grossiers, ont pénétré, presque en même temps, en Belgique et le long des côtes de Portugal, alors que les indigènes, sans culture, sans aucun animal domestique, ignorant même l'usage de la pierre polie et de la poterie, vivaient misérablement de chasse et de pêche. M. Paulo e Oliveira a signalé un troisième type dans les amas de Mugem. Il ne diffère pas du précédent par les caractères les plus importants. Il n'était représenté que par un seul crâne dans la première série étudiée. Mais ce crâne rond frappera n'importe quel observateur par la netteté des caractères mongoliques de sa face.

III. — STATIONS NÉOLITHIQUES. — GROTTES SÉPULCRALES,
NATURELLES ET ARTIFICIELLES. — LES ANTAS.

Au sud-ouest de Lisbonne, en face du village de Barcarena qui s'étage en amphithéâtre, s'élève un petit plateau entouré supérieurement par d'escarpements à pic formant une muraille sinueuse haute de 3 à 10 mètres. Ce plateau, aujourd'hui occupé par le village de Licea, a été habité pendant de bien longs siècles par des populations néolithiques. Ribeiro a recueilli et décrit un grand nombre des restes de leur industrie. Il y a de plus découvert et fouillé une petite grotte qui leur servit pendant quelque temps à enterrer leurs morts. Les ossements de ceux-ci étaient malheureusement trop altérés pour qu'on ait pu en retirer quelques indications sur leurs caractères.

Mais d'autres grottes naturelles sépulcrales ont fourni des matériaux précieux de toute nature. Telle est par exemple la

Casa da Moura, « maison de la Mauresque », sur la rive droite du Tage, à six kilomètres de la mer. A l'époque néolithique, cette grotte a reçu les dépouilles d'environ cent cinquante individus. A Cascaes, à l'embouchure du Tage, une autre grotte a fourni, comme la précédente, un mobilier très riche. Certains des ossements humains que ce mobilier accompagnait avaient été soumis à l'action du feu. Les pratiques de l'incinération qui devaient dominer à l'âge du bronze, avaient donc pénétré peut-être chez la population néolithique de Cascaes, en même temps que le métal lui-même d'ailleurs. Entre les deux embouchures du Tage et du Sado, sur l'un des points culminants de l'Arrabida, se dressent les ruines de l'ancienne forteresse de Palmella. Dans son voisinage existent des grottes entièrement taillées de main d'homme dans la molasse tendre. Elles ont aussi servi de sépultures aux populations néolithiques. Et on y a recueilli le même matériel que dans les grottes ci-dessus, sauf qu'il témoigne d'une culture un peu plus relevée.

D'autres grottes artificielles moins connues, par les quelques pièces originales qu'on y a rencontrées, paraissent ainsi en rapport avec une civilisation quelque peu plus avancée, M. Cartailhac a signalé la ressemblance évidente de ces monuments avec les cryptes souterraines de la Sicile, de l'île de Pianosa, et avec les grottes artificielles de Majorque.

En même temps apparemment qu'ils creusaient ces cryptes, les habitants du Portugal apprenaient aussi à élever des monuments mégalithiques. Ces monuments, on les a de tout temps désignés sous le nom d'*Anta*, mot dont l'origine et le sens sont discutés. Ils consistent généralement en un système de quatre ou six pierres levées, sur lesquelles est posé un bloc. Leur mobilier est en général le même que celui des grottes artificielles. Le nombre de ceux qui ont échappé jusqu'à aujourd'hui à la destruction est encore très grand (375 en 1734; — 138 en 1879).

IV. LES MINES DE CUIVRE ET LES CIMETIÈRES A CISTES DE
PIERRE. — LE BRONZE. — LES STÈLES AVEC
INSCRIPTIONS. — LES VILLES FORTIFIÉES.

Il y a en Portugal comme en Espagne, d'anciennes mines de cuivre dont la première exploitation doit remonter à la fin de l'âge de pierre. Dans celle de Ruy Gomes (Alemtejo), on a recueilli des marteaux de pierre identiques à ceux des mines d'Espagne, et il semble, l'emploi de ces marteaux n'en étant pas d'ailleurs en lui-même une preuve suffisante, qu'alors les indigènes ne connaissaient pas le métal, sauf le cuivre natif que des étrangers recherchaient ou faisaient rechercher par eux. Il y a, avant la fin même de l'âge de pierre, traces de relations étrangères, de changements dans les mœurs par des influences étrangères. Dans l'Alemtejo même des sépultures ont été découvertes, qui sont bien différentes des précédentes, grottes et dolmens. Ce sont des tombes réunies en cimetières. Elles sont formées de dalles, cinq ou six, régulièrement disposées les unes de champ, les autres à plat dans le fond et au-dessus. En un mot, ce sont des tombeaux-caisses ou cistes de 2 mètres de long et de 50 centimètres de haut. On y a trouvé, avec des haches en pierre, une hache plate en cuivre. Et la pratique des incinérations des cadavres y apparaît. C'est la règle, on le sait, en Europe, où l'introduction du bronze coïncide généralement avec cette transformation dans les coutumes funéraires. Dans l'Algarve, plusieurs cimetières de tombeaux-caisses, parfois d'assez petite dimension, ont été mis à jour. Et dans ces caissons de pierre étaient des urnes cinéraires, avec des débris de squelettes plus ou moins calcinés, et des objets, notamment en cuivre et même en bronze. Ces urnes, le plus souvent globuleuses, à ouverture resserrée, recouverte d'une dalle, ne sont pas spéciales au Portugal. Les haches plates, en cuivre, sont particulièrement nombreuses, sans qu'on puisse affirmer que leur usage constitue une époque nettement séparée. Des objets isolés, des haches, même des épées, jusqu'à des cachettes de fondeur, prouvent qu'il a existé dans le pays une industrie du bronze. Les archéologues portugais ne croient pas toutefois que son épanouissement soit de beaucoup antérieur à la connaissance du fer (Possedonio da Silva). A Alcacer do Sal, sur la rive droite du Sado, une nécropole a fourni un riche mobilier. Et ce mobilier comprenait avec des torques et autres objets en bronze à demi fondus, des épées, des pointes de lance qui avaient été passées par le feu. Certaines de ces pièces, à poignées incrustées d'or et d'argent, étaient des objets d'art. Elles étaient d'ailleurs accompagnées de vases en terre peints, italo-grecs. Il y a plus d'un siècle, des cimetières à cistes de pierre, situés dans le sud de l'Alemtejo entre Ourique et Saint-Miguel, avaient livré de grandes épingles en bronze et des inscriptions. De nos jours, M. Estacio da Veiga a rencontré dans la même province des tombes avec inscriptions semblables. Ces tombes ne contenaient que des fragments de cuivre ou de bronze, des tessons

de poterie grise et des perles en verre, dont certaines émaillées.
On n'a pu déchiffrer leurs inscriptions. Mais on en retrouvera
bien de semblables ailleurs, car elles doivent avoir été l'œuvre
de colonies étrangères. Dans l'Alemtejo en particulier, des hauteurs sont couvertes d'enceintes et de vastes retranchements.
Ce sont des restes d'anciennes villes fortifiées où il n'y a nulle
trace d'influence romaine. On y a recueilli quelques objets : bra-
celets et lames d'or en spirale, etc., regardés comme phéniciens
ou puniques. Les habitants de ces hauteurs retranchées, dans
ce pays de mines de cuivre, étaient sans doute les auteurs des
cimetières à cistes de pierres et des tombes à inscriptions.

Dans la province de Minho, au nord même du Portugal, il
existe aussi des restes d'anciennes villes fortifiées, à peu près
de même époque. Leur emplacement, connu depuis longtemps,
leurs ruines mêmes ont été fouillés par M. Martins Sarmento.
Dans celle de Sabroso, les maisons étaient rondes. Elles avaient
intérieurement un diamètre de 3 à 5 mètres environ. Une forte
poutre, au milieu, soutenait la toiture. Les pierres formant les
linteaux de la porte d'entrée étaient souvent ornées de sculptures.
Parmi les objets recueillis çà et là dans les décombres, il faut citer
des pierres de meule, des fibules en bronze, de nombreuses
fusaïoles, des tessons de poterie dont l'ornementation rappelle
les poteries du premier âge italien du fer, des fragments de grossières sculptures, etc. Sabroso, dont la durée a certainement été
de plusieurs siècles, a cependant été détruite avant la pénétration de l'influence romaine. M. Sarmento a fouillé et déblayé
une autre cité du même âge, celle de Briteiros. On peut circuler
dans ses rues dont les pavés sont en place. Les documents les
plus intéressants qu'on y a relevés sont les nombreux signes
gravés sur pierre. On a longtemps conservé dans l'église du Briteiros moderne une pierre, connue et décrite sous le nom de *pedra formosa*. Elle vient de Sabroso. Une de ses faces est couverte
de sculptures qui ont été l'objet d'intéressantes discussions.
Briteiros a survécu quelque temps à l'entrée en scène des Romains, car on y a trouvé des inscriptions en caractères latins.
Avec ces monuments préhistoriques, nous arrivons donc au seuil
même de l'histoire positive.

VI. COMPOSANTES ETHNIQUES DU PEUPLE PORTUGAIS.
SES CARACTÈRES GÉNÉRAUX.

Les crânes recueillis en assez grand nombre dans les sépultures néolithiques nous ont mis en mesure d'affirmer qu'avant l'introduction du métal en Portugal, la population de ce pays appartenait à trois races différentes qui, d'ailleurs, s'entremêlaient dès lors. La plus ancienne est celle des petits dolichocéphales à face longue de Mugem. Elle s'est beaucoup élevée dès l'époque néolithique même par les mélanges et la culture. Elle était numériquement la plus importante. Elle n'était d'ailleurs pas spéciale au Portugal. Et c'est d'elle sans doute principalement que relevaient les peuples connus par les anciens sous le nom d'IBÈRES. La seconde des trois races néolithiques du Portugal est celle des crânes brcahycéphales ou trapézoïdaux de Mugem. Elle semble n'avoir jamais eu beaucoup d'importance. Peut-être est-elle aujourd'hui presque entièrement éliminée du pays par fusion avec les autres éléments. Mais il est naturel de penser qu'elle a transmis certains de ses caractères, aux Basques français brachycéphales, bien que mon collègue, M. Collignon, qui vient de faire sur eux d'importantes études (1895), soit rebelle à cette idée. Dans les croisements, il y a dissociation des traits distinctifs de chaque élément, et il arrive assez ordinairement que l'un des éléments ne survit dans la descendance commune que par l'un de ses traits isolés, morphologie partielle du crâne, forme de la figure, etc. L'association de caractères que présentent les Basques brachycéphales à nez étroit et convexe est quelque peu paradoxale. Elle déroute sans doute l'observateur. Mais quand on sait que peu après l'époque si reculée de Mugem, trois races bien distinctes étaient en présence dans la péninsule ibérique, on ne peut être surpris de voir sortir, de mélanges successifs opérés entre elles et avec d'autres races plus récentes, des produits complexes, à aspects multiples comme leurs origines.

La troisième des races portugaises primitives en question, est celle qui occupait le midi de la France dès l'époque quaternaire. C'est celle de Cro-Magnon, celle des dolichocéphales grands, à face large et courte. Elle était peut-être dominante dans la partie orientale de la péninsule, dès l'époque de la pierre polie, et pendant celle du métal. Il ne semble pas qu'elle ait jamais occupé en Portugal une place aussi considérable. Et nous ne

saurions dire quelle y est encore aujourd'hui son importance.
N'était l'inconvénient de se servir pour de semblables détermi-
nations de portraits d'hommes connus, je pourrais montrer
qu'elle est représentée même dans la classe cultivée. Mais il
n'est pas probable qu'elle constitue quelque part sur le continent, comme naguère aux Canaries, un groupe ethnique
distinct, sauf peut-être encore chez les Basques. On peut affirmer seulement que, dans l'ensemble du peuple portugais aux
éléments relativement bien fondus, certains de ses caractères
distinctifs sont encore apparents.

Elle s'est montrée en Portugal alors que s'y propageait la
civilisation de la pierre polie. Et c'est à cette époque reculée,
alors qu'elle ne connaissait pas encore l'usage des métaux qu'elle
s'est répandue jusqu'aux Canaries. Ses descendants, les indigènes de ces îles, les Guanches, par suite de leur isolement
depuis leur lointaine arrivée, sont restés en effet à cet état primitif de culture jusqu'au milieu de notre ère.

Comme nous le montrent les crânes de Cascaes, ce sont surtout les hommes de cette race qui ont creusé en Portugal les
grottes sépulcrales artificielles. Je ne songe pas à nier qu'ils
aient pris part aussi à la construction des dolmens. Mais on
ne peut qu'être vivement frappé de la similitude qu'offrent dans
leur construction les antas portugais avec les tombeaux mégalithiques de Roknia en Algérie. Il y a entre les uns et les autres
une relation certaine. Et rien ne nous surprendrait moins que
d'apprendre que les auteurs des uns et des autres avaient une
origine commune.

La pierre était encore seule employée, ou à peu près, pour
les outils et les armes, quand des colonies, sans doute puniques,
c'est-à-dire à la fois phéniciennes et africaines, vinrent s'établir dans le sud du Portugal. L'exploitation des mines de
cuivre les avait probablement attirées. Et ce sont elles qui ont
établi les cimetières à cistes de pierre et les villages fortifiés
de l'Alemtejo. Il serait surprenant qu'elles n'eussent pas eu des
rapports assez étroits avec les colonies si peu distantes de l'Argar, entre Carthagène et Alméria. De considérations diverses,
et en particulier de celles qu'ont fait valoir MM. Siret, les explo-
rateurs des villages préhistoriques de l'Argar, il résulte que
l'origine de ces colonies daterait d'environ deux mille ans avant
notre ère et qu'il y a en effet entre elles et une grande partie
des dolmens de Voknia des relations et un certain synchro-
nisme. Des statuettes de bronze, des médailles avec caractères
phéniciens, etc., sont un témoignage presque historique de la

longue action des Phéniciens dans le sud du Portugal. Du temps
de Strabon, Malaga avait une « physionomie phénicienne ». Les
Grecs ont suivi et fondé aussi quelques colonies. On a trouvé
dans l'Algarve une inscription funéraire en caractères grecs;
mais elle serait du premier siècle de notre ère seulement. Les
Carthaginois, renforçant d'ailleurs d'anciennes influences
déjà établies, eurent une action plus profonde sur les populations de la péninsule. Ils y amenèrent dans leurs armées et y
laissèrent aussi sans aucun doute des
éléments empruntés aux divers peuples
de l'Afrique du Nord. Et, enrôlant des
indigènes avec eux, ils favorisèrent leur
pénétration réciproque. Les Romains
qui, historiquement, par la civilisation
et la langue, paraissent avoir marqué
l'Espagne et le Portugal d'une empreinte
indélébile, n'eurent au contraire aucune
action appréciable, surtout aucune action durable sur la composition de leur
population. Les Wisigoths, qui leur ont
succédé, y ont laissé des traces plus
faciles à remarquer, sinon plus profondes. Dans le Portugal, il y a des
blonds aux yeux bleus ou verts, parmi
lesquels sont à coup sûr des descendants des Suèves. Leur état de dissémi-

Type n° 1.

nation ne permet guère de les caractériser et de fixer les origines de chacun d'eux avec certitude. Sous le règne du roi
wisigoth Sisebuth (612-621), les juifs dont l'empereur d'Orient
Héraclius avait demandé l'expulsion, furent l'objet de persécutions acharnées. Un grand nombre d'entre eux se firent bap-
tiser pour échapper au massacre. D'autres furent déclarés esclaves. On rencontre donc parmi les Portugais des physionomies
que je suis bien obligé d'appeler *sémitiques*, faute d'un terme de
sens plus large. Telle est la physionomie du portrait n° 1. Elle est
hautement caractéristique. D'après un document, elle se rencontre communément parmi les juifs assez mêlés de la Tunisie,
par exemple. Elle se rencontre sans doute aussi en Syrie, parmi
les Arabes citadins et les Levantins. Le jeune homme du portrait
n° 2 est plus sémitique par sa face allongée. C'est le frère du n° 1.
D'après ces portraits dont les noms ne révèlent pas l'origine, ignorée peut-être même des personnes qu'ils représentent, on voit à
peu près ce que sont les juifs portugais, d'origine nord-africaine.

Ces juifs n'ont pas été sans favoriser de leurs désirs et même de leur action la conquête des Maures. Ils pouvaient voir en eux presque des congénères et ils étaient sûrs d'en obtenir plus de tolérance. Les Maures ont agi sur le pays par leur sang, car ils trouvaient dans la population de lointaines affinités d'origine qui facilitèrent les mélanges, et par leur culture qui put être longtemps généreuse et brillante. Leurs mœurs elles-mêmes furent si bien acceptées par les indigènes restés chrétiens, que ceux-ci parlèrent leur langue et que leurs prêtres durent apprendre l'arabe pour prêcher l'évangile. Les Maures n'appartenaient pas d'ailleurs à une seule race, on le sait. Et ce ne sont pas les mêmes éléments qui, après leurs conquêtes, ont dominé à la fois en Portugal et en Espagne. Cette circonstance est pour quelque chose dans la constitution du Portugal en nation distincte. Et elle est une des causes de la différenciation qui s'est opérée entre Espagnols et Portugais. Les Maures établis en Portugal étaient surtout égyptiens et berbères, alors qu'en Espagne l'élément arabe sans cesse renforcé, l'emportait. Le sang berbère est toutefois bien reconnaissable partout, dans le sud de

Type n° 2.

l'Espagne notamment. Le portrait n° 3, n'étaient son costume, son nom, son origine, frapperait quiconque par la pureté de son type nord-africain actuel, confondu à tort sous le nom d'arabe. Des juifs assurément étaient venus en Portugal avec les Berbères, grossir le nombre de ceux qui avaient échappé aux persécutions du clergé catholique et du roi goth Sisebuth. Les descendants des uns et des autres ont été expulsés au xvie siècle. Et c'est de cette époque que date la fondation des petites aristocraties de juifs portugais en Hollande, à Bordeaux et à Constantinople. Ceux qui se sont réfugiés dans les provinces ou se sontconvertis ont encore des représentants connus, par exemple à Covilhâ.

Le Portugal s'est constitué en royaume à part au xiie siècle. L'événement est antérieur de près de trois cents ans à la chute définitive de la domination vacillante des Maures qui avaient fréquemment abandonné les provinces à elles-mêmes. Il y eut dès cette époque une immigration assez active de Français, Gallo-

Romains, *Galleci*, et Francs, *Francigenæ*. Des Gallo-Romains, Français du Midi, constituèrent de véritables colonies, alors que toute la noblesse, qui venait combattre les Sarrasins, amenait avec elle des guerriers francs. Le cinquième roi de Portugal, Alphonse III, comte de Boulogne, avait résidé seize ans en France, et combattu aux côtés de saint Louis, avant de monter sur le trône. Cette circonstance et d'autres ne firent que multiplier les relations entre les deux pays. Et ces relations, qui n'ont jamais été contrariées ou arrêtées, ont eu une influence durable sur la population portugaise. Elle est encore aujourd'hui bien reconnaissable dans les villes, du moins quelques grandes villes où toutes nos variétés de figures se reconnaissent, et parmi les classes cultivées.

Au lendemain des grands voyages de découvertes, de l'expansion des Portugais dans le monde, et surtout de la prise de possession de vastes territoires en Afrique, des croisements se sont opérés entre Portugais et femmes indigènes de diverses races; des métis ont pris naissance. Ces métis n'ont jamais eu l'importance numérique que l'on aurait pu croire d'abord, en particulier au Brésil. Mais des familles qui en comprenaient,

Type n° 3.

en avaient admis, sont revenues habiter la patrie de leur générateur. Et ainsi elles ont introduit en Portugal du sang de races très distantes, en particulier du sang noir. Par de nouveaux croisements avec des nationaux, ce sang s'est plus ou moins éliminé. Il est cependant reconnaissable dans maintes familles (*fig.* 4). Et si sa présence ne leur attire pas toujours la considération, il est loin de donner aux traits une empreinte désagréable. La jeune fille du portrait n° 4, rappelle nos jolies quarteronnes de la Martinique. Jusqu'à nos jours, les Portugais amenaient volontiers de la côte d'Afrique des nègres et des négresses pour leur service domestique. Cet usage était aussi la source de croisements. Il est tombé en désuétude. Cependant à Lisbonne, dans les petits métiers de la rue surtout, on rencontre des descendants et descendantes de ces serviteurs noirs. Et il va sans dire que les familles ayant séjourné dans les colonies, en ramènent encore dans leur pays presque journellement. D'un autre côté, les Anglais qui y ont trouvé une seconde patrie y créent des familles où se mêlent heureusement leurs caractères de blonds à ceux des bruns. Les éléments qui sont entrés dans la constitution du peuple portugais paraissent ainsi au premier abord, nombreux et disparates. Mais la comparaison exacte de ces éléments mêmes, dans leurs origines et leurs caractères, fait évanouir la plupart des différences apparentes qui les séparaient. Aux plus anciennes races du Portugal sont venus s'ajouter, d'une part, des Phéniciens, surtout des Berbères ou Kabyles ou Maures, tous précisément en affinités assez étroites avec la plus ancienne, celle des petits dolichocéphales ou Ibères ; d'autre part, des Latins ou Romains en petit nombre, des Français, des blonds du Nord. Les Latins véritables, n'y trouvant pas un sol ethnique où ils pussent prendre racine, n'y ont laissé

Type nº 4.

que des traces incertaines. Les blonds du Nord, qui ont laissé des descendants directs en bien petit nombre, ont vu leur action se prolonger par celle d'une partie des Français, ceux du Nord. Les Français du Midi sont d'ailleurs surtout des deux vieilles races néolithiques portugaises, la petite brune et la grande dolichocéphale, aux téguments souvent clairs du type des Guanches. Ainsi s'explique que tant d'enfants portugais naissent blonds.

La race brachycéphale de Mugem, qui n'a reçu aucun renfort nouveau à travers les âges, a été en somme elle-même à peu près complètement éliminée : comme les Celtes, comme les Latins. M. Ferraz de Macedo a mesuré 417 crânes d'hommes et 485 crânes de femmes des différentes provinces du

Type nº 5.

Portugal. De ces mesures il résulte que ce sont les Portugais du Nord où ont longtemps dominé les Suèves, qui sont les plus dolichocéphales (provinces de Tras-os-Montes, et de Beira). Ceux du Sud (Algarve) le sont le moins. Et entre ces deux extrêmes on trouve précisément l'indice céphalique moyen (76,3) du Portugal (Deniker). Tous les Portugais relèvent donc d'un type

Type nº 6.

cranien auquel se rattachent précisément les races ibère, de Cro-Magnon ou des Guanches, des Berbères, les Français du Midi et les blonds du Nord. Et c'est bien en effet par le mélange de ces éléments, les plus anciens, les plus nombreux, les plus persistants que s'explique le composé ethnique qu'est le peuple du Portugal. Le plus communément, les cheveux sont châtains, les yeux bruns ou brun clair, la peau foncée sur les parties découvertes et blanc gris sur les autres. La proportion des bruns purs, aux yeux très foncés, est moindre qu'on ne le sup-

Type nº 7.

poserait, moindre surtout qu'en Espagne, et celle des blonds ou des individus d'apparence telle, l'égalerait presque. La face est généralement plutôt large qu'allongée ; le cou est assez court ; les épaules un peu déclives, les incurvations rachidiennes bien prononcées, les mains et les pieds sont moins petits que chez les Espagnols ; la taille est moyenne (*fig.* 5, 6, 7). « Le caractère des Portugais, dit M. da Silva Amado, est moins vif que celui des Espagnols ; leur imagination, moins ardente ; leur parole, moins prompte, moins colorée. Chez eux donc aussi la foi religieuse n'est pas si vive ; les partis politiques ne sont pas si bruyants : peut-être la réflexion y gagne-t-elle un peu. »

MOEURS ET COUTUMES

Par SILVA LISBOA

Contrairement à une opinion très répandue, le Portugal diffère sensiblement de l'Espagne au point de vue social, intellectuel et moral aussi
bien qu'au point de vue
géographique. Ethnogra-
phiquement, les habi-
tants des deux pays sont
de même race; mais, de
part et d'autre, les traits
primitifs se sont altérés
sous l'influence d'une
longue série de croise-
ments entre indigènes et
étrangers, et aujour-
d'hui, une fois franchie
la frontière hispano-por-
tugaise, le contraste des
caractères et celui des
physionomies éclatent
aux yeux du voyageur.
En Portugal même le
type national, le mode de
vie, les costumes offrent
d'une région à l'autre
une certaine disparité.
Le savant Oliveira Mar-
tins a très exactement
précisé les signes dis-

Femme de Villa Nova de Famalicão
(Minho).

tinctifs des diverses populations provinciales; ainsi les Minhotos
sont des cultivateurs intelligents, sérieux à l'ordinaire, mais
très gais à l'occasion, et grands amateurs de bijoux; les vignerons du Douro, les habitants de la Beira, tantôt bergers, tantôt

pêcheurs, sont aussi vaillants à la besogne qu'ardents au plaisir. Ceux de Tras-os-Montes ont le corps robuste, l'esprit méditatif, les mœurs austères des montagnards. Les gens de l'Estremadura sont mous, mais d'une politesse raffinée. Les fermiers et les pâtres de l'Alemtejo se font remarquer par leurs allures un peu sauvages, dues à un séjour prolongé au milieu des bois et des landes solitaires. L'Algarvien, le forestier de la serra de Monchique, le jardinier de Silves et de Faro sont poètes et beaux parleurs, d'humeur vive et joviale en même temps. Il faut ajouter à cette liste le mélancolique Ribatejano, le Saloio des environs de Lisbonne, qui conserve le type des anciens colons normands établis là il y a sept ou huit siècles, et parmi les insulaires, le Madérien industrieux, l'Açorien méfiant, mais travailleur et d'une sobriété proverbiale.

Marchande de fruits, à Porto.

C'est d'abord au point de vue physique que le Portugais se distingue le plus de l'Espagnol. En général, il lui est esthétiquement inférieur. On ne rencontre pas souvent chez les Lusitaniens cette tournure élégante et robuste à la fois, si fréquente au pays des *toreros*, et cette noblesse qui se reflète sur le visage des compatriotes du Cid, des faubouriens madrilènes aussi bien que des hidalgos de la Castille ou de la Navarre. Les Portugais sont pour la plupart de petits hommes trapus, dont l'allure, naturellement nonchalante, est encore alourdie par un précoce embonpoint, dans les cités du moins. La physionomie, elle aussi, ne rappelle que d'assez loin la classique beauté d'un Apollon ou d'un Antinoüs : les traits sont irréguliers, les lèvres épaisses. La teinte basanée de la peau se fonce encore sous les reflets bleutés des cheveux, de la barbe et des sourcils noirs comme du jais. En revanche, les yeux, très noirs aussi, sont vraiment beaux. Par l'éclat et l'expression langoureuse de leurs regards ils sont le charme de cette physionomie ingrate au premier abord, si terne et si mélancolique au repos, mais si vivante et si mobile sous le feu de la passion.

Femme de Santo Thyrso,
près de Porto.

Le fait est surtout remarquable chez les Portugaises dont les yeux humides et brillants sont superbes. Aussi bien, par suite du privilège commun à toutes les femmes de race blanche, les caractères anatomiques, toujours très accentués chez le sexe fort, se sont adoucis pour elles dans une mesure satisfaisante pour les exigences de l'esthétique. De petite taille comme les hommes de leur pays, elles sont très bien proportionnées, potelées à souhait, et le contraste est piquant de leurs formes opulentes avec les attaches menues de leurs mains et de leurs pieds d'enfant. Leurs traits sont agréables. Leur lourde et ténébreuse chevelure s'harmonise bien avec leur teint d'ambre mat, parfois d'une blancheur laiteuse, légèrement rosée, comme celui des blondes. A toutes ces qualités s'ajoute une mine éveillée, tout en restant sérieuse, des manières pleines d'affabilité, soulignées par l'indéfinissable sourire qui se joue dans le retroussis des lèvres grasses. Cet ensemble plutôt séduisant leur a valu ce compliment d'une voyageuse parisienne et partant bonne connaisseuse : « Le mélange de race orientale et occidentale a fait de la Lusitanienne, à la fois indolente et passionnée, une créature d'un charme infini dans sa grâce et sa gravité (1). »

Au point de vue intellectuel et moral, le Portugais offre un singulier mélange de qualités et de défauts. Tous les voyageurs font l'éloge de sa politesse exquise, de son aménité et de son égalité d'humeur. Il est prévenant, très serviable. Son cœur surtout est excellent. Il ne connaît pas la haine, ni même la rancune tenace. Parfois il s'emportera dans une discussion, mais on peut être sûr que dès le lendemain il reviendra le premier et tendra généreusement la main à son adversaire. Les guerres civiles du Portugal ont fait couler beaucoup de sang sur les champs de bataille, mais non sur l'échafaud. D'ailleurs il a eu de tout temps l'homicide en horreur. Comme le rappelle Mme Edmond Adam, dans ce doux pays, il y a plus de suicides que d'assassinats.

Cette bonté naturelle du Portugais s'émeut aisément devant la souffrance des autres, si peu intéressants qu'ils soient parfois. On peut le constater tous les jours autour des établissements pénitentiaires, aux environs de Lisbonne. Les prisonniers occupent des cellules de plain-pied avec la rue, dont les sépare une simple fenêtre grillée aux barreaux assez espacés pour qu'on puisse y passer la main. Ils se trouvent ainsi en communication constante avec les passants, qui s'ingénient à les con-

Marchande de poisson, à Porto.

soler, et ne se font faute de leur passer du tabac ou même quelques *reïs*. Cette bienveillance, pour ne pas dire cette tendresse

---

(1) Mme Edmond ADAM. *La Patrie portugaise.*

d'âme, s'étend aux animaux. Suivant un dicton populaire en Portugal : « Celui qui n'a pas de compassion pour les animaux ne peut avoir de cœur. » De nombreux abreuvoirs sont ménagés dans les villes pour les bêtes de somme, les chiens et les chats. Ces derniers sont gâtés entre tous, presque sacrés, comme dans l'ancienne Égypte. Aussi pullulent-ils dans les rues et les cours, allant et venant en toute liberté, et troublant du chœur de leurs miaulements le calme des belles nuits. Le Portugal a bien des courses de taureaux, mais ce ne sont que des jeux inoffensifs, n'ayant rien des répugnantes boucheries des *corridas* espagnoles, par ce motif que les taureaux amenés dans l'arène sont *embolados*, c'est-à-dire que leurs cornes sont garnies de boules de liège ou de caoutchouc, maintenues par une gaîne ou des lanières de cuir.

Laitière, à Porto.

Le Portugais pratique vis-à-vis de l'étranger une hospitalité tout orientale. Le voyageur reçoit dans toutes les classes de la société un accueil aussi simple que cordial. Sa qualité d'étranger suffit pour lui ouvrir toutes les portes : il est convié aux fêtes de famille et admis facilement dans les cercles pendant tout son séjour.

L'éclat de ces brillantes qualités du Portugais est malheureusement terni par un orgueil incroyable. Les vers des *Lusiades* chantent toujours dans l'âme portugaise. C'est un défaut de race et de climat. Très brave naturellement — les exploits de la légion lusitanienne à Wagram le prouvent — élevé dans les tra-

ditions d'un passé glorieux et sorti des épreuves les plus difficiles
sans aliéner son indépendance, le Portugais supporte avec peine
les allusions à la douloureuse réalité de la décadence politique
de son pays. Il a la susceptibilité facilement irritable des vaincus
de la vie. Le bourgeois de Lisbonne ou de Porto aime en général plus à paraître qu'à être. D'une extrême sobriété, il con-
sentira à vivre de légumes, de poisson et d'eau claire, à habiter

un palais en ruine, ou une
modeste villa sommairement
meublée, mais il voudra toujours s'habiller à la dernière
mode de Paris ou de Londres,
avec un grand étalage de bijoux, chaînes d'or, chargées
de breloques battant sur le
gilet, et bagues à tous les
doigts. Ainsi attifé, il se croit
irrésistible et sa conversation
comme son attitude donnent
alors l'impression d'un
homme parfaitement satisfait
de sa personne.

Le Portugais considère
comme un déshonneur de
tenir à la main un paquet, si
léger fût-il. Qu'il achète le
moindre bibelot, il ne man-
quera point de recourir à un
commissionnaire pour le lui
porter à domicile. Les classes
inférieures ne sont pas
exemptes de ce travers. Jamais un homme du peuple
ne s'abaissera à devenir por-

Marchande de poisson, à Lisbonne.

tefaix, à conduire une charrette à bras ou une chaise à porteurs
Sa fierté de descendant des compagnons d'Albuquerque et de Vasco
de Gama se révolte contre un pareil métier, bon tout au plus pour
un Espagnol, un de ces Galiciens émigrés aux bords du Tage ou
du Douro. A peine consent-il à servir comme domestique ; encore
dans ce cas les maîtresses de maison ont-elles de la peine à lui
faire endosser la livrée : c'est une condition débattue dans
beaucoup d'engagements, et parmi le peuple le nom de *lacaio*,
laquais, est la plus sanglante des injures. Réduit à la misère,

l'ouvrier, comme le bourgeois, préfère encore quitter la métropole pour aller aux colonies ou au Brésil, gagner son pain loin
des regards des anciennes connaissances.

Il ne s'y résout d'ailleurs qu'à la dernière extrémité, car le
plus incurable défaut des Portugais du xixe siècle est l'apathie.
Le *farniente* est ici la loi suprême des populations urbaines.
Cette répugnance pour l'action se traduit dans la rareté des
gestes, dans la nonchalance de la démarche. Passer des après-midi
entiers, soit au club, soit dans les pharmacies, qui, en maint endroit, jouissent encore du privi-
lège de servir de lieux de réunion
et de halles aux nouvelles, soit au
café où, pour quelques réis, quelques centimes, on peut rester
indéfiniment attablé devant un
verre d'eau glacée, flanqué obli-
gatoirement du *palito*, ou cure-dent
à bouts en biseau, est une habitude
dont la satisfaction quotidienne
suffit au bonheur de tout citadin
portugais.

Les distractions sont d'ailleurs
si rares pour lui ! En dehors du
café, il n'y a guère que le cyclisme
et le *foot-ball* pour les classes
élevées de la société. Quelques
fêtes privées ou publiques appor-
tent aussi une diversion à sa vie
monotone : la fête nationale du
1er décembre (date de l'affranchis-

Paysan de Monchique (Algarve).

sement de la domination espagnole en 1640); le carnaval, avec
ses masques déambulants par les rues, ses *Danses de la lutte* et
ses descentes aux bals des carrefours; la Noël, avec ses tables de
famille où se prélasse le *peru*, qui n'est autre que le traditionnel
dindon de la *Christmas* anglo-saxonne. Il n'y a de galas et de récep-
tions que dans l'aristocratie. Les théâtres de la capitale sont
toutefois assez fréquentés, surtout le Théâtre-Lyrique, car les
Portugais sont, en général, des *dilettanti* passionnés. A ce sujet,
un touriste français, rédacteur aux *Débats*, a relevé une particularité intéressante pour ses compatriotes : les œuvres littéraires
françaises obtiennent un grand succès à Lisbonne. En novembre

1897, on y jouait tous les soirs *Madame Sans-Gêne*, et au théâtre
de la Trindade, *La Vie de Bohême*, devant une salle pleine. *Les Deux
Gosses*, de P. Decourcelle, ont fait verser des torrents de larmes
chez les Portugaises. D'ailleurs, sans parler des ouvrages sortis
des presses parisiennes qui s'étalent aux vitrines des libraires,
les feuilletons des journaux à un sou sont généralement
signés : Montépin, Richebourg, Jules Verne, etc. Ces écrivains
sont aussi popu-
laires sous le toit
du bourgeois por-
tugais que dans les
loges de concierge
et les ateliers de
couture de Paris.

Ils sont deux fois
les bienvenus au-
près des Portugai-
ses, car la vie exté-
rieure existe encore
moins pour elles
que pour les hom-
mes. Elles jouissent
maintenant, il est
vrai, de la liberté
de sortir seules,
mais si la réclusion
des femmes, coutu-
me mauresque
remarquée de tous
les voyageurs an-
ciens, n'a plus force
de loi, elles en
ont du moins con-

Types de Monchique (Algarve).

servé l'habitude et sont restées d'humeur casanière.

Elles y sont portées dans les classes supérieures de la capitale par leur éducation sévère et soignée, généralement confiée
à des étrangères. Beaucoup de jeunes filles ont leur institutrice
particulière, le plus souvent française. Mais la plupart sont élevées dans les couvents de Bom Successo et de Salesias, dirigés
par des Anglaises et des Irlandaises. Elles s'y préparent de bonne
heure à la vie sérieuse et familiale. Sous le tiède climat du Portugal, l'amour naît si vite au cœur des filles ! C'est par les yeux qu'il
y pénètre. Il suffit souvent de quelques œillades pour l'éveiller.

L'œillade portugaise, l'*olhadella*, n'a rien de commun avec la rapide et pénétrante œillade à la française, la brûlante *ojeada* espagnole, même les langoureuses *ochiate* italiennes, toutes d'une expression relativement discrète (1). Le Portugais ne connaît pourtant pas de meilleure manière de déclarer son amour. Il passe et repasse, en multipliant les *olhadellas*, devant les fenêtres de la jeune fille que son cœur a élue. Celle-ci ne se trompe

Pêcheur de Villa do Conde et Femme d'Arouca.

jamais sur le sens d'une pareille mimique, et quand son cœur a consenti à répondre à l'appel, elle laisse son prétendant s'accouder quelque soir à son balcon pour échanger avec elle les aveux des lèvres. Les billets doux ne font qu'achever la conquête, et les parents n'interviennent qu'ensuite. Cette coutume, d'apparence scabreuse, est admise et respectée par tous. Puis, l'amour ne s'écarte guère ici des voies permises. Les mariages sont précoces. Cette vieille institution du mariage, si décriée par certains jongleurs de paradoxes, est fort en honneur dans toutes les classes de la population portugaise. Le céli-

---

(1) Armand Dayot.

bataire est l'exception. Les faux ménages sont rares et mal vus. S'il y a quelque chose de vraiment grand et de sympathique chez les Portugais, c'est assurément le culte du foyer domestique et la puissance de l'esprit familial (1).

Une autre particularité de mœurs, très curieuse, et qui semble en contradiction avec la protection jalouse de la famille, c'est que les enfants naturels ne sont pas méprisés. L'épouse accepte souvent ceux de son mari, la société les reçoit et la législation les admet à la succession paternelle au même titre que les enfants légitimes. Les Portugais n'oublient pas que Jean Ier, le chef de la dynastie d'Aviz, était un bâtard, et que cela ne l'a pas empêché d'être un de leurs meilleurs rois.

Les décès donnent lieu aussi à quelques remarques intéressantes. A la mort d'une personne, en dehors des lettres de faire part, on publie des annonces dans les journaux. A Lisbonne et dans les autres villes importantes, si le défunt appartient à la noblesse ou à la bourgeoisie, son corps est exposé dans le salon, et la famille reste dans une autre pièce maintenue à moitié obscure, où elle reçoit les condoléances des invités. L'usage la dispense de suivre le convoi mortuaire. Toutefois, le père peut accompagner le corps de

Paysan de Monchique (Algarve).

son enfant au cimetière. Le corbillard ordinaire est une sorte de cabriolet à deux roues, attelé de deux mulets et muni de brancards très longs. Le cercueil, recouvert d'une étoffe jaune rayée d'argent, est placé sur ces brancards, entre la croupe des mulets et le tablier de la voiture. Pour peu que la famille soit riche, on se sert d'un char massif à quatre roues, avec un dais orné aux coins d'anges d'or et d'argent ; un attelage de mules caparaçonnées et conduites par un postillon habillé à la française.

(1) Mme Rattazzi.

Les enterrements civils sont rares. Cependant l'anticléricalisme et même l'irréligion règnent dans les villes du Portugal. Les couvents d'hommes ont été supprimés depuis 1834. Le clergé séculier n'est guère considéré. On ne rencontre presque jamais de prêtres en soutane dans les rues de la capitale. Au reste, leur vie diffère peu de celle des laïques. Ils fréquentent le monde et même les théâtres. Quelques-uns se créent même tout doucement et très discrètement un foyer. On le sait

Voiture à Madère.

et les cérémonies du culte n'en comptent pas moins de nombreux assistants.

Il est vrai qu'elles sont célébrées avec une pompe bien propre à attirer la foule et à séduire son imagination. Et puis, comme l'a remarqué un touriste français, bon observateur, M. Hugues Le Roux, « s'il y a un lieu qui soit vraiment gai à Lisbonne, c'est l'église ». On y retrouve les mêmes frémissements, les mêmes rumeurs, les mêmes rires sonores, les mêmes entretiens amoureux plus ou moins discrets, que sur la voie publique.

Cela se voit surtout au moment des processions. Elles se renouvellent souvent; sans parler de celles de la Fête-Dieu et du Sacré-Cœur, il y a les *cirios*, ainsi appelés des nombreux cierges allumés que comportent ces théories symboliques. Chaque église a dans son patrimoine des images saintes plus ou moins richement habillées et des reliques plus ou moins authentiques, et elle est autorisée à les faire défiler une fois par an à travers la ville, dans un but de lucre et de réclame autant que de dévo-

tion, car les oboles des fidèles et la quête qui suit quelquefois la
procession constituent la principale ressource de son budget.

L'indolence et l'orgueil des Portugais leur défendant les
œuvres serviles et surtout les gros travaux ; ce sont des Espagnols émigrés, les *gallegos*, qui s'en chargent. Originaires, comme
leur nom l'indique, des montagnes de la Galice, les gallegos
sont les Auvergnats du Portugal. Ils les rappellent par la largeur

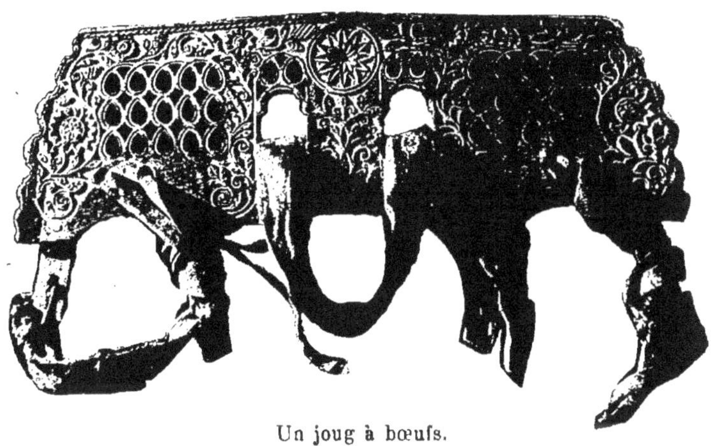

Un joug à bœufs.

de la face, la solidité de la carrure, la rusticité des manières et
du langage, l'énergie laborieuse, l'esprit d'économie et le genre
d'industrie. Ils sont parfois garçons de restaurant ou domesti-
ques, mais ils ont la spécialité des métiers pénibles : commis-
sionnaires, portefaix, porteurs d'eau. Le fier Portugais n'a que
du dédain pour ces rudes travailleurs. « Gallego » est pour lui à
la fois synonyme d'homme de peine et de goujat. Traiter de
gallego un habitant des bords du Tage, c'est lui faire le plus
sanglant outrage. Le gallego sait d'ailleurs rendre à ses maîtres
la monnaie de leur mépris. « *Pocos y locos*. Ils sont peu et
fous », dit-il. Ces montagnards forment dans les villes des
colonies plus ou moins nombreuses qui ne se mêlent jamais
aux indigènes et occupent un quartier spécial. Ils vivent et se
marient entre eux et se hâtent de regagner leur pays natal
dès qu'ils ont amassé un petit pécule. La plupart étaient il y a
quelques années *agoadeiros*, porteurs d'eau. C'étaient eux qui,
après avoir puisé l'eau aux fontaines de la ville, la distribuaient

dans chaque maison. Du matin au soir, on les voyait parcourir successivement chaque quartier, en promenant sur leur dos leur baril, peint de couleurs vives et flanqué de gobelets d'étain, et en criant sans cesse : Agoa ! Agoa ! Aujourd'hui presque toùtes les maisons sont servies par la *Compagnie des eaux* et l'*agoadeiro* est presque disparu.

Une autre classe intéressante au point de vue social, est celle des pêcheurs. Ils sont organisés en corporations (com-

Un « filet » à Madère.

panhas) dirigées par un chef. Ils achètent leurs filets en commun et se partagent les bénéfices de leur pêche. Leur costume romantique met une note gaie dans les ports. Il ressemble beaucoup à celui du pêcheur napolitain : culotte blanche laissant voir les jambes nues ; chemise au col évasé, serrée à la taille par une ceinture rouge et protégée en temps de pluie par un manteau appelé *gabão* ; bonnet de laine rouge : ainsi sont habillés les pêcheurs d'Espinho, de la ria d'Aveiro, d'Ovar, de la Povoa de Varzim, de Villa do Conde.

Mais de tous les types populaires du Portugal, le plus original est encore la *varina*, auxiliaire du pêcheur et compagne du gallego. Les varinas, dit M. René Bazin (1), révèlent une communauté d'origine, un type primitif au teint brun, aux yeux longs et très noirs, qui se rattache, croit-on, à une souche phéni-

(1) *Terre d'Espagne.*

cienne. La plupart viennent de deux villes du littoral, Aveiro et
Ovar, d'où leur nom de varinas ou ovarinas. Jolies filles quelquefois, belles filles presque toujours, les varinas sont por-
teuses de pain, marchandes d'oranges et de marée, suivant les
localités. C'est à Porto que leur condition est la plus dure :
elles aident les gallegos à décharger les bateaux de charbon, à
transporter aux chantiers le plâtre, le mortier et les pierres.
Une charge de cinquante kilos ne les effraie pas. Elles la portent
en équilibre sur leur tête
garnie d'un coussinet. A
Lisbonne, elles vendent
du poisson. A peine une
barque a-t-elle accosté au
quai de la Ribeira Nova,
les varinas accourent, se
hâtent de s'approvision-
ner, puis, après avoir
disposé méthodiquement
dans leur panier, long et
plat comme un van, les
poissons argentés et frétil-
lants, elles se dispersent
à travers la ville en criant
d'une voix aiguë : *Carapau
fresco ! Sardinha a saltar
viva !* Elles vont les mains
à la taille, la tête droite,
le regard fixe, la gorge
pleine et tendue, avec une
légère ondulation des
hanches qui rythme leur

Marchand de bananes, à Madère.

marche robuste et s'harmonise avec la souple cambrure de
leurs jambes et de leurs pieds nus sous la robe haut relevée.
Un foulard de soie aux pointes flottantes et un petit chapeau à
bords arrondis leur servent de coiffure. Sur leur poitrine se
croise un fichu multicolore. Les jupes courtes, de couleur rouge,
jaune ou bleue, sont serrées au-dessus des hanches et rendues
bouffantes par une ganse ou un tortillon de laine noire. Il en
résulte un anormal épaississement de la taille, des plus choquants
chez des femmes d'une beauté plastique aussi achevée.

Une autre grave faute de goût chez les ovarinas, c'est leur
étalage de joaillerie. L'amour du clinquant, général au pays
portugais, dégénère chez elles en monomanie. Elles aiment à

se parer comme des châsses et amonceler sur la poitrine de véritables panoplies de bijoux d'or vrai ou faux, à l'éclat miroitant et au cliquetis sonore : anneaux, broches, épingles, colliers, croix, chaînes à triple et quadruple rang de mailles se croisant sur toute la largeur du buste, cœurs volumineux comme ceux des autels de la Nossa Senhora. Il y en a souvent pour plusieurs milliers de francs, amassés réis par réis, au prix des plus dures privations. Plus les bijoux sont gros, plus elles sont contentes. La lourdeur de ces ornements, il est vrai, n'est qu'apparente ; la plupart, admirablement ouvragés, sont en filigrane ou en métal ajouré à l'emporte-pièce.

Chanteur ambulant, à Madère.

Les qualités physiques et morales qui caractérisent le Portugais des villes se retrouvent à un degré plus marqué chez les ruraux. Leur anatomie s'est avantageusement modifiée sous l'influence de la vie active au grand air. Si la taille est restée médiocre, l'obésité a disparu. Les vignerons du Douro, les laboureurs du Minho, les fermiers de la Beira n'ont rien de commun avec certains paysans de l'Europe centrale, au corps alourdi et déprimé par les besognes lentes et pénibles de la glèbe. Ce sont tous des gaillards bien découplés, vigoureux autant qu'agiles, au maintien droit et fier.

Leurs femmes sont aussi plus gentilles que partout ailleurs, avec plus de sveltesse dans l'allure, malgré la rondeur parfois épaisse de la taille et les renflements puissants de la gorge et des reins. Quelques-unes sont très belles. « J'ai vu, dit Mme Rattazzi, telle fille du peuple, ferme sur ses hanches, marchant pieds nus devant son attelage de bœufs, avoir ce que nous appelons un port de reine. »

Le costume de l'un et de l'autre sexe contribue d'ailleurs à faire ressortir ces divers avantages naturels. Chez les vieillards, il se réduit souvent au brayet et au gilet de toile ou de gros drap sombre, avec le bonnet de laine du pêcheur et du gallego. Encore ne le portent-ils qu'en semaine. Le dimanche tous les hommes sont habillés d'une veste ornée de boutons de métal,

d'une culotte retenue par une ceinture de laine rouge ou bleue
et d'un chapeau de feutre épais aux larges bords retroussés.

Mais en Portugal, comme dans tous les pays européens, c'est
chez les paysannes que le costume local a le plus de fidèles. Le
corsage est formé d'une sorte de boléro rouge ou noir, ajusté
par deux boutons d'argent sur la poitrine, elle-même recouverte d'une chemisette d'un blanc éclatant, parfois d'un fichu
fort empesé, qui se noue sous le menton. La jupe en drap, en
indienne, en serge, est plissée à plat, et
garnie au bas d'un ou deux rubans de
velours. Toujours courte, elle forme,
comme chez les ovarinas, un énorme
bourrelet au-dessous de la ceinture. La
coiffure est tantôt un chapeau à grandes
ailes, tantôt une sorte de toquet (capote),
agrémenté de pompons, et garni par derrière d'un *lenço* ou mouchoir de mousse-
line brodée tombant sur les épaules.
Ce costume est surtout en honneur
parmi les femmes des environs de Porto,
du Minho, de Valongo et de Santo-Thyrso.
La passion des bijoux n'est pas moins
vive qu'à la ville : elle est particulièrement développée chez les Minhotos.

L'architecture de la maison du paysan
portugais varie suivant les contrées.
D'aspect plutôt misérable dans l'Alemtejo, un peu plus soignées dans l'Algarve,
les fermes donnent dans le Nord une
impression d'aisance et de gaieté avec
leurs solides murs en granit et leurs toits
de tuiles rouges. Les bâtiments sont dis-

Femme de Madère.

posés en quadrilatère autour d'une aire pavée, souvent ombragée
par une treille. Au rez-de-chaussée se trouvent les étables et la
grange. Au premier étage les appartements de la famille. Dans
un coin de la cour s'entasse la bruyère destinée à la litière des
animaux. Sous un hangar s'alignent les chars rustiques : véhi-
cules primitifs aux essieux formés de grossières traverses, aux
roues pleines rappelant celles des chariots mérovingiens, ou
coupées de deux épais rayons. Ils sont traînés par des bœufs,
au pelage fauve, à l'encolure puissante, aux cornes démesurées
comme celles des bœufs de la campagne romaine. Ce qui ajoute
au pittoresque des attelages, ce sont les jougs des animaux : ils

sont formés de hautes planches verticales, ornées de sculptures
à jour dont le dessin est aussi original que délicat.

L'alimentation des gens de la ferme est des plus sommaires,
comme dans tous les pays du Midi. Elle se compose presque
exclusivement de riz et de poisson, notamment de sardines et
de morue (*bacalhau*). Elle est souvent réduite à sa plus simple
expression; beaucoup de paysans vivent d'un morceau de pain
de maïs avec un oignon et une sardine; une orange en hiver,
ou deux figues en été.

Un « carro do monte » (traîneau servant
à descendre les côtes) à Madère.

Sauf pour la morue, qui
se prépare de mille fa-
çons, la cuisine est des
plus simples. L'huile d'o-
live en forme le fond. Le
mets préféré est l'*assorda*.
C'est, on peut le dire, le
plat national du paysan
lusitanien, comme le roast-
beef pour l'Anglais, la sau-
cisse-choucroute pour
l'Allemand, la polenta ou
le macaroni pour l'Italien,
l'olla-podrida pour les Espagnols. Mais, au rebours
de ces spécialités culi-
naires qui sont admises
sur toutes les tables européennes, l'*assorda* ne peut
guère être tolérée que par
le palais et l'estomac
éprouvés d'un indigène de
l'Alemtejo ou du Tras-os-
Montes. Et cela se com-
prend : l'assorda est une
soupe épaisse qui se mange presque froide et où il entre du pain,
de l'eau, de l'huile, du vinaigre et de l'ail.

La boisson ordinaire du villageois comme du citadin est l'eau
fraîche. L'un et l'autre en absorbent des quantités exagérées, et
c'est là, suivant les physiologistes, une des causes principales
de cette obésité si fréquente dans les agglomérations urbaines
du Portugal. L'usage du thé, particulièrement le thé vert, est
aussi très répandu ici, autant que le chocolat en Espagne. Le
vin ne vient qu'après : on en vend beaucoup, on en consomme

peu. Le cultivateur portugais ne déroge à ses habitudes de
frugalité et ne touche à la viande que dans les grandes circonstances de la vie. Alors même il se contente de lard aux choux.
Il faut une occasion exceptionnelle, quelque fête carillonnée
pour qu'il aille jusqu'au poulet bouilli, ce grand régal du bourgeois lisbonnais.

On ne donne guère de fêtes, il est vrai, dans les campagnes.
C'est là seulement que l'on peut saisir sur le vif cette gaieté des
Portugais, exagérée
par certains vaudevil-
listes parisiens. Dé-
fendu par sa vie la-
borieuse contre ce
pessimisme et cette
mélancolie que l'inac-
tion et l'abus de la
sédentarité engendrent
chez un grand nombre
de citoyens de Lis-
bonne ou de Porto, le
paysan arrive à donner
carrière à son humeur
joyeuse. Les occasions
de divertissement ne
lui manquent pas :
sans parler des foires,
qui sont des réunions
de plaisir autant que
de commerce, des ré-
jouissances nationales
si familiales comme la

Femmes de l'île Saint-Michel (Açores).

Noël, il a ses fêtes spéciales, fêtes patronales ou fêtes purement
rustiques.

Parmi ces dernières, la plus ancienne et la plus populaire
est la *ceifa*, ou fête du maïs, qui a lieu lors de la récolte de cette
plante. Le maïs fauché dans la journée est apporté dans la cour
de la ferme, où tous les voisins sont invités à venir passer la
soirée pour séparer la paille de l'épi. Les femmes sont assises
en cercle, ayant devant elles chacune une corbeille où elles
égrènent le maïs apporté par les hommes. Lorsque dans sa bras-
sée un homme trouve un épi rouge, il peut l'offrir à une jeune
fille qui l'en remerciera par un baiser. Le travail est encore
égayé par des chants accompagnés avec la guitare, la mandoline

ou la *viola*. Chaque homme ou femme à tour de rôle chante une chanson dont toute la compagnie reprend le refrain en chœur. Puis, quand tout le maïs est égrené, les danses commencent et elles durent souvent jusqu'à l'aurore.

Ces ébats musicaux et chorégraphiques sont fort goûtés de la jeunesse rurale. Elle y consacre les beaux après-midi du dimanche, soit dans les cours de ferme, soit sur la place du village. Les danses préférées sont le boléro, « pas de deux » amoureux et gai, le sensuel *fado*, danse rivale de la cachucha andalouse, le tendre *landum chorado*, la *canninha verde*, etc.

Porteur de lait aux Açores.

Les chants populaires témoignent de la distinction d'esprit et du sens éminemment poétique du paysan portugais. Sous ce rapport, il n'a pas son pareil en Europe. Tantôt le virtuose se borne à chanter un de ces *fados*, ou « chansons à la destinée », qui célèbrent avec des variantes de circonstance les divers événements de la vie privée, familiale ou même politiques, tantôt il se plaît à développer en le rajeunissant quelque vieil air lusitanien. Il sait improviser de toutes pièces un récit interminable, chef-d'œuvre de verve et d'imagination. Quelquefois il entame ce que l'on appelle une chanson par défi (*ao desafio*), sorte de tournoi poétique entre jeunes gens et jeunes filles. Un des jouteurs lance un vers; l'un quelconque des auditeurs lui donne la rime, un troisième reprend et les couplets succèdent aux couplets indéfiniment. Tous ces chants se distinguent par la grâce plaintive de la mélodie aussi bien que par le choix du sujet et des mots. Ici, le dernier des rustres sait parler comme un homme du monde; il saisit avec un art merveilleux les moindres nuances de cette langue de Camoëns si riche en expressions douces et tendres.

La *ceifa* est une fête privée d'un genre tout idyllique. Les fêtes patronales ou *romarias* ont un caractère demi-religieux, demi-profane, qui rappelle les pardons ou pèlerinages bretons. Elles ont lieu autour des chapelles du saint, patron de la localité, saint Pierre, saint Jean, saint Antoine, pour ne citer que les plus honorés après la Vierge. Les romarias durent souvent plusieurs jours et attirent des milliers de pèlerins, qui au besoin ne craignent pas de coucher à la belle étoile.

Femmes de l'île de Terceira (Açores).

Le programme comporte, en général, une messe solennelle, un sermon, et une procession, puis les attractions ordinaires des fêtes foraines, baraques de saltimbanques et petites boutiques, des bals et concerts en plein vent, et forcément un feu d'artifice; car les Portugais sont grands amateurs de pyrotechnie, et les *foguetes*, les fusées, ont particulièrement le don de surexciter leur enthousiasme.

« L'une des romarias les plus célèbres est celle de Notre-Seigneur de la Pierre, près d'Espinho, qui a lieu le jour de la Trinité. La chapelle est construite au sommet d'une falaise à laquelle on accède par des chemins ombreux. L'après-midi, après la procession, la fête bat son plein : alors rien n'est plus pittoresque que ces milliers de pèlerins des deux sexes revêtus de leur costume local, les uns dansant par groupes au son de la guitare les vieilles rondes du pays, les autres arrêtés le regard fixe, l'oreille tendue devant les estrades où s'égosillent les *fadistas*, ou chanteurs de fado, la plupart assis autour des chars à bœufs remplis de pastèques, auprès des tentes de grosse toile d'où s'échappent des odeurs de friture, et qui montrent le bel alignement de leurs tables chargées de bouteilles de *maduro*, de vin vert d'Amarante ou de Monsão, et de pâtisseries variées : pains de loth, biscuits de Savoie, gâteaux de Paranhos (1) ».

L'habillement et les mœurs des habitants de Madère et des Açores ne ressemblent pas, tant s'en faut, à ceux du continent. Dans les îles de Saint-Michel et de Terceira les femmes s'affublent d'un manteau de drap noir, descendant jusqu'aux talons et muni d'un énorme capuchon qui enveloppe toute la tête et laisse à peine entrevoir la figure.

A Madère, ce vêtement de coupe monastique n'aurait aucun succès. Les femmes vont pieds nus et bras nus. Leur costume est assez coquet : jupon court de laine bleue à frange jaune ou rouge, corsage noir, lacé et entr'ouvert par devant et brodé d'une rangée de boutons de métal. Le détail le plus caractéristique chez les gens du peuple est le petit bonnet noir et pointu, en forme d'entonnoir renversé, que tous, hommes et femmes, portent sur le sommet de la tête.

Une dernière et très originale particularité de la vie madérienne, ce sont les moyens de transport : le *filet*, sorte de long hamac garni de rideaux, et soutenu en haut par une longue flèche horizontale dont les extrémités s'appuient sur les épaules des porteurs au nombre de deux ; le large traîneau à baldaquin, traîné par des bœufs et le *carro do monte*, autre traîneau plus étroit qui sert à descendre les côtes et que deux hommes retiennent sur la pente au moyen de cordes fixées à l'avant de chaque côté de la caisse.

____

(1) Xavier de Carvalho. *Lettres portugaises.*

GOUVERNEMENT

Par BARTHOLOMEU FERREIRA

Premier secrétaire
de la Légation de Portugal à Paris.

ORGANISATION POLITIQUE

La constitution politique qui régit le Portugal est basée sur la Charte constitutionnelle de la monarchie portugaise octroyée le 29 avril 1826. Cette Charte fut complétée par les actes additionnels du 5 juillet 1852 et du 24 juillet 1885, qui en interprètent, augmentent, remplacent ou modifient quelques-unes des dispositions, et, en dernier lieu, par la loi du 3 avril 1896.

Le *territoire de la nation* se compose du Portugal continental, des îles adjacentes et des colonies. Le Portugal continental est situé entre 36° 58' et

Dom Carlos Ier, roi de Portugal,
né à Lisbonne en 1863.

42° 8′ de latitude N., 8° 35′ et 11° 53′ de longitude O. du méridien de Paris. Le Portugal insulaire comprend l'archipel des Açores (36° 56′ et 39° 45′ de latitude N. et 15° 53′ et 22° 8′ de longitude O. du méridien de Lisbonne), qui se compose des îles Santa-Maria, San-Miguel, Terceira, San-Jorge, Graciosa, Fayal, Pico, Flores et Corvo, et l'archipel de Madère, composé des îles de Madère, Porto-Santo, Deserta Grande, Bogio et Chão [1] (32° 37′ et 33° 7′ de latitude nord, et 79° 9′ et 8° 9′ de longitude ouest du méridien de Lisbonne).

Le Portugal colonial est formé, dans l'Afrique occidentale, des îles du Cap-Vert (Cabo Verde), San Thomé et du Prince (Principe), qui constituent des provinces ; de la province d'Angola et du district militaire autonome de la Guinée. Dans l'Afrique orientale, il comprend la province de Mozambique. En Asie, le Portugal possède les territoires de Goa, de Daman et de Diu (Inde), de Macao (côte de Chine). En Océanie, il possède la moitié de l'île de

La reine Marie-Amélie,
née à Twickenham en 1865.

---

(1) On sait que le tilde sur *a* ou sur *o*, en portugais, indique qu'il faut dans la prononciation ajouter *n* à la voyelle finale du mot : *São*, *Camões* se prononcent *Saon'* (*o* très faible), *Camoens*. Mais pour Camões, Damão, Lisbōa, etc., nous croyons devoir respecter la transcription française *Camoëns*, *Daman*, *Lisbonne*, etc., consacrée par un usage général.

Timor. La Charte constitutionnelle comprend l'île de Solor dans
le domaine colonial portugais (art. 2, § 3); mais cette possession a été cédée à la
Hollande en vertu du
traité du 20 avril 1859.

Nature du gouver-
nement. Ses organes
constitutionnels. — Le
Portugal forme une
monarchie dotée du
régime représentatif.
La couronne est hé-
réditaire dans la mai-
son de Bragance.
D. Carlos Ier, roi de
Portugal, est fils du
roi D. Luiz Ier (Bra-
gance Saxe-Cobourg-
Gotha) et de D. Maria
Pia de Savoie, fille de
Victor-Emmanuel, roi
d'Italie. Le roi D. Car-
los I^or a épousé la
princesse Marie-Amé-
lie, fille du comte de
Paris (Bourbon-Or-
léans). De cette union
sont nés le prince
royal Louis-Philippe,
héritier du trône, et
l'infant Emmanuel.

Les pouvoirs pu-
blics reconnus par la
Constitution sont le
pouvoir législatif, le
pouvoir modérateur,

Le prince royal Louis-Philippe,
né à Lisbonne en 1887.

Phot. Camacho.

le pouvoir exécutif et le pouvoir judiciaire. Le pouvoir *législatif*
est exercé par les Cortès avec la sanction du roi. Le pouvoir
modérateur, que la Constitution portugaise définit « la clef de
toute l'organisation », appartient exclusivement au roi comme
chef suprême de la nation, avec la responsabilité des ministres
(article 6 de la loi du 3 avril 1896). Le roi exerce le pouvoir *exé-*

cutif par l'intermédiaire de ses ministres. Le pouvoir *judiciaire* est indépendant.

Le catholicisme est la religion de l'État. Les autres cultes sont également tolérés, mais leur exercice est interdit dans les édifices ayant la forme extérieure de temples (art. 6 de la Charte).

Le Roi. — Le roi est le chef suprême de la nation ; sa personne est inviolable et sacrée ; il n'est pas responsable. Il exerce

Palais des Necessidades.

le pouvoir modérateur en nommant des pairs, en convoquant extraordinairement les Cortès, en sanctionnant les décisions des Cortès générales, en prorogeant et en ajournant les Chambres, en les dissolvant, en nommant ou en révoquant librement les ministres, en suspendant les magistrats, aux termes de l'article 121 de la Charte, en faisant grâce aux condamnés, sauf aux ministres d'État pour crimes commis dans l'exercice de leurs fonctions et au sujet desquels cette prérogative royale ne peut être exercée qu'à la suite d'une pétition de l'une des deux Chambres, accordant l'amnistie. Comme chef suprême du pouvoir exécutif, le roi convoque les Cortès générales ordinaires à la fin de chaque législature (Art. 75, § 1 de la Charte), nomme les évêques, les magistrats, les commandants des armées de terre et de mer, les ambassadeurs, les agents diplomatiques et commerciaux, dirige les négociations politiques avec les puissances étrangères, conclut des traités d'alliance et consulaires, lesquels doivent être approuvés par les Cortès avant d'être ratifiés, déclare la guerre, fait la paix, accorde des lettres de naturalisation, confère des titres et des distinctions honorifiques, décrète l'application des revenus destinés par les Cortès aux différentes branches de l'administration, donne son approbation aux décrets des conciles, aux lettres apostoliques ou à tous autres actes ecclésiastiques, cette approbation devant, comme pour les traités de commerce et d'alliance, être précédée de celle des Cortès générales. Le pouvoir législatif appartient aux Cortès sous la sanction du roi.

Le roi est majeur à dix-huit ans accomplis. Pendant sa minorité, le gouvernement appartient à un régent, qui est le plus proche parent du roi dans l'ordre de la succession et âgé de vingt-cinq ans au moins. Lorsque le roi n'a aucun parent apte à exercer ces fonctions, le royaume est gouverné par un conseil de régence permanent, nommé par les Cortès générales et composé des ministres de l'Intérieur et de la Justice et des deux plus anciens conseillers d'État en fonctions. Ce conseil est présidé par la reine veuve et, à son défaut, par le conseiller d'Etat le plus ancien. En cas de décès de la reine régente, le conseil de régence est présidé par le mari, si la reine a convolé en secondes noces (art. 95 de la Charte). L'héritier présomptif du trône a le titre de Prince Royal, et son premier frère, celui de Prince da Beira. Dès que le roi monte sur le trône, les Cortès générales lui assignent, ainsi qu'à la reine, une dotation en harmonie avec leur haute dignité. Elles assignent également des dotations au prince royal et aux infants dès leur naissance.

Les Cortès. — Les Cortès se composent de deux Chambres : la Chambre des pairs et celle des députés. La Chambre des pairs est composée de membres à vie, au nombre de quatre-vingt-dix au plus, nommés par le roi, et des pairs par droit propre, à savoir : le prince royal et les infants dès qu'ils sont âgés de vingt-cinq ans, le Patriarche de Lisbonne et les évêques du royaume. Sont encore membres de la Chambre des pairs les successeurs immédiats des pairs qui l'étaient déjà à la date de la publication de la loi du 24 juillet 1885, pourvu qu'ils remplissent certaines conditions exigées par la loi. La pairie ne peut être conférée qu'aux citoyens âgés d'au moins quarante ans et qui ne seraient pas inéligibles comme députés. Les chefs des missions diplomatiques, les commissaires royaux dans les colonies, les gouverneurs de ces colonies et les employés supérieurs de la maison du roi, qui sont inéligibles comme députés, peuvent néanmoins être élevés à la pairie. Le président et le vice-président de la Chambre des pairs sont nommés par le roi. Aucun membre des deux Chambres ne peut être mis en état d'arrestation que sur un ordre émané de la Chambre même dont il fait partie, sauf les cas de flagrant délit, et encore faut-il que le délinquant se soit rendu coupable du crime auquel s'applique la peine la plus élevée du code pénal.

Les sessions de la Chambre des pairs commencent et finissent aux mêmes époques que celles de la Chambre des députés. En cas de dissolution de la Chambre des députés, la Chambre des pairs ne peut fonctionner que comme tribunal de justice. La loi frappe d'un certain nombre d'incompatibilités les fonctions de pair du royaume ; les infractions sont punies de la suspension des droits politiques pendant un temps pouvant aller jusqu'à trois années; en outre, sont nuls de plein droit tous les actes individuels ou collectifs auxquels aurait pris part le délinquant dans l'exercice d'une fonction incompatible avec celles de pair du royaume.

La Chambre des députés est élective et renouvelable. Elle se compose de cent vingt membres élus par le suffrage direct émanant des cercles électoraux, au nombre de cent douze, dont les circonscriptions sont fixées par la loi. La loi reconnaît l'exercice du droit de vote aux citoyens portugais. Il existe toutefois une loi spéciale qui règle ce droit, datée du 21 mai 1896. Tous les citoyens portugais âgés d'au moins vingt et un ans et domiciliés sur le territoire national sont électeurs pour les emplois politiques lorsqu'ils se trouvent dans quelqu'une des conditions suivantes : payer 500 reïs (2 fr. 77) de contribution directe, savoir lire et écrire. Cette règle générale comporte des exceptions, mentionnées dans la loi sus-indiquée.

La députation est absolument interdite aux étrangers naturalisés, aux personnes non pourvues d'un diplôme d'enseignement supérieur, secondaire, spécial ou professionnel, aux membres de la Chambre des pairs. Les citoyens n'ayant point de certificats littéraires doivent, pour être députés, justifier d'un revenu net de 400 000 reïs (2 222 francs) provenant de biens fonciers. Ne peuvent encore être députés, ceux qui occupent des places dans les conseils administratifs des districts, communes ou paroisses, qui

sont gérants ou inspecteurs d'entreprises ou de sociétés consti-
tuées par contrat ou concession spéciale de l'État, à moins qu'ils
ne représentent les intérêts de l'État par délégation ; les conces-
sionnaires, adjudicataires ou entrepreneurs de travaux publics ;
les employés de la maison du roi en service effectif ; les employés
des gouvernements civils (préfectures), de police, des finances

Palais royal de Queluz, près de Lisbonne.
Phot. Rocchini, Lisbonne.

et du cadre interne des douanes ; les fonctionnaires des colonies,
ceux du corps diplomatique ou consulaire en service à l'étranger
et ceux des services des Chambres législatives. La loi édicte
encore d'autres cas d'inéligibilité relative, par exemple l'inégibi-
lité des magistrats administratifs et judiciaires dans les circonscriptions territoriales où ils exercent leurs fonctions. Il en est
de même pour ce qui concerne les autorités militaires et les
employés techniques du ministère des Travaux publics.

Les députés sont les représentants de la nation et non des
circonscriptions qui les ont élus. La Constitution ne recon-

naît pas le mandat impératif. Les députés sont élus pour le temps d'une législature; la durée de celle-ci est de trois années.

Le renouvellement de la Chambre est toujours intégral. En cas de vacance d'un siège de député, il est procédé à une élection supplémentaire dans l'espace de quarante jours, à partir de celui où la Chambre aura déclaré vacant le siège, s'il s'agit d'une circonscription du continent. Si la vacance concerne les

Résidence royale d'Ajuda.

îles adjacentes ou les colonies, il est procédé à la nouvelle élection dans le plus bref délai possible. La présidence et la vice-présidence de la Chambre sont attribuées par le roi à deux des cinq membres qui lui sont proposés par la Chambre elle-même à cet effet.

La Chambre des députés peut être dissoute : c'est là une des prérogatives du pouvoir modérateur. Les deux Chambres ont une tâche commune, mais chacune a des attributions exclusives dé. terminées par la loi. Les fonctions de pair du royaume et de député ne donnent droit à aucune rémunération ou indemnité

Les Ministres. — Il existe en Portugal sept ministères : *Reino* (Intérieur); *Negocios Estrangeiros* (Affaires étrangères); *Fazenda* (Finances); *Guerra* (Guerre); *Justiça* (Affaires ecclésiastiques et Justice); *Marinha e Ultramar* (Marine et Colonies); *Obras publicas,*

Commercio e Industria (Travaux publics, Commerce et Industrie).
Les sept ministres forment un conseil présidé par l'un d'eux ;
toutefois le président du Conseil peut être ministre sans portefeuille. Les ministres sont nommés et révoqués par le roi ; mais,
le gouvernement étant parlementaire, il faut prendre en considération, à côté de la prérogative royale, l'influence qu'un
vote contraire des Chambres peut avoir sur le maintien d'un
ministre seul ou du cabinet entier, si celui-ci se rend solidaire
du ministre mis en minorité.

Les ministres doivent contresigner ou signer tous les actes
du pouvoir exécutif et du pouvoir modérateur pour qu'ils puissent être exécutés.

Conseil d'État. — Le Conseil d'État, composé de 12 conseillers
à vie nommés par le roi, est appelé à donner son avis dans les
questions graves intéressant l'État. Il est consulté par le roi
lorsqu'il s'agit de suspendre les magistrats de leurs fonctions.
Le prince héritier en fait partie de droit dès qu'il a atteint l'âge
de dix-huit ans.

Cultes. — La grande majorité de la population appartient à la
religion catholique. Il n'y a de temples protestants qu'à Lisbonne
et Porto et une synagogue seulement à Lisbonne. La classe
lettrée comprend un certain nombre d'esprits indépendants et
nettement libres penseurs. Depuis 1834, le Portugal n'a plus
d'ordres religieux ni monastiques. Du reste, le pays est essentiellement tolérant et ne présente d'agitation religieuse d'aucune
sorte. Un patriarche-archevêque, 2 archevêques, 11 évêques sont
à la tête du clergé.

Droits garantis aux citoyens par la Constitution. — La Constitution garantit aux citoyens : l'inviolabilité des droits civils et politiques, l'égalité devant la loi et sa non-rétroactivité, la liberté de
pensée, la liberté de la presse, la liberté de réunion, le droit
de pétition ; ces libertés sont néanmoins réprimées par des lois
spéciales en cas d'abus. La liberté du travail, de l'agriculture, de
l'industrie et du commerce sont également garanties dès qu'elles
ne portent aucun préjudice à la sûreté ou à la santé des citoyens. Le domicile des citoyens est inviolable : l'autorité ne
peut y pénétrer pendant la nuit ; le jour, que dans les cas spé-
cifiés par la loi. Personne ne doit, sauf exceptions prévues,
être arrêté que sur mandat. Le droit de propriété est garanti,

sauf l'expropriation pour cause d'utilité publique, le proprié-
taire étant dans ce cas préalablement indemnisé.

Les formalités qui garantissent la liberté individuelle peuvent
être suspendues par décision du pouvoir législatif dans le cas
où les Chambres seraient en session, ou, dans le cas contraire,
par décision du gouvernement.

ADMINISTRATION

Par ALVES DA VEIGA

Résumé historique. — Pendant la période constitutionnelle du gouvernement de la maison de Bragance, les institutions administratives subirent des modifications considérables, un grand nombre de codes ayant été promulgués par les législateurs portugais dans la courte période qui s'est écoulée depuis 1834, année qui a vu s'établir définitivement le régime politique actuel. Les idées décentralisatrices de la constitution de 1822, abolie en 1823 et momentanément rétablie après la révolution de 1836, furent remplacées par le code administratif du 18 mars 1842, qui est essentiellement centralisateur. Ce code resta en vigueur jusqu'à la réforme du 6 mai 1878, réforme due à l'initiative du ministre Antonio Rodrigues Sampaio, ancien journaliste révolutionnaire, qui rendit aux municipes et aux districts une partie des immunités que le code de 1842 leur avait enlevées. Il leur accorda de nouvelles facultés, telles que l'élection directe des assemblées générales de district, la concession à celles-ci des attributions délibératives, jusqu'alors réservées aux conseils de district, la création d'une commission chargée d'exécuter les délibérations de l'assemblée, commission choisie par l'assemblée elle-même parmi ses membres, l'indépendance des conseils municipaux et la concession à ces derniers de larges facultés en matière d'impôts, la réorganisation du contentieux administratif. Le 17 juillet 1876, le ministère progressiste promulgua un nouveau code, qui restreignit les libertés concédées par la législation antérieure aux corps administratifs, principalement en matière d'impôts, institua la représentation des minorités appliquée à l'élection de ces corps et réforma l'organisation des tribunaux administratifs en y plaçant des juges de droit, les magistrats appartenant à la carrière judiciaire offrant plus de garanties et d'indépendance que les conseils de district, qui étaient nommés par le gouvernement. Les événements politiques qui se produisirent depuis 1886, notamment l'agitation patriotique provoquée par l'ultimatum anglais du 11 janvier 1890 et le mouvement républicain de Porto, le 31 janvier 1891, servirent de prétexte à la monarchie pour restreindre les principales libertés populaires, la liberté de la presse, la liberté de réunion, le droit électoral et l'autonomie locale. Le décret dictatorial du 2 mars 1895 approuva un nouveau code administratif de tendances centralisatrices, dont le résultat fut de réduire les prérogatives et les immunités locales. Les chambres de Lisbonne, de Porto et des villes les plus importantes protestèrent contre le décret; mais, malgré ce mouvement de protestation, le code administratif de 1895 n'a pas été abrogé, et c'est celui qui est encore en vigueur.

Divisions administratives; autorités préposées à chacune d'elles. — Le royaume est divisé en vingt et un districts, dont dix-sept pour le continent et quatre pour les îles (1). L'ancienne division en provinces (Tras-os-Montes, Entre-Douro-et-Minho, Beira Alta et Baixa, Estremadura, Alemtejo et Algarve) n'a plus qu'un intérêt historique. Les districts se divisent en arrondissements communaux (*concelhos*) et ceux-ci en paroisses (*freguezias*). Chaque district a : 1° une commission de district, composée du gouverneur civil, son président, de l'auditeur administratif et de trois membres élus par le suffrage indirect; 2° le gouverneur civil, délégué immédiat du pouvoir central et nommé par lui. — L'arrondissement communal est une circonscription qui tient le milieu entre le district et la paroisse, et il est administré : 1° par le conseil municipal électif, dont le président est chargé de faire exécuter les décisions ; 2° par l'administrateur ou

---

(1) Le Portugal continental se divise en 17 districts administratifs, qui sont désignés par les noms mêmes de leurs chefs-lieux. En voici l'énumération, ainsi que celle des anciennes provinces auxquels ils correspondent :

MINHO	Vianna do Castello.
	Braga.
TRAS-OS-MONTES	Villa Real.
	Bragança.
DOURO	Porto.
	Aveiro.
	Coimbra.
BEIRA ALTA	Vizeu.
BEIRA BAIXA	Guarda.
	Castello Branco.
ESTRAMADURA	Leiria.
	Santarem.
	Lisboa.
ALEMTEJO	Portalegre.
	Evora.
	Beja.
ALGARVE	Faro.

maire, délégué aussi du pouvoir central et nommé par lui en dehors du conseil. — La paroisse, la plus élémentaire des circonscriptions administratives portugaises, a : 1° un conseil élu (*junta de parochia*), composé de trois ou cinq membres, selon la population, et dont le curé est président de droit; 2° un *regedor*, délégué du maire et nommé par le gouverneur civil.

Dispositions communes à l'organisation et au fonctionnement des corps administratifs. — Les membres des corps administratifs (commissions de district, conseils municipaux, juntes des paroisses) sont élus pour trois ans et peuvent être réélus. Sont éligibles aux divers corps administratifs, les électeurs des circonscriptions respectives, pourvu qu'ils sachent lire, écrire et compter. Ne sont pas éligibles : les ministres, secrétaires et conseillers d'État, les fonctionnaires du corps diplomatique ou consulaire, les militaires en service actif de l'armée de terre ou de mer, les membres du ministère public et les officiers de police judiciaire, les juges et les membres des tribunaux ordinaires, administratifs et fiscaux, les fonctionnaires administratifs à la nomination du gouvernement et ceux des finances nationales, les employés dépendant des corps électifs qu'il s'agit d'élire, ceux qui se sont rendus adjudicataires de rentes, entreprises ou fournitures pour le compte des corps qu'il s'agit d'élire et leurs cautions, les citoyens privés de l'exercice de leurs droits civils ou politiques par sentence définitive. Ne peuvent siéger dans la même assemblée, les parents ou alliés jusqu'au deuxième degré en ligne directe ou collatérale ; lorsque plusieurs ont été élus, la préférence est donnée à celui qui a obtenu le plus de suffrages, et, en cas d'égalité de suffrages, au plus âgé.

Les assemblées primaires électorales élisent, en même temps que les membres ordinaires, un nombre égal de suppléants, qui siègent en cas d'empêchement des premiers. Le gouvernement a, sur les conseils élus, le droit de dissolution, à charge de convoquer les électeurs dans les quarante jours. En cas de dissolution d'un conseil, l'administration provisoire est confiée à une commission extraordinaire, nommée par le gouvernement s'il s'agit d'un conseil municipal, et par le gouverneur civil s'il s'agit d'un conseil paroissial. Les fonctions de membre des conseils élus sont, en principe, gratuites et obligatoires. Les séances des conseils sont publiques et les délibérations prises à la majorité des voix des membres présents.

1. — De l'administration du district.

Des districts. — Les districts, qui correspondent aux départements français, ont remplacé dans la moderne organisation administrative les anciennes provinces, quoique ces divisions fussent plus en rapport avec la configuration du sol, les traditions historiques du pays et les intérêts économiques des habitants. Comme la commune et la paroisse, le district est une personne morale, jouissant du droit de posséder et ayant, pour gérer ses intérêts, une administration dont l'autonomie est aujourd'hui bien réduite. La commission de district et le gouverneur civil sont les organes essentiels de cette administration. Les districts portent les noms des villes qui en sont les chefs-lieux.

De la commission de district. — La commission de district, analogue au conseil de préfecture, se compose du gouverneur civil, son président, de l'auditeur ou magistrat administratif, et de trois membres élus par un collège réuni au chef-lieu du district et composé de délégués choisis parmi les électeurs de la commune, par chaque conseil municipal. Nul ne peut être à la fois membre de la commission et d'autres corps administratifs; celui qui est élu par deux ou plusieurs collèges doit opter pour l'un des sièges dans la huitaine de la proclamation du scrutin. La commission siège au chef-lieu; elle se réunit en session ordinaire, une fois par semaine. Le secrétaire général du district assiste aux séances en qualité de représentant du ministère public et interjette appel des délibérations contraires à la loi.

Les attributions de la commission de district sont consultatives, tutélaires et contentieuses. Comme corps consultatif, elle émet son opinion sur toutes les affaires à l'égard desquelles les lois exigent son vote, ou sur lesquelles le gouverneur civil juge à propos de prendre son avis. Comme autorité tutélaire, elle accorde ou refuse son approbation aux délibérations des conseils municipaux et paroissiaux, qui ne peuvent devenir exécutoires, aux termes du code administratif, sans sa sanction. Comme tribunal, elle statue sur les comptes de gestion des comptables publics, sur les questions de servitude, distribution d'eau et usufruit des biens dont les habitants des communes et des paroisses ont la jouissance, ainsi que sur plusieurs autres objets désignés par la loi.

Du gouverneur civil. — Le gouverneur civil est à la libre nomination du gouvernement, ainsi que son suppléant. Il a le double caractère d'agent du pouvoir central et de représentant des intérêts spéciaux du district. Il a de nombreuses attributions en sa qualité de délégué du gouvernement : il fait procéder aux élections de tous les corps administratifs aux époques fixées par la loi, transmet aux autorités subalternes les lois, règlements et ordres supérieurs avec ses instructions pour leur exécution, surveille l'exécution des lois et règlements administratifs, fait établir la statistique et le cadastre du district, et administre le service des finances publiques, choisit les employés dont la nomination n'est pas spécialement attribuée à d'autres autorités et peut les révoquer. D'une façon générale, il dispose de la police et de la force publique pour maintenir l'ordre et la sécurité, dirige les services sanitaires et d'hygiène, autorise les monts-de-piété, sociétés de secours mutuels et autres, surveille les loteries, les maisons de jeu, les théâtres et les hôpitaux. Il exerce la tutelle sur les établissements de bienfaisance, règle leur administration, approuve leur budget, révoque au besoin leurs bureaux ou leurs administrateurs et les remplace jusqu'aux élections par des commissions provisoires. Le recours est autorisé contre les décisions du gouverneur devant le gouvernement ou devant le tribunal administratif suprême : ce dernier ne peut être saisi que pour incompétence, excès de pouvoir, violation de la loi ou atteinte aux droits des tiers.

Un secrétaire général, nommé par le gouvernement, expédie les affaires sous les ordres du gouverneur, et le remplace quand celui-ci et son suppléant sont empêchés.

II. — De l'organisation communale ou municipale.

Des communes. — Les communes portugaises, qui correspondent à peu près aux arrondissements communaux ou cantons français, se divisent en deux catégories, de première et de deuxième classe, eu égard à leur population et importance commerciale et industrielle. Chacune a un conseil municipal et un maire. — Le conseil municipal compte neuf membres dans les communes de première classe, sept dans celles de deuxième classe ayant plus de 15 000 habitants, cinq dans les autres. Le conseil municipal de Lisbonne se compose de quinze membres et celui de Porto de onze.

De l'électorat communal. — Pour être électeur communal, il faut satisfaire aux conditions suivantes : 1° avoir vingt et un ans accomplis ; 2° être citoyen portugais, domicilié dans la commune et jouir de ses droits civils ; 3° payer annuellement, en contributions directes, au moins 500 reïs à l'État (2 fr. 50 cent. à peu près) ; 4° savoir lire et écrire. Sont éligibles les électeurs de la commune, hormis ceux compris dans les catégories que nous avons indiquées plus haut en exposant les dispositions communes aux divers corps administratifs.

Du conseil municipal. — Le conseil municipal se réunit, en session ordinaire, une fois par semaine, et extraordinairement autant de fois que les besoins du service l'exigent. Le président est en outre chargé de la mise à exécution des délibérations du conseil, de la publication des règlements et documents municipaux, de la préparation du budget, de l'ordonnancement des mandats de payement, de la représentation de la commune en justice, de l'inspection des établissements municipaux et de la surveillance des services.

Les attributions du conseil sont nombreuses. Il statue principalement sur le budget communal, sur les acquisitions et aliénations, les acceptations de dons et legs, la création d'établissements de bienfaisance et d'éducation, la grande et la petite voirie, la création des emplois municipaux de médecin, pharmacien, accoucheur et vétérinaire, la nomination, suppression ou révocation des fonctionnaires de l'administration communale, les emprunts, les marchés de travaux et fournitures, les règlements sur l'usage des biens communs, les expropriations d'utilité publique, l'établissement d'impôts pour les dépenses municipales, la fixation des foires et marchés, le service d'incendie, les cimetières, les dépenses et la dotation des services publics. Il fait des règlements de police en matière de voirie et d'alignement, de cours d'eau, de chasse et pêche, d'incendie, de foires et marchés, de marchands ambulants, d'animaux nuisibles. Comme auxiliaire de l'administration centrale, il donne des avis et émet des vœux. Le maire ou administrateur de la commune a le droit d'intervenir dans les séances, mais sans y avoir voix délibérative.

De l'administrateur ou maire. — L'administrateur et son suppléant sont nommés par décret ; ils doivent avoir suivi un cours supérieur ou au moins secondaire. Ils peuvent être révoqués par décret et suspendus par le gouverneur. Leur

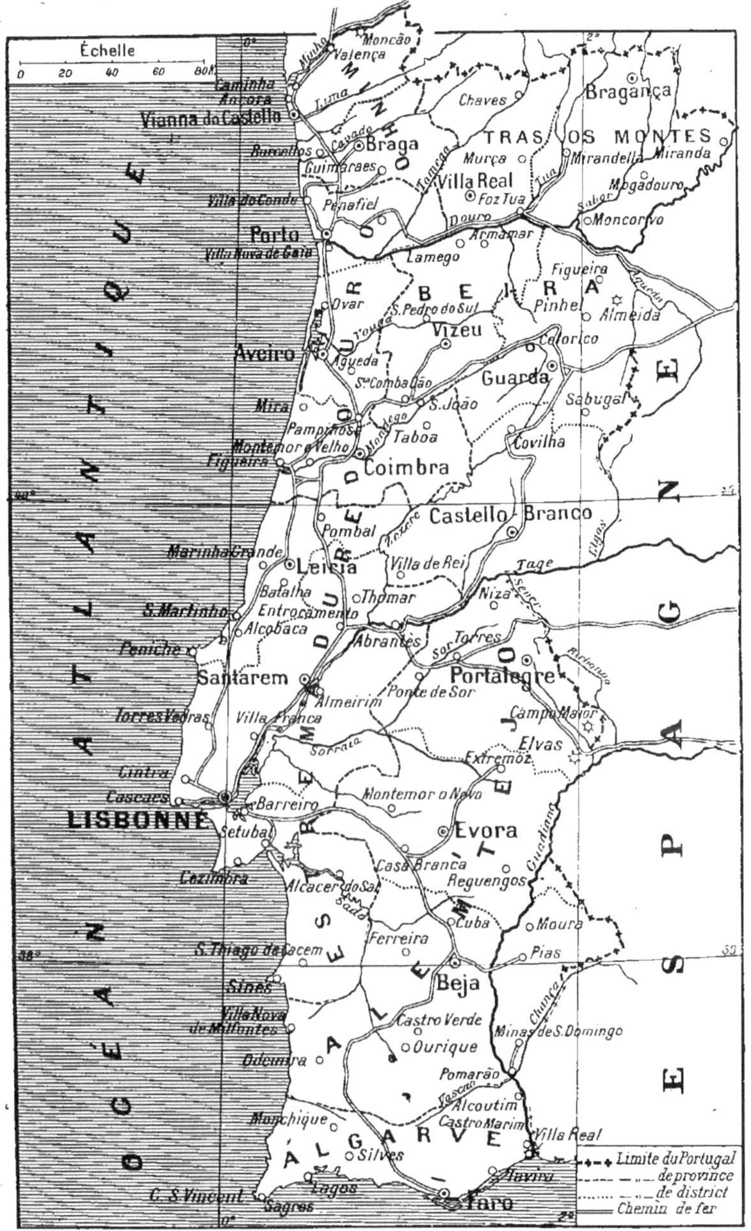

PORTUGAL POLITIQUE ET ADMINISTRATIF

traitement est payé sur les fonds municipaux. En cas d'empê-
chement de l'administrateur et de son substitut, ils sont remplacés par le président du conseil municipal.

L'administrateur est chargé de l'exécution des lois et règlements d'intérêt public sous les ordres du gouverneur civil ; il surveille les confréries et établissements de bienfaisance. Comme directeur de la police dans la commune, il veille à la sécurité générale et requiert au besoin la force armée, délivre les permis de résidence, fait exécuter les règlements de police municipale. Il a certaines attributions judiciaires, par exemple les enquêtes sur les crimes, l'arrestation des coupables pour être livrés de suite à la juridiction compétente, l'ouverture et l'enregistrement des testaments. Il tient les registres de l'état civil.

Gestion financière des communes. — Le budget communal se divise en ordinaire et extraordinaire. Les recettes du budget ordinaire proviennent essentiellement des impôts directs et indirects que la commune a la faculté d'établir sous la forme de centimes additionnels aux contributions de l'État et de taxes spéciales sur les voitures, permis de chasse et de pêche, octrois, etc. Les recettes du budget extraordinaire se composent des contributions extraordinaires dûment autorisées, du prix des biens aliénés, des dons et legs, etc. La loi impose aux communes un très grand nombre de dépenses obligatoires. Les recettes sont généralement recouvrées d'après les formes prescrites pour le recouvrement de celles de l'État. Un trésorier, nommé par le conseil municipal, exerce les fonctions de receveur et est chargé des payements. Les mandats doivent être ordonnancés par le président du conseil municipal. Le budget est proposé par le président, voté par le conseil et soumis à l'approbation du tribunal administratif suprême ou de la commission du district, selon l'importance des communes.

III. — De l'organisation paroissiale.

Des paroisses. — La paroisse est la division la plus élémentaire de l'organisme administratif portugais. Jouissant de la qualité de personne morale, comme le district et la commune, la paroisse a une administration propre, à la tête de laquelle se trouvent un conseil électif (*junta de parochia*) et un fonctionnaire délégué (*regedor*).

Du conseil paroissial. — Le conseil se compose de trois membres dans les paroisses de moins de mille habitants, et de cinq
dans toutes les autres. Le curé exerce de plein droit les fonctions de président du conseil, lequel se réunit tous les quinze
jours en session ordinaire. Les employés de la paroisse sont
un secrétaire et un trésorier, nommés par le conseil. Les principales attributions de ce corps sont : l'administration de la
fabrique de l'église, celle des biens et des intérêts de la paroisse
et l'exécution des actes qu'il doit faire en vertu du caractère de
comité de bienfaisance dont il est revêtu. Il délibère sur les
contrats paroissiaux, les acquisitions ou aliénations d'immeubles,
la construction, réparation et entretien des chemins vicinaux.

Du regedor. — Le regedor et son suppléant sont nommés par
arrêté du gouverneur civil, sur la présentation de l'administrateur de la commune. Ses fonctions sont obligatoires pendant
un an. Il peut être révoqué par le gouverneur et suspendu par
l'administrateur. Il exécute les ordres de ce dernier et lui donne
connaissance de toute délibération du conseil paroissial excédant sa juridiction ou contraire aux lois; il ouvre les testaments;
il fait la police de la paroisse.

IV. — De la tutelle administrative.

Elle est exercée sur les conseils municipaux par le gouvernement et par la commission de district, sur les conseils paroissiaux par le gouvernement et par le gouverneur civil. Sont soumises à l'approbation du gouvernement les délibérations des
corps administratifs qui ont trait aux emprunts, à la création
de nouveaux emplois, à l'établissement d'impôts additionnels
sur les contributions directes de l'État, aux contrats sur l'éclairage public, les fournitures d'eaux et sur la concession du monopole des transports à des compagnies ou à des particuliers.
Sont soumises à l'approbation du gouvernement, pour les communes de première classe et pour celles de deuxième classe,
et à l'approbation du gouverneur civil, pour les paroisses, les
délibérations sur l'organisation ou dotation des services et la
fixation des dépenses, sur les budgets, sur l'acquisition et l'aliénation des immeubles et de toute espèce de titres, sur les règlements d'exécution permanente, enfin, sur les marchés des travaux et fournitures qui doivent durer plus de deux ans. Le
procès-verbal de toute délibération des conseils municipaux

et paroissiaux doit être adressé à l'administrateur de la commune, dans la huitaine pour les premiers, et dans la quinzaine pour les seconds.

Organisation judiciaire.

Coup d'œil général. — L'organisation actuelle est de date récente. La procédure était réglée par les anciennes ordonnances du royaume, dites *Ordonnances philippines.* Les décrets du 16 mai 1832 et du 12 décembre 1833 mirent l'organisation judiciaire et la procédure civile et criminelle d'accord avec le système du jugement par jurés établi par la Charte constitutionnelle de 1826. Ceux du 29 novembre 1836 et du 13 janvier 1837 corrigèrent quelques imperfections de la législation antérieure. Enfin, par le décret du 21 mai 1841, de nouvelles modifications furent apportées et mises en vigueur, sous le nom de *Novissima reforma judiciaria.* Mais cette législation était incomplète ; on avait besoin d'invoquer à chaque instant une foule de dispositions antérieures ou postérieures à la *Novissima reforma.* Après la promulgation du code civil, obligatoire à dater du 22 mars 1868, magistrats et avocats réclamèrent la mise de la procédure civile en accord avec la nouvelle législation. Un décret du 31 décembre 1867 créa une commission chargée de préparer un projet de code de procédure civile, lequel, présenté le 13 février 1875, fut déposé à la Chambre des députés dans la session législative de 1875-1876, et reçut la sanction royale le 8 novembre 1876, pour être exécuté six mois après.

Le principe des deux degrés de juridiction est la règle, comme en France. Il y a en Portugal cinq cours d'appel (*relações*), tribunaux de deuxième instance, dont deux pour les colonies. Le ressort des cours du continent est divisé en circonscriptions (*comarcas*), qui ont toutes un tribunal de première instance tenu par un seul magistrat, dit juge de droit (*juiz de direito*). La comarca est divisée en *julgados*, et chacune de ces divisions forme le ressort du juge ordinaire (*juiz ordinario*). Le julgado est, à son tour, divisé en *districtos de juiz de paz*, composés chacun d'une ou plusieurs paroisses, et ayant un juge de paix chargé seulement de concilier les parties. — La justice, en matière pénale, est rendue, pour les contraventions, par le juge ordinaire ; pour les délits les moins importants, par le juge de droit ; pour les autres délits et les crimes, par le juge de droit, assisté d'un jury. — La juridiction commerciale appartient à des tribunaux de commerce composés d'un juge de droit de première instance et d'un jury formé de commerçants. — L'appel et le pourvoi sont portés respectivement devant les cours d'appel et devant le tribunal suprême, tant en matière civile qu'en matière commerciale. Lorsqu'il n'y a pas de tribunal de commerce, les affaires commerciales sont jugées par des arbitres, dont la sentence, homologuée par le juge de droit, peut être déférée, par voie d'appel, au tribunal de commerce le plus proche. Des tribunaux de commerce spéciaux existent à Lisbonne, à Porto et dans certains chefs-lieux dont la juridiction s'étend sur les *comarcas*, ou ressorts de première instance qui leur sont annexés. — La juridiction administrative appartient en première instance à la commission de district, à l'auditeur ou magistrat administratif et au juge de droit, selon les règles de la compétence. Un tribunal suprême spécial joue le rôle d'une cour d'appel pour les affaires administratives. Citons aussi le tribunal ou cour des comptes (*tribunal de contos*). — Des magistrats du ministère public siègent auprès de toutes les juridictions. — Le chef du ministère public est le procureur général de la couronne et des finances (*procurador geral de corôa e das finanças*), haut fonctionnaire choisi parmi les personnalités les plus marquantes de la politique, et dont l'avis légal est demandé sur des questions intéressant l'État. Les juges de première instance, des cours d'appel et du tribunal suprême sont nommés à vie par le gouvernement. En vertu d'une loi du 21 juillet 1855, les juges de première instance sont déplacés de droit au bout de six ans, et ne peuvent l'être avant ce délai que de leur consentement. Une autre loi de la même année autorise le gouvernement à mettre à la retraite les juges de toutes classes pour les besoins du service et la bonne administration de la justice, sur avis conforme du tribunal suprême.

Tribunaux ordinaires.

Du juge de paix et du juge ordinaire. — Le juge de paix est élu pour quatre ans : l'élection a lieu dans les mêmes conditions que les élections des corps administratifs. Il peut être en même temps chargé des fonctions de regedor de paroisse. Sa juridiction s'étend sur une ou plusieurs paroisses. Cependant il ne juge pas; il est seulement chargé de concilier les parties, et d'apposer les scellés en matière de faillite.

Le juge ordinaire, autrefois élu, est maintenant nommé tous les trois ans par le gouvernement, sur une liste de trois noms dressée par le président du tribunal de deuxième instance. Les fonctions du ministère public sont remplies par un délégué du procureur royal. Le juge ordinaire connaît, en premier ressort, des affaires civiles relatives aux biens meubles et n'excédant pas en valeur la somme de 10 000 reïs (55 fr. 50 au pair). L'appel, toujours possible, est porté devant le tribunal de première instance. En matière pénale, le juge ordinaire juge les contraventions, sauf appel devant le tribunal de première instance ou devant la cour d'appel, si la peine excède la compétence du tribunal : à Lisbonne et Porto, les contraventions sont jugées par le juge de droit, comme les délits.

Du tribunal de première instance. — Le tribunal de première instance est composé d'un seul juge et du délégué du ministère public. Le jury siégeait autrefois en matière civile; mais la loi l'a rendu facultatif pour les parties. Le juge est compétent au civil : 1° comme juge d'appel sur les appels formés contre les décisions du juge ordinaire; 2° en premier et dernier ressort, au delà de la compétence du juge ordinaire, pour toutes demandes personnelles et mobilières jusqu'à la valeur de 50 000 reïs (277 fr. 50) et sur toutes demandes réelles et immobilières dont l'objet principal n'excède pas une valeur de 30 000 reïs (166 fr. 50); 3° en premier ressort seulement et à charge d'appel, sur toute demande dont la valeur excède le taux ci-dessus. Au correctionnel, le juge de première instance est compétent pour tout délit puni de blâme, de censure, d'amende jusqu'à 20 000 reïs (111 fr.), d'expulsion du domicile pendant six mois, et d'emprisonnement jusqu'à six mois. Il juge aussi dans les limites de sa compétence, et en dernier ressort, les appels formés contre le jugement du juge ordinaire. L'appel peut être porté devant les *relações*, lorsque la peine excède 10 000 reïs d'amende ou un mois de prison. — Le tribunal criminel se compose du juge de droit et d'un jury. Les fonctions du ministère public sont remplies par un procureur ou substitut. Le tribunal criminel est compétent pour tous crimes et délits qui échappent à la juridiction du juge de première instance. Il n'y a point de recours si le tribunal absout le prévenu, sauf le pourvoi pour nullité, relevée avant la décision du jury. L'appel devant les relações et le pourvoi en cassation sont de droit lorsqu'il y a condamnation, et le ministère public lui-même est tenu d'interjeter appel lorsque la peine prononcée excède trois ans de travaux forcés ou cinq ans de relégation. L'appel ne porte que sur l'application de la peine et non sur le fait de culpabilité, qui est

j١gé souverainement par le jury, sauf cassation pour vice de
forme.

Du jury. — Le jury ordinaire est composé de jurés recrutés,
pour chaque tribunal, jusqu'à concurrence de cent vingt, parmi les
citoyens ayant suivi un cours complet d' instruction supérieure
ou secondaire, et, à défaut de ceux-ci, parmi les citoyens ayant
un revenu de 400 000 reïs (2 200 fr.), et enfin parmi les citoyens
ayant un revenu immédiatement inférieur. A Lisbonne et à
Porto, la liste est formée de soixante jurés ayant la capacité littéraire, et soixante ayant la capacité censitaire. La liste de session est
de trente-six jurés, parmi lesquels neuf sont tirés au sort, plus un
suppléant, afin de constituer le jury de jugement, après récusation
de trois membres par l'accusé et de trois membres par l'accusa-
teur. Le jury pour les crimes de fausse monnaie est composé de
même, mais le jury de jugement doit compter douze membres ; et
il doit être même de seize membres nouveaux si l'affaire revient,
après cassation, devant le tribunal criminel.

Du tribunal de deuxième instance. — Il y a cinq cours d'appel
ou *relações*. Deux siègent aux colonies, à Loanda et Goa ; une
à Ponta Delgada (archipel des Açores). Les deux cours du continent, à Lisbonne et à Porto, sont composées chacune de dix-huit
juges et d'un président. Elles se divisent en deux chambres. Les
fonctions du ministère public sont remplies par un procureur
royal et un adjoint. Les cours d'appel statuent en premier ressort sur les prises à partie formées contre les juges inférieurs.
Elles statuent en deuxième et dernier ressort : 1° en matière
civile, sur toutes les affaires jugées en premier ressort par les
juges de droit ; 2° en matière commerciale, sur toutes les affaires
jugées en premier ressort par les tribunaux de commerce ;
3° en matière correctionnelle, sur les jugements rendus par les
juges de droit, lorsque la peine excède 10 000 reïs d'amende
ou un mois de prison ; 4° en matière criminelle, sur les arrêts
des tribunaux criminels prononçant la condamnation.

Du tribunal suprême (*Supremo tribunal de justiça*).—Il est composé de dix conseillers et d'un président, formant deux chambres ;
un procureur de la couronne et deux adjoints remplissent les
fonctions de ministère public. Ce tribunal statue, en droit et non
en fait, sur les pourvois formés, en toute matière, contre les décisions rendues en dernier ressort par les tribunaux. Cependant ce
principe comporte exception. Le pourvoi, en matière civile, n'est

point autorisé si la valeur du litige n'excède pas 400 000 reïs (2 200 fr.). Le pourvoi en matière commerciale, est restreint aux affaires dont la valeur excède un ou deux millions de reis, selon qu'il s'agit d'une infirmation ou d'une confirmation. Néanmoins le pourvoi est toujours permis: 1° pour incompétence ou excès de pouvoir; 2° pour les questions d'état et de séparation de corps; 3° pour les reprises d'instance; 4° pour les amendes contre les plaideurs de mauvaise foi. Le tribunal statue comme juridiction d'appel sur les décisions rendues par les relações en matière de prise à partie, et il juge en premier et dernier ressort les recours formés contre les juges des relações, contre les propres membres du tribunal suprême et contre les officiers du ministère public des relações et du tribunal suprême.

Justice administrative.

La juridiction administrative appartient, en première instance, à la commission de district, à l'auditeur administratif et aux juges de droit. Le secrétaire général du district remplit les fonctions de ministère public.

La commission statue sur les comptes des corps administratifs, des confréries, hospices et établissements de bienfaisance, etc. L'auditeur décide sur la validité des élections administratives et des associations hospitalières et charitables, sur toutes réclamations contre les délibérations de leurs bureaux, sur les différends qui s'élèvent au sujet de l'exécution des contrats municipaux et paroissiaux. Le juge de droit statue sur les réclamations en matière de contributions de l'État et d'imposition, répartition et payement des contributions municipales.

L'appel des décisions des tribunaux administratifs de première instance est porté devant un tribunal suprême administratif (*Supremo tribunal administrativo*), composé d'un président et de six membres effectifs. Deux adjoints du procureur général de la Couronne et des Finances, assistés d'un auditeur, y exercent les fonctions de ministère public. Comme tribunal de contentieux administratif, il délibère en dernier ressort sur les appels portés contre les décisions des tribunaux de première instance, sur les conflits de juridiction, les excès et les abus des autorités, ainsi que sur plusieurs autres objets désignés par la loi. Quand le tribunal de première instance fait fonctions de tribunal des comptes, le recours est porté devant la cour suprême des comptes.

L'ARMÉE

Par CHRISTOVAM AYRES

Officier et soldat portugais.

Henri IV, Louis XIV, Napoléon Ier se sont appliqués, par des procédés divers, à maintenir l'autonomie du Portugal. Ils comprenaient que ce pays pouvait à l'occasion servir au maintien de l'équilibre européen. De nos jours encore, les 120 000 hommes militairement instruits que le Portugal mettrait sous les armes en cas de guerre constitueraient un élément peu négligeable dans certaines circonstances.

Le soldat portugais, sobre, endurant, discipliné et courageux, peut rivaliser, à tous égards, avec ses vaillants voisins espagnols.

L'organisation actuelle de l'armée portugaise a pour base le décret du 31 octobre 1884, successivement modifié sur plusieurs points. Cette organisation a eu pour but de régulariser le fonctionnement des réserves qui, à la suite de l'abolition des *milices* et *ordonnances* en 1836, n'avaient été l'objet d'aucune mesure spéciale.

Le commandement suprême de l'armée appartient au roi. La haute direction de toutes les affaires militaires appartient au ministre de la Guerre. L'état-major général se compose d'un maréchal général, qui est le roi, de deux maréchaux de l'armée, grade qui n'est conféré que pour distinction en campagne, de six généraux de division et vingt généraux de brigade. Le corps d'état-major se compose d'officiers recrutés dans toutes

les armes et qui doivent avoir suivi le cours supérieur de
guerre. Les troupes du génie constituent un régiment de
2 bataillons et 1 de réserve. L'arme de l''artillerie réunit, sous
un commandement général, 6 régiments, dont 3 montés, 1 de
montagne et 2 de garnison ou de forteresse ; 4 compagnies
isolées servent principalement aux îles de Madère et des Açores.
La cavalerie réunit. sous un commandement général, 10 régi-

Groupe de soldats portugais.

ments : 2 de lanciers et 8 de chasseurs à cheval, et l'infanterie
comprend 24 régiments de ligne et 12 de chasseurs.

Ces troupes sont réparties entre 4 divisions territoriales, dont
les sièges sont à Lisbonne, Viseu, Porto et Evora, et en 4 com-
mandements militaires aux îles adjacentes.

Une partie des régiments de cavalerie et d'infanterie sont
en brigades.

L'instruction théorique est donnée : dans les *écoles de régiment* (un cours pour les caporaux et un autre pour les sergents);
dans les *écoles centrales* ou *écoles pratiques* de chacune des
armes; à l'*école centrale des sous-officiers*, qui prépare les candidats
au grade de sous-lieutenant, pour l'infanterie, la cavalerie et
l'artillerie (cadre des forteresses) et à l'*école de l'armée.*

Cette dernière école forme les officiers d'état-major (cours supérieur de guerre de deux ans), du génie (cours de quatre ans), d'artillerie (cours de trois ans), de cavalerie et d'infanterie (cours de deux ans) et d'administration militaire (cours d'un an).

Les candidats doivent posséder, outre le cours secondaire, des cours plus ou moins longs à l'Université de Coïmbre, aux écoles polytechniques de Lisbonne et de Porto, ou aux écoles industrielles (pour l'administration militaire).

L'instruction secondaire, pour les fils des officiers, est aussi donnée par le collège militaire équivalant au lycée de première classe.

Près de chaque division militaire fonctionne un tribunal militaire (par exception deux à la 1re division); le second degré de juridiction est le *suprême conseil de justice militaire*, dont sont justiciables, non seulement les militaires de l'armée de terre, mais aussi ceux de l'armée de mer, et qui, par suite, se compose d'officiers généraux des deux armées.

Le service militaire est personnel et obligatoire depuis 1887. L'avancement a pour base l'ancienneté, mais la loi permet aussi de tenir compte des aptitudes morales et techniques pour les promotions aux différents grades, principalement à ceux de *commandant* et de *général de brigade*, pour lesquels on exige un examen oral et écrit, et une manœuvre sur le terrain.

Les services de l'administration militaire sont réunis en une direction générale ressortissant au ministère de la Guerre; le service de santé a à sa tête un chirurgien en chef du grade de colonel.

C'est l'*arsenal de l'armée* et la *manufacture d'armes* qui, sous la direction du corps de l'artillerie, pourvoient aux besoins de l'armement. L'armement comporte des canons des systèmes Krupp et Armstrong pour l'artillerie, des fusils Kropatcheck pour l'infanterie, et des carabines Kropatcheck et Mannlicher pour la cavalerie.

L'armée portugaise a été l'objet de réformes considérables, dues à l'initiative de M. le colonel Pimentel Pinto, ancien ministre de la Guerre et véritable organisateur militaire; elle a prouvé qu'elle était digne de la sollicitude des pouvoirs publics par son courage et son savoir dans les expéditions africaines.

Telle est dans ses grandes lignes l'organisation actuelle de l'armée portugaise. Ajoutons, pour être complet, que cette organisation est à la veille d'être profondément modifiée, d'après un projet présenté à la Chambre des députés le 18 avril 1898 par le ministre de la Guerre.

LA MARINE

Par CARDOZO DE BETHENCOURT

Un coup d'œil sur la carte du monde suffit pour reconnaître l'admirable position maritime du Portugal et pour deviner le rôle prépondérant que la navigation devait jouer dans l'histoire de ce pays.

Voisin, par sa frontière septentrionale, du golfe de Gascogne dont les flots, après avoir baigné les côtes d'Espagne, de France et d'Angleterre, vont se perdre dans les mers du Nord; limité au midi par l'extrémité du détroit de Gibraltar et touchant ainsi aux portes de la Méditerranée, le Portugal déploie à l'ouest 793 kilomètres de côtes sur l'Atlantique.

De l'est, où se trouve la grande frontière espagnole, le sol descend peu à peu vers la mer; les fleuves, dans le voisinage de leur entrée sur le territoire portugais, cessent d'être navigables; les populations, suivant le cours des eaux, deviennent de plus en plus denses à mesure que l'on approche de l'Océan. Rien de plus caractéristique à cet égard que la carte démographique accompagnant le *Recensement (censo) de 1890;* on y constate que, pour tout le sud-ouest de la Péninsule, la vie n'existe que dans le voisinage de l'Atlantique. Grâce à cette zone maritime, le Portugal présente en général une population spécifique plus forte que celle de l'Espagne, et dans le petit royaume même les régions océaniques sont de beaucoup les plus peuplées.

Les côtes portugaises sont, d'ailleurs, favorisées de la nature à tous les points de vue : richesse ichtyologique immense, formée par plus de cent trente espèces; sécurité réelle, quoi qu'en ait dit Élisée Reclus. En effet, ces côtes, bien que formées en grande partie d'escarpements rocheux, coupés de grèves parfois très étendues, « peuvent être longées à 5 milles de distance en moyenne par des fonds de 30 à 100 mètres ». Elles présentent quelques bons mouillages et des ports généralement faciles à aborder.

Il faut reconnaître, toutefois, que la tendance des armateurs modernes à augmenter considérablement le tonnage de leurs navires raréfie les ports utilisables du Portugal. Une description du littoral va le démontrer.

En partant du nord, après avoir dépassé le Minho qui baigne les stations de pêche de Caminha et de Seixas et dont les passes peu profondes ne laissent entrer que les petits caboteurs, on aperçoit, de plus de 20 milles en mer, la serra de Santa-Lucia (553 m.), dominant l'embouchure du Lima où le port de Vianna reçoit des bâtiments de 3 à 4 mètres de tirant d'eau.

Signalons ensuite la ville d'Espozende, à l'embouchure du Cavado ; le futur port en eau profonde de Povoa de Varzim ; Villa do Conde, sur le rio Ave ; et, enfin, Leixões, port artificiel construit par les entrepreneurs français Duparchy et Bartissol.

Leixões peut recevoir les plus forts bâtiments : entre ses deux grandes jetées, dont la construction exigea l'emploi d'une grue-titan de 68^m,75, célèbre parmi les ingénieurs, entre ses deux jetées, disons-nous, le port offre un mouillage de 1080 mètres sur 950 mètres, avec des fonds maxima de 22 mètres ; la passe d'accès est large de 220 mètres. Dans ces conditions, et bien que mal relié à Porto, on doit reconnaître que Leixões constitue une station d'escale favorable pour l'embarquement des passagers et un point de relâche très utile pour les navires attendant, plusieurs jours parfois, que la barre du Douro soit praticable.

Le Douro est, en effet, un fleuve capricieux : les crues de mars et d'avril, produites par la fonte des neiges, élèvent son niveau de 3 à 4 mètres au-dessus du niveau ordinaire des vives eaux ; le courant atteint parfois une vitesse de 14 nœuds ; les sables, transportés des montagnes sur un parcours de 640 kilomètres dont 255 en Portugal, forment une barre très mobile et sur laquelle la mer brise trop souvent.

En dépit de ces conditions nautiques, Porto, situé à 2 milles de l'embouchure du Douro, est une ville maritime très importante. Pour le long cours et le grand cabotage, on a compté en 1895, à l'entrée, 678 navires chargés, jaugeant 347 316 tonneaux, et à la sortie, 538 navires chargés, jaugeant 261 608. Ce mouvement peut être complété par 339 bâtiments jaugeant 364 090 tonneaux, entrés chargés à Leixões.

Au sud du Douro, la côte, peuplée de pêcheurs, ne présente aucun port notable jusqu'à Aveiro, près d'une immense nappe d'eau, profonde de 4 à 5 mètres à marée basse, qui pourrait abriter d'innombrables navires. C'est là que se trouvent les marins les plus renommés peut-être du Portugal, ceux d'Ovar, Ilhavo, Aveiro, etc.

En suivant la côte, on trouve le cap Mondego. Le mouillage très sûr de Buarcos le sépare de ce fleuve Mondego dont la « clarté des eaux » a été chantée par Camoëns, Nicolas Tolentino, Bernardim Ribeiro, etc. Sorti de la serra da Estrella — « cœur du Portugal », suivant le mot d'Oliveira Martins — le Mondego est le plus grand des cours d'eau exclusivement portugais et sa longueur atteint 220 kilomètres. A l'embouchure, Figueira jouit des restes de sa vieille renommée maritime ; son ponton de 180 pieds sert au transport des charbons du chemin de fer de la Beira Alta.

A mentionner encore, au nord de Lisbonne, les ports, d'importance toute locale, de Paredes et S. Martinho, ainsi que le mouillage de Peniche, voisin du cap Carvoeiro qu'un chenal, large de 5 milles et profond de 45 mètres au milieu, sépare des îles Berlingues, dont la plus grande s'élève brusquement à 88 mètres au-dessus des flots.

Enfin, après avoir aperçu, du large, le village d'Ericeira sur sa falaise, le monastère de Mafra dressant à 237 mètres d'altitude sa somptueuse façade de marbre blanc, le cap da Roca entouré des villes charmantes de Collares, de Cintra et de Cascaes, on entre dans la baie de Lisbonne où se jette le Tage.

De son embouchure jusqu'à la capitale portugaise, le Tage forme un estuaire de 8 milles de longueur et de 1 mille 1/2 de largeur avec des fonds de 20 à 50 mètres. On peut franchir la barre facilement avec tous les vents du large et même avec les forts coups de vent de l'ouest ; la rade, également profonde, est d'une excellente tenue. Voilà pourquoi Lisbonne a pu si longtemps attirer les navigateurs dans son port dépourvu de tout outillage sérieux. Mais, avec la rapidité d'opération qu'exige la marine à vapeur, il a fallu, sous peine de décadence, créer l'outillage qui manquait. En dépit de ses embarras financiers, le gouvernement portugais a consacré 72 millions au port de Lisbonne. La rive droite du Tage a été régularisée sur 8 kilomètres 1/2. Des bassins, des quais verticaux, etc., ont été mis au service de la marine. Lisbonne, ainsi outillée par le constructeur français, M. H. Hersent, dispose ou disposera incessamment de : 4 470 mètres de quais avec voie ferrée et accostables dont 3 150 ayant des fonds de 8 mètres à marée basse ; 3 500 mètres de perrées et rampes d'échouage ; un embarcadère flottant de 100 mètres de longueur ; de nombreuses grues hydrauliques pour poids de 750 à 40 000 kilos; plusieurs bassins de radoub, dont l'un a 180 mètres de long, 25 de large, 6 mètres à marée basse et 10^m,23 d'eau sur le seuil aux marées hautes de vives eaux; de Cadix au Ferrol on ne trouve aucune forme aussi grande.

Voici quel a été en 1895 le mouvement de Lisbonne, vapeurs et voiliers réunis, pour le long cours et le grand cabotage seulement :

		Sortis.		Entrés.	
Navires	Chargés.	1 830 = 2 874 643	2 112 =	3 280 755 tx.	
	Sur lest.	387 = 408 259	110 =	34 510 —	

Pour donner une idée plus concrète de ce mouvement, nous rappellerons que les entrées à Marseille comprennent, pour les navires chargés venant de long cours ou de l'étranger, 3 827 navires jaugeant 3 715 751 tonneaux; or Marseille est le premier port français.

Reprenant notre itinéraire le long des côtes portugaises et sortant du Tage pour nous diriger au sud, nous trouvons tout d'abord le cap Espichel, puis la station de pêche de Cezimbra, et, enfin, Setubal, célèbre par ses vins, ses oranges et surtout par son sel, encore très estimé dans les pays du Nord. Ce port, formé par l'estuaire du Sado, possède des quais accostables pour les bâtiments de 1 000 tonneaux et a un outillage relativement complet. En 1895, pour le long cours et le grand cabotage, il est entré à Setubal 143 navires chargés jaugeant 77 357 tonneaux et 136 navires sur lest jaugeant 31 657 tonneaux; il en est sorti 277 chargés jaugeant 106 030 tonneaux et seulement 8 sur lest jaugeant 2 558 tonneaux.

En suivant la côte au sud de Setubal, on rencontre le cap de Sines, l'embouchure de la Mira, puis le cap Saint-Vincent, contre lequel les flots s'acharnent et que les brumes tenaces cachent souvent au navigateur qui vient reconnaître cette pointe extrême de l'Europe.

Tout près de Saint-Vincent, on aperçoit, sur une hauteur, l'ancienne ville de Sagres où l'infant dom Henrique (vers 1440) fonda une sorte d'académie navale. Le prince y avait réuni tous les documents géographiques laissés par l'antiquité, tous les renseignements fournis par les navigateurs italiens, normands, majorcains et autres des xiiie et xive siècles. De Sagres sortirent les conquérants des « îles et terres fermes » d'Afrique; et l'un des premiers colons de Madère, Bartholomeu Perestrello, laissa à son gendre Christophe Colomb des notes et des obser-

        LE PORTUGAL

vations faites à l'instigation de dom Henrique et qui semblent
avoir, sinon fait naître, du moins corroboré chez Colomb l'idée
d'une terre ferme située au delà des côtes portugaises. C'est à
l'école de Sagres qu'il faut aussi attribuer les plus heureuses
réformes cartographiques, comme le rappelle le Dr Ferreira Deusdado, qui a tant fait à notre époque pour la diffusion des sciences
géographiques en Portugal.

Pour terminer la description de la côte portugaise, nous
citerons encore : Lagos, Portimão, Faro, Olhão, et Tavira, ports
des Algarves, fréquentés, Olhão surtout, par bon nombre de
petits voiliers caboteurs; Villa Real de S. Antonio, à l'embouchure de la Guadiana; et, enfin, Pomarão, sur la rive droite
de ce fleuve, à 40 milles de l'entrée, port d'embarquement
pour le minerai de S. Domingos.

Dans leur ensemble, pour le long cours et le grand cabotage, les ports du Portugal ont eu le mouvement ci-après à dix
ans d'intervalle :

ENTRÉES.

	1885		1895	
Navires chargés . .	3 910 jaug.	2 525 667 tx.	3 971 jaug.	4 834 301 tx.
— sur lest . .	1 468 —	1 022 159 —	2 019 —	1 413 455 —

SORTIES.

Navires chargés . .	4 039 jaug.	2 718 246 tx.	4 685 jaug.	5 072 925 tx.
— sur lest . .	1 386 —	971 109 —	1 280 —	1 094 255 —

En dix ans le mouvement maritime a donc presque doublé
au point de vue du tonnage.

Si l'on examine en détail les chiffres de 1895 et si, pour
abréger, on ne tient compte que des entrées — auxquelles il y
aurait lieu d'ajouter 4 340 navires et 1 159 705 tonneaux pour le
petit cabotage national — on trouve que le pavillon portugais
compte 546 navires et 431 111 tonneaux, alors que l'Angleterre
est représentée par 2 317 navires et 3 336 322 tonneaux; l'Allemagne, par 1 002 navires et 1 210 126 tonneaux; la France, par
520 navires et 618 714 tonneaux; l'Espagne, par 845 navires et
217 508 tonneaux; etc.

La part relativement faible du pavillon portugais dans la
navigation de concurrence s'explique aisément par le petit
nombre des navires de la marine marchande du Portugal ayant
un tonnage de quelque importance.

Si l'on ne tient compte, avec le Bureau Veritas, que des voi-

liers de 50 tonneaux nets et des vapeurs de 100 tonneaux nets,
on constate que cette marine compte :

	1877-78	1897-98
Voiliers.	441 = 106 215 tx.	243 = 63 318 tx.
Vapeurs.	26 = 22 480 —	28 = 50 981 —

Un tonneau-vapeur équivalant à trois tonneaux-voile, il
résulte des chiffres ci-dessus que la marine marchande portugaise a gagné en vingt ans plus de 42 000 tonneaux bruts, ou
24 pour 100 environ, — non compris un certain nombre de petits
bâtiments, dont une quinzaine de vapeurs.

Mais cette augmentation est due exclusivement à des achats
de navires faits à l'étranger, car la construction portugaise est
nulle pour les navires de fort tonnage et ne dépasse pas une
dizaine de petits bâtiments par an jaugeant quelques centaines
de mètres cubes, comme disent les Portugais (1).

Le nombre des équipages est d'environ 4 100 hommes, dont
260 officiers et une soixantaine de mécaniciens étrangers, car la
loi maritime portugaise — d'ailleurs presque semblable pour
tout le reste à la loi française — exige bien que le capitaine
soit Portugais, mais laisse une certaine latitude pour la composition de l'équipage.

L'enseignement de la profession maritime se donne tout
d'abord pratiquement par l'embarquement sur les bateaux de
pêche, dont une dizaine au plus sont à vapeur. Des règlements
d'une sévérité extrême — que l'on retrouve dans le Code sanitaire du Portugal — ont empêché le développement, dans ce
pays, de l'industrie des pêches. En dépit de la grande richesse
de sa faune marine, il ne donne qu'un revenu médiocre aux
35 ou 40 000 individus qui se livrent à la pêche en bateau ou
à pied. Les fabriques de conserves, notamment de sardines,
luttent péniblement contre la concurrence étrangère, après
avoir eu quelques années de plein succès.

Et cependant, combien est méritante cette classe laborieuse
de pêcheurs ! Parmi eux se recrutent les habiles pilotes si nombreux sur toute la côte portugaise, les sauveteurs héroïques,
comme ce Joaquim Lopes (1798-1890) que toutes les puissances
maritimes avaient tenu à récompenser. Le secours aux naufragés

----

(1) Dans les tonnages, on adopte en France (et nous l'avons fait dans cette
étude) le diviseur 2^{m3},83 ; mais les Portugais, plus logiques, s'en tiennent au système métrique.

est en honneur depuis des siècles dans ce pays de marins. Dès l'an 1211, avant tous les autres princes, le roi Affonso II proclamait, à la requête des Cortès de Coïmbre, que la couronne renonçait au droit de bris, même sur les étrangers.

A ce propos, il convient de dire que le gouvernement portugais a largement compris son devoir et que tout a été fait pour la sécurité de la navigation : l'éclairage des côtes est bien organisé ; des signaux de brume sont installés ou prêts à l'être ; des stations de sauvetage ont été créées ; plusieurs sémaphores donnent gratuitement aux navires qui passent les renseignements météorologiques pour la prévision du temps.

Les marins portugais, universellement connus pour leur endurance et pour leur courage, n'ont point le bénéfice d'une demi-solde, comme leurs collègues français. Ils naviguent ou pêchent tant qu'ils peuvent et ne jouissent d'aucun privilège militaire. Ils sont soumis à peu près à la loi commune.

La flotte militaire du Portugal comprend environ 4 300 matelots, 220 sous-officiers, et des cadres effectifs d'officiers relativement nombreux : 2 vice-amiraux, 5 contre-amiraux, 16 capitaines de mer et guerre (capitaines de vaisseau), 25 capitaines de frégate, 35 capitaines de corvette, 80 lieutenants, 110 enseignes ; 1 mécanicien en chef, 64 officiers mécaniciens, 23 élèves mécaniciens ; 7 ingénieurs des constructions ; 10 ingénieurs hydrographes ; 47 commissaires et 13 élèves ; 45 médecins et élèves dont plusieurs en service à l'hôpital de la Marine, à Lisbonne ; 6 aumôniers.

Le contingent militaire de 1896 était de 15 000 hommes, dont 550 pour la flotte.

Avec les suppléments, la solde des officiers est à peu près celle de la marine française. Un grand nombre d'officiers sont détachés dans divers services administratifs et ne comptent pas dans les effectifs ci-dessus.

Les officiers, généralement très instruits, sortent de l'Ecole navale de Lisbonne, qui possède un curieux musée, un observatoire et le dépôt des cartes.

Il existe également trois écoles pour les mousses et les matelots : école pratique d'artillerie navale, école des apprentis marins et école des gabiers.

Le Portugal a résolu de reconstituer sa flotte et de l'adapter à ses besoins réels : police des côtes, expéditions coloniales, transport des troupes. Au lieu de conserver des cuirassés démodés ne pouvant servir qu'à rendre des honneurs en rade de Lisbonne, il s'efforce d'avoir des croiseurs de déplacement modéré et de 21 à 22 nœuds aux essais.

La flotte comprend actuellement, d'après l'*Aide-mémoire*
de Valentino : 1 corvette cuirassée, 4 corvettes à hélice,
1 croiseur protégé (et quatre en chantier), une vingtaine de
canonnières dont six à roue arrière, 12 torpilleurs dont 1 sous-
marin, enfin quelques bâtiments et chaloupes de divers types.

Pour ce qui est des croiseurs auxiliaires, la flotte marchande en fournirait difficilement : dans la dernière statistique
du *Register Lloyd* — antérieure à la dissolution de la Mala Real,
compagnie assez importante qui avait 5 steamers jaugeant
13368 tonneaux — nous trouvons sous pavillon portugais
4 paquebots de 14 nœuds, 3 de 13 nœuds et 3 de 12 nœuds.

Quoi qu'il en soit, la marine portugaise peut rendre et rend
journellement, dans les colonies, de très grands services au pays.
Restée à cet égard ce qu'elle était au temps de Vasco de Gama,
la flotte sert aussi souvent à terre que sur mer, participe à
toutes les expéditions et s'y couvre toujours de gloire. Aussi,
dans toutes les grandes manifestations publiques à Lisbonne, la
flotte est-elle toujours saluée d'applaudissements enthousiastes.

L'INSTRUCTION PUBLIQUE

Par CARDOZO DE BETHENCOURT

C'est une opinion commune que le Portugal est un pays où
les moines abondent et où les professeurs font défaut. Or, depuis
plus d'un demi-siècle les ordres religieux ont été abolis sur les
bords du Tage et — en tenant compte de l'importance relative de
la population — il n'y a guère de nation européenne qui offre
à la jeunesse un nombre de chaires aussi considérable que celui
dont le Portugal est doté pour l'enseignement supérieur, l'enseignement secondaire et l'enseignement industriel-commercial.

Mais ce qui justifie dans une certaine mesure l'opinion
précitée, c'est la disproportion —· de moins en moins sensible,
d'ailleurs — entre le haut enseignement et l'instruction primaire. La question ainsi posée, nous étudierons successivement
l'organisation des divers ordres d'enseignement en Portugal.

Constatons, au préalable, que dans le dernier budget (1896-
1897) du Portugal nous trouvons, sur un total de 49 430 contos
de reïs, une somme de 726 contos consacrée à l'instruction
publique, qui après avoir formé, à diverses reprises, un ministère spécial, est aujourd'hui rattachée au ministère de l'Intérieur
(*ministerio do Reino*). Il est nécessaire d'ajouter que la part
contributive de l'État est relativement faible dans les dépenses
de l'enseignement primaire, les communes ayant de grosses
charges à supporter.

Au ministère de l'Intérieur siège le conseil supérieur de
l'Instruction publique, que préside avec autant d'autorité que
de zèle **M.** Jayme Moniz, professeur au cours supérieur des
Lettres. Ce conseil est composé de membres nommés par le roi.
On le consulte sur toutes les réformes projetées, notamment
sur l'établissement des divers programmes.

I. *Enseignement supérieur.* — Il n'existe en Portugal qu'un
seul établissement portant le titre d'Université. Il paraît avoir
été fondé à Lisbonne en 1288 et transféré à Coïmbre en 1307.

Cour de l'Université de Coïmbre. — Phot. Laurent et Cie, Madrid.

Une bulle de Grégoire XI, du mois d'octobre 1376, l'autorise à délivrer les insignes de tous les grades. L'Université, transférée de nouveau à Lisbonne en 1377, revint à Coïmbre en 1537, où elle s'est toujours maintenue depuis.

Après avoir été accaparée, ou à peu près, par les jésuites, elle a subi sous le ministère de Pombal (1772) une transformation complète, qui lui donne un caractère bien particulier. On y chercherait en vain, par exemple, une faculté comparable aux Facultés des lettres françaises. Pombal et, plus tard, les réformateurs de 1836 semblent avoir eu pour but l'exclusion de l'enseignement des belles-lettres, si florissant en Portugal à partir du xvie siècle ; ils ont voulu créer des chaires plutôt utilitaires, en ce sens que l'enseignement n'a pour but que la préparation directe aux fonctions de l'État, à celles de l'Église, et à l'art médical. La science purement spéculative est à peu près bannie de l'Université de Coïmbre, qui se divise en cinq facultés : théologie, droit, médecine, mathématiques et philosophie. Cette dernière faculté est consacrée aux sciences naturelles et l'on y rattache le jardin botanique, où se trouve la statue du savant Brotero et qui est l'un des plus beaux du monde, grâce à la douceur du climat de Coïmbre. Les gens du Nord y remarquent avec curiosité des « serres froides » pour les plantes des régions septentrionales.

Une chaire de grec a été créée à la Faculté de théologie, où l'on enseigne aussi l'hébreu.

L'Université, dont les bâtiments sont immenses, possède une riche bibliothèque, un musée d'histoire naturelle, des laboratoires dotés des instruments les plus nouveaux, un observatoire astronomique et météorologique fort bien organisé, et, en un mot, tous les éléments d'étude constituant une université moderne.

L'enseignement est aussi très moderne, en ce sens que, en dépit de la religion d'État, les professeurs y jouissent de la plus grande liberté de doctrine. Les professeurs de la Faculté de droit, par exemple MM. Emygdio Garcia et Lopes Praça, sont des positivistes, et M. Affonso Costa est républicain socialiste. La Faculté de théologie a, d'autre part, émis, en 1885, la prétention de ne relever que de l'État ; l'évêque-comte de Coïmbre a protesté et obtenu de Rome la mise à l'index du mémoire dans lequel les théologiens se déclaraient indépendants de l'ordinaire, soutenus en cela par une déclaration solennelle du corps universitaire (décembre 1889) ; c'est là un fait peut-être unique dans l'histoire d'une faculté catholique, dont les titres continuent, d'ailleurs, à avoir pleine valeur au point de vue ecclésiastique. Par contre, le Portugal maintient quelques élèves

Bibliothèque de l'Université de Coïmbre.

en théologie à Rome, où il existe un établissement national portugais.

Les professeurs de Coïmbre, tous Portugais, sont ou étaient

récemment au nombre de 53 lecteurs (*lentes*) et 22 suppléants (*substitutos*). Ce corps d'enseignement se partage comme suit : théologie (bonnet blanc), 11 membres; droit (rouge), 21 membres; médecine (jaune), 18 membres; mathématiques (bleu), 13 membres; et philosophie (bleu et blanc), 11 membres.

Dans toutes les cérémonies officielles, ainsi que pour les examens et même pour les cours, les professeurs portent la robe et quelquefois le bonnet. Les étudiants sont obligés de revêtir un uniforme noir, composé d'une culotte courte, d'une soutanelle et d'une cape; sur la tête ils devraient porter un bonnet noir fort disgracieux, mais la plupart d'entre eux circulent tête nue. Ils ne jouissent d'aucun privilège légal; le recteur exerce en fait une certaine juridiction sur les étudiants, qui sont, d'ailleurs, comme partout, un peu bruyants mais cependant disciplinés. L'usage admet que les *quintannistas* (étudiants de la 5e année) se chargent, jusqu'à un certain point, de la surveillance de leurs plus jeunes camarades. Manquer de respect à un *quintannista* est chose grave, punie de brimades parfois un peu sévères.

Les dernières statistiques font constater que l'Université de Coïmbre a, en moyenne, 900 étudiants, dont 40 pour la théologie, 510 pour le droit, 140 pour la médecine (et la pharmacie), 130 pour les mathématiques et 360 pour la philosophie, y compris les doubles inscriptions.

La durée des cours est de cinq ans; les droits d'inscription sont peu élevés (120 à 150 francs par an). L'âge minimum des étudiants est seize ans. Les *étudiantes* sont rares; la première doctoresse a été reçue par la Faculté de philosophie en 1894. Parmi les étudiants, on compte très peu d'étrangers, une quinzaine environ, la plupart Brésiliens.

Pour remédier à l'absence d'une Faculté de lettres, dom Pedro V a fondé à Lisbonne, en 1858, le *Curso superior de lettras*, qui forme des bacheliers ès lettres. Les matières enseignées sont les suivantes : histoire, sanscrit, philologie, littératures grecque et latine, littérature moderne, philosophie, histoire de la philosophie, langue grecque.

Il a été plusieurs fois question de transformer le *Curso* en Université, en y joignant les hautes écoles de Lisbonne, dont voici l'énumération : 1° l'École polytechnique, comptant une moyenne de 330 à 340 élèves, forme des ingénieurs; on y enseigne, outre les mathématiques, la minéralogie, la chimie, la physique, l'économie politique, etc.; il existe à Porto un établissement analogue, l'Academia polytechnica, qui a 250 élèves environ et où l'on enseigne, de plus, le commerce et l'art de l'ingénieur ; 2° l'École de médecine et de chirurgie, dont les élèves sont généralement moins nombreux qu'à la Faculté de Coïmbre ; 3° le cours de diplomatique et de paléographie, professé aux Archives nationales.

Il serait assurément désirable de rendre à la jeunesse portugaise le goût de la science désintéressée, de constituer par là même le recrutement d'un professorat exclusivement consacré à l'enseignement. Il est curieux de constater, en effet, que la plupart des professeurs portugais — trop peu payés, d'ailleurs — conservent des occupations étrangères à l'instruction : ils sont médecins, avocats, prêtres, hommes politiques, etc. Il en résulte que des talents très remarquables disparaissent par suite de leur éparpillement, si l'on peut ainsi dire.

Quelques hommes, toutefois, plus exclusivement consacrés à l'étude se sont fait un nom dans le monde savant et y représentent honorablement le Portugal. Nous citerons, un peu au hasard, en priant d'excuser de déplorables oublis : MM. les professeurs Gonçalves Vianna, Adolpho Coelho, Vasconcellos Abreu, linguistes et philologues ; Ferreira Deusdado, directeur de l'excellente *Revista de Educação e Ensino;* Wenceslau de Lima, géologue et minéralogiste ; Theophilo Braga, l'érudition faite homme ; Martins Sarmento et Leite de Vasconcellos, archéologues ; Consiglieri Pedroso, historien ; Teixeira Bastos, continuateur de l'œuvre de Th. Braga ; le Dr Bernardino Machado, organisateur de l'enseignement industriel ; Dias Ferreira, ancien ministre, commentateur du *Code civil;* Ferrogente Gonçalves, professeur civil à l'École navale ; Sousa Martins, récemment décédé, président de la Conférence sanitaire de Venise ; Severiano Monteiro et Ferreira da Silva, chimistes ; Roquette, minéralogiste ; Augusto Rocha, professeur de pathologie ; Schiappa d'Azevedo et Antonio Cabreira, mathématiciens ; Nery Delgado et Rego Lima, géologues ; le Dr Paulo Marcellino Dias de Freitas et le Dr Manoel Bento de Souza ; etc.

II. *Enseignement secondaire.* — Lorsque le Portugal comptait de nombreux couvents les humanités atteignaient un très haut degré : les latinistes, les hellénistes et même les hébraïsants n'étaient pas rares.

João III paraît être le créateur de l'enseignement secondaire laïque en Portugal. En 1547, il fit venir de France toute une pléiade de maîtres, dont la notoriété fut européenne : André de Gouvea, l'un des fondateurs du collège Sainte-Barbe de Paris ; Georges Buchanan, humaniste écossais ; Nicolas de Grouchy, traducteur d'Aristote ; Élie Vinet, commentateur d'Ausone ; etc.

Les jésuites ne tardèrent pas à mettre la main sur les écoles secondaires et fondèrent de nombreux collèges dans tout le royaume. Les lettres y furent convenablement cultivées, mais l'enseignement scientifique laissa beaucoup à désirer.

Une première réforme sous Pombal (1772), puis une sorte de révolution scolaire en 1836-37 transformèrent complètement la situation ; les sciences sont convenablement cultivées, mais l'enseignement littéraire laisse beaucoup à désirer.

L'instruction secondaire est donnée par l'État dans les lycées. Il y en a un par district, soit dix-sept, plus un à Amarante et un à Lamego ; en ne tenant compte que du nombre d'habitants, la France devrait avoir, avec un régime analogue, une quarantaine de lycées de plus qu'elle n'en a actuellement.

Le *cours général* des *lycées nationaux* comprend : langue et littérature portugaise, cinq ans ; latin, cinq ans ; français, quatre ans ; anglais ou allemand, trois ans ; géographie, histoire, mathématiques (arithmétique, algèbre élémentaire et géométrie plane), éléments des sciences physiques et naturelles, dessin, cinq ans.

Le *cours complémentaire*, qui n'existe que dans les *lycées centraux* (Lisbonne, Coïmbre, Porto et Braga), comprend, en plus des matières ci-dessus : deux années de portugais, de latin, d'allemand, de géographie, d'histoire, de mathématiques (algèbre supérieure, géométrie dans l'espace, trigonométrie et cosmographie), de sciences physiques et naturelles et de philosophie.

On remarquera l'absence du grec, auquel Pombal accordait encore trente-huit chaires en 1772, et de l'enseignement religieux, bien que le catholicisme soit religion d'État. Par contre, le lycée de Lisbonne a deux chaires de langues africaines.

Les professeurs sont nommés par le gouvernement, à la suite de concours. On n'exige d'eux aucune préparation pédagogique réelle, aucun cours dans une école normale (à créer), mais simplement la preuve qu'ils ont une connaissance suffisante de la matière qu'ils enseigneront. Leurs honoraires sont faibles ; ils varient de 600 000 à 400 000 reïs (3 000 à 2 000 francs) pour un maximum de vingt-quatre heures de leçons par semaine, et de cinquante élèves par classe. Les cours commencent le 16 octobre et finissent le 30 juin. Une particularité singulière du récent décret qui a organisé l'enseignement secondaire en Portugal, c'est l'obligation pour les professeurs de l'État et des établissements privés de ne se servir que des livres choisis, après concours, par le gouvernement.

Par ailleurs, les nationaux et les étrangers jouissent d'une assez grande liberté pour l'ouverture de collèges et de pensionnats. Le recteur du lycée le plus voisin a toutefois un droit de surveillance et d'inspection.

Il y a lieu d'ajouter aux établissements précités les dix-huit séminaires du royaume et le collège militaire, seuls établissements secondaires publics recevant des élèves pensionnaires.

III. *Enseignement primaire.* — En 1872, Pombal décréta la création de cinq cent vingt-six classes primaires. Depuis cette époque, en dépit de nombreuses lois, l'organisation du premier enseignement n'a pu se faire en Portugal.

Comme l'a très judicieusement fait observer M. Eduardo Villaça dans l'introduction du *Censo de 1890*, on doit attribuer au retard apporté précédemment à la création des écoles, beaucoup plus qu'à l'organisation actuelle de l'enseignement primaire, ce fait brutal : pour une population de 5 049 729 habitants, on compte seulement 1 048 802 individus sachant lire. Cela donne un pourcentage de 20 pour 100 et c'est un progrès par rapport au recensement de 1878, qui fournissait 17 pour 100. D'ailleurs, on a de 28 à 38 pour 100 individus sachant lire dans les grandes villes (Lisbonne, Porto), et il faut aller dans la montagne (Castello Branco) ou sur les côtes pauvres (Faro) pour tomber à 12 et 15 pour 100.

En 1878 on avait 4 368 écoles publiques ou privées ; en 1889 on obtenait 5 339 établissements. La nouvelle loi (22 décembre 1894) a dû augmenter ces chiffres, puisqu'elle prescrit la création d'une école par paroisse.

L'enseignement que l'on y donne est gratuit et obligatoire pour les enfants de six à douze ans. Il se divise en trois catégories : 1° élémentaire du premier degré : lecture, écriture, les quatre règles de l'arithmétique, système métrique, catéchisme et morale, dessin, travaux manuels, gymnastique ; 2° élémentaire du second degré : portugais, histoire et géographie élémentaires, arithmétique, principes de géométrie, morale, dessin ; 3° complémentaire : portugais, arithmétique et géométrie élémentaires, droits et devoirs du citoyen, notions d'économie, de comptabilité, de physique, de chimie, d'histoire naturelle ; histoire et géographie nationales, morale et histoire sainte, dessin, musique, gymnastique, y compris la natation.

A défaut d'école publique, l'État ne subventionne pas les établissements privés.

Beaucoup de professeurs sortent des écoles normales établies à Lisbonne et à Porto. Ils sont difficiles à recruter et, d'ailleurs, peu payés (de 700 à 1 600 francs environ), mais logés aux frais des communes.

Il y a lieu de signaler deux livres populaires, qui font honneur au Portugal et à son enseignement primaire : le livre de lecture, *Cartilha maternal*, du poète João de Deus, et les leçons de choses, *Manual Encyclopedico*, de Monteverde. Il ne faut pas oublier l'œuvre si sympathique et si patriotique de Cazimiro Freire, les *Ecoles mobiles* (*Esclolas moves*) de propagation d'enseignement de la lecture par la méthode de João de Deus.

IV. *Enseignement spécial.* — En plus des établissements que nous avons mentionnés au paragraphe I de cette note, on doit citer :

L'École de médecine de Porto, qui, pas plus que celle de Lisbonne, ne peut délivrer le diplôme de docteur, réservé à l'Université de Coïmbre ; et les Facultés de médecine et chirurgie de Madère (ville [de Funchal) et de Goa (Indes portugaises) sont des *cours d'officiat*, comme il en existe en France.

Les Écoles des Beaux-Arts de Lisbonne et de Porto, qui envoient des élèves pensionnaires à l'étranger, notamment à Paris. Le Conservatoire de musique de Lisbonne.

Les Instituts industriels et commerciaux de Lisbonne et de Porto, ainsi que vingt-sept écoles industrielles, dont les plus remarquables sont : Covilhã, qui a une chaire de tissage ; Alcantara, avec son cours d'orfèvrerie ; Faro, dont le musée maritime sert à l'enseignement technique des pêches hauturières ; Peniche, des dentelles. etc.

L'École centrale d'agriculture de Coïmbre, avec quelques écoles primaires agricoles, et aussi l'Institut agronomique et vétérinaire.

Enfin, les écoles d'apprentis marins, organisées à bord de deux bâtiments de la flotte ; des établissements pour les aveugles et pour les sourds-muets, où la méthode orale a été adoptée, etc.

Comme nous l'avons dit, l'instruction est plus répandue en Portugal qu'on ne le croit communément, et de louables efforts ont été faits depuis quelques années pour y généraliser l'enseignement à tous les degrés. Des conférences, des musées, des cours d'adultes (*Instituto 19 setembro*), s'ouvrent dans tout le royaume et portent l'instruction au milieu d'un peuple dont l'intelligence est vive et la puissance d'assimilation vraiment remarquable.

LA PRESSE

Par BRITO ARANHA

Le régime de la presse portugaise, réglementé par le décret du 29 mars 1890, met aux mains du gouvernement une arme défensive efficace. Les journaux doivent porter le nom de l'éditeur et l'indication de l'imprimeur. Aucun journal ne peut se fonder sans une déclaration. La *suspension* du journal peut être prononcée par les tribunaux pour une durée de trois à trente jours. Trois infractions ou deux condamnations dans l'espace de dix-huit mois entraînent la suppression du journal.

Sont responsables des délits commis par la voie de la presse : les éditeurs ou auteur de l'article ; à leur défaut, les propriétaires ou administrateurs de l'imprimerie ; enfin, à leur défaut, les vendeurs et tous ceux qui ont aidé à la diffusion de la feuille incriminée. Toute personne qui a de bonnes raisons pour se supposer désignée par un article a le droit d'exiger une déclaration formelle affirmant qu'elle a été visée par l'article.

Les souscriptions publiques ouvertes dans le but de faire face aux frais de justice et amendes sont interdites sous peine d'un emprisonnement de six mois au plus et d'une amende de 30 000 à 500 000 reïs. Ce sont les tribunaux correctionnels qui sont compétents pour juger les délits de presse.

Contrairement à l'opinion accréditée à l'étranger, les journaux, eu égard à la population, sont extrêmement nombreux non seulement dans la capitale, mais encore dans toutes les villes de province, les îles adjacentes et même les colonies. Il paraît près de 400 journaux et revues de toute nature, politiques, littéraires, scientifiques ; dans ce chiffre, Lisbonne figure pour 100, Porto pour 50, Coïmbre pour 20. Toutes les nuances des partis politiques : *regeneradores*, qui ne sont que des conservateurs en dépit de leur nom, *progressistas*, qui sont des opportunistes, *constituintes*, à peine libéraux, *miguelistas*, restes du parti légitimiste d'antan, *republicanos* et *socialistas* qu'il n'est besoin de qualifier, pas plus que les *ultramontanos*, possèdent tous des orga-

nes qui soutiennent leurs intérêts et souvent leurs passions et
qui sont rédigés, pour la plupart, par des écrivains de talent.
Plus encore en Portugal qu'en France, la presse est l'anticham-
bre de toute carrière politique.

Les journaux les plus répandus sont le *Diario de Noticias* et le
Seculo à Lisbonne, qui a comme correspondant à Paris l'écrivain
Xavier de Carvalho, le *Primeiro de Janeiro* et le *Commercio* à
Porto. Le *Diario Popular* a pour rédacteur en chef Marianno
Cyrillo de Carvalho, ancien ministre des Finances et encore
professeur à l'Ecole polytechnique; les *Novidades* (Nouvelles),
qui s'adressent surtout à la classe aristocratique et ont pour
rédacteur en chef Emgydio de Navarro, ancien ministre des
Travaux publics; le *Jornal do Commercio* est dirigé par le docteur
Édouard Burnay, membre de l'Académie des Sciences, inspec-
teur sanitaire, professeur à l'École polytechnique; la *Vanguarda*
(feuille du peuple), qui a à la tête de sa rédaction M. Magalhaës
Lima, le *Commercio do Porto* a pour directeur M. Bento Carqueja,
professeur d'une école supérieure de Porto et auteur de remarquables ouvrages d'économie politique, *Folha da Norte* et la
Voz publica.

Au premier rang des journalistes, par son âge, son talent et son
autorité, est M. Antonio Serpa Pimentel, ancien ministre, conseiller d'État, professeur à l'École polytechnique, qui fit ses premières
armes avec l'illustre historien Alexandre Herculano; et M. Oliveira Ramos, collaborateur assidu du *Primeiro de Janeiro*.

Il serait injuste de ne pas signaler les noms de ceux qui ont
été les maîtres de la génération actuelle et lui ont laissé des
exemples d'énergie et de civisme, tels : Rodrigues Sampaio, dans
la direction de la *Revolução de Setembro*; Antonio Augustô Teixeira
de Vasconcellos, qui avait fondé et dirigé la *Gazeta de Portugal* et
le *Jornal da Noite*; Manuel Pinheiro Chagas, fondateur directeur
du *Correio da Manhã*, José Elias Garcia, rédacteur en chef de la
Democracia, et Joaquim Martins de Carvalho, le fondateur du
Conimbricense (1).

---

(1) M. Brito Aranha, l'auteur de cette petite note, est aussi un des plus
remarquables journalistes du Portugal, président de l'Association des journalistes
de Lisbonne, et directeur du *Diario de Noticias*.   X. de C.

LA VIE ÉCONOMIQUE

Par Daniel BELLET

L'AGRICULTURE ET L'INDUSTRIE

Dans un pays qui s'est tenu jusqu'ici quelque peu à l'écart du mouvement général où sont entraînés presque tous les peuples, on comprend que l'activité se soit portée sur l'agriculture plutôt que sur les autres industries. L'industrie agricole est d'ailleurs particulièrement favorisée par le climat et la richesse du sol.

Vers 1860, M. Vogel signalait, parmi les principales productions du pays, les vins. Il citait aussi les oranges, et en général les fruits, l'huile d'olive, les céréales; il notait même ce fait que, par suite des progrès accomplis dans la culture de ces dernières depuis 1833, « le Portugal n'était plus obligé ordinairement de recourir à l'importation étrangère pour son alimentation ». Cela n'est malheureusement plus vrai, si tant est que l'affirmation de M. Vogel ait jamais été complètement fondée.

Aujourd'hui, les ressources et productions agricoles sont les mêmes que vers 1860; pour s'en convaincre, on n'a qu'à voir comment se partage le territoire portugais au point de vue des cultures; on trouve 2,2 pour 100 en vignes, 7,2 consacré aux arbres fruitiers, 12,5 en céréales, 2,7 en fèves et récoltes diverses, 26,7 en prairies et pâturages, 2,9 en forêts (1). Si l'on rapproche de ces chiffres les principaux articles d'exportation, on a déjà une idée assez nette de l'importance relative des différentes branches de l'industrie agricole.

En somme, la culture dominante est celle des céréales, millet, blé, maïs, orge : le blé, surtout dans les districts de Beja, Evora, Lisbonne, Santarem; le millet, dans les provinces de Minho, de Beïra Alta, etc.

Quoi qu'il en soit, la surface ensemencée et le rendement sont absolument insuffisants. Un rapport au Parlement présenté par

---

(1) Le reste est inculte.

le ministre des Travaux publics, constatait qu'il y a en Portugal plus de 300 000 hectares de terres incultes qui pourraient parfaitement produire du blé en quantité. Cela épargnerait une grande exportation d'or, puisque le Portugal n'a pas suffisamment de produits industriels ou autres à échanger contre les céréales dont il a besoin.

Sans parler des pommes de terre, du riz, des fruits de toute

Barque servant au transport des vins sur le Douro.

sorte, amandes, oranges, et des centaines de milliers d'hectolitres de châtaignes que l'on récolte, on doit signaler, parmi les produits agricoles, le liège, qu'on trouve nommément indiqué dans les statistiques commerciales, et que l'on exploite surtout dans les provinces du Sud; il s'exporte à l'état brut ou travaillé, surtout vers la Russie et les pays scandinaves. Depuis peu, on commence d'envoyer à l'étranger, notamment en Angleterre, des pins pour le boisage des mines. On cultive le tabac dans la région du Douro.

La fabrication de l'huile d'olive est des plus importantes. Dès 1873, on estimait la superficie des olivettes à 200 000 hectares, produisant 250 000 hectolitres d'huile. En 1892, la produc-

Porto : Les quais.

tion s'est élevée à 509 110 hectolitres, dont 106 450 rien que pour le district de Santarem. Malheureusement, les huiles portugaises ont un goût très accusé qui plaît peu en dehors du pays; une société française s'est établie à Abrantes et a obtenu déjà un produit fort amélioré.

L'élevage joue un assez grand rôle dans l'industrie agricole portugaise : c'est ainsi que, dans la région du Minho, existent des troupeaux de bœufs fort nombreux, et que, dans les

Un char à bœufs dans le Nord.

forêts de chênes-lièges, on pratique l'élève du porc sur une vaste échelle ; dans les districts montagneux paissent beaucoup de moutons et de chèvres. Bien qu'on n'ait pas de statistique actuelle du bétail de ferme, on peut l'évaluer à 600 000 têtes pour l'espèce bovine, 2 800 000 pour l'espèce ovine, 1 million pour les chèvres et quelque 800 000 pour les porcs.

La vigne est, non pas seulement au point de vue agricole, mais au point de vue le plus général, la principale source de richesse, toutes les provinces ayant plus ou moins de vignobles, en proportion variable. Il faut distinguer au moins deux sortes de vins : les vins dits *verts*, dans le Nord, ou vins de *pasto*, vins de table fortement titrés en alcool, servant au dehors à des

coupages, et les vins liquoreux, dits de *Porto*; depuis quelques
années, on fait aussi, sous le nom d'*alto douro*, un vin mousseux,
un pseudo-champagne, pour la fabrication duquel les principales
caves ont fait venir des maîtres de chai champenois. Les meilleurs
crus sont : l'Alto Douro, Bragança, Serra d'el-Rei, Figueira, Car-
taxo, Torres Vedras, Collares, Setubal, Evora, etc. (1). On en est
un peu réduit à des approximations sur la surface des vignobles,
mais on doit être tout près de la vérité en l'évaluant à 300 000 hectares. Quant à la production, le chiffre total s'élève vraisembla-
blement à 6 millions d'hectolitres.

Toujours est-il que l'exportation, qui n'était que de 632 *pipes*
(de 5 hectolit.) en 1678, de 72 496 en 1798, de 38 300 en 1856, a
atteint, en 1896, 45 121 000 litres pour le vin commun, 273 300
pour le vin liquoreux, 28 456 200 pour le *porto* (sans parler de
2 253 700 litres de madère).

Quant à l'industrie proprement dite, si l'on ne peut consi-
dérer le Portugal comme un pays manufacturier, du moins
certaines industries commencent réellement à s'y développer :
tissages, fabrication des conserves notamment. Voici un tableau
caractéristique qui présente la situation en 1896 :

Industrie.	Nombre d'établissements.	Nombre d'ouvriers.
Coton	125	11 732
Faïences	64	2 081
Chapellerie	40	1 698
Liège	70	4 380
Tannerie	70	865
Conserves	76	4 653
Fonderies de métaux	74	2 717
Moulins	54	1 417
Laines	234	8 895
Papeteries	27	1 464
Raffineries de sucre	41	301
Savons	24	211
Tabacs	4	7 776
Vitres	7	630

Nous n'avons pas le chiffre des ouvriers travaillant aux salines, qui sont très importantes. Le tissage du coton, qui ne
produisait, en 1889, que pour 4 996 milreïs de tissus écrus et
pour 55 270 de tissus teints ou imprimés, en fabrique maintenant

---

(1) Voir notre article dans la *Revue Scientifique* du 2 juin 1894.

(en 1896) pour 259 608 et 254 676 milreïs respectivement. Les conserves de sardines font concurrence aux meilleurs produits français; le pays fournit aux savonneries les huiles nécessaires. Enfin, c'est une véritable et heureuse transformation qui commence.

Au reste, ce qui ajoute encore aux dons naturels du Portugal, c'est que, s'il ne possède pas de charbon, du moins il renferme dans son sous-sol des gisements dont on ne tire guère parti, principalement par suite de l'absence de moyens de transport. On extrait, néanmoins, de 11 000 à 12 000 tonnes de minerai de fer, plus de 100 000 tonnes de minerai de cuivre, un peu de zinc, un millier de tonnes d'antimoine, 3 000 à 4 000 de manganèse, du plomb, sans parler du sel gemme, du marbre, etc.

L'EXPANSION COMMERCIALE

Le monopole du commerce de l'Asie qu'eut le Portugal pendant tout le xviᵉ siècle ne lui valut qu'une prospérité factice : le gain trop facile qu'il assurait fit négliger de plus en plus les efforts salutaires, et, comme le disait jadis Ch. Vogel, en employant une expression assez curieuse, le commerce extérieur du Portugal prit un caractère de *passivité* qui rendait la décadence imminente. Cette situation fut encore aggravée par l'exploitation du Brésil, et surtout par la découverte des mines d'or et de diamants. Cependant, en 1854, on établit des tarifs moins protectionnistes, le commerce sut prendre un développement assez rapide.

Le mouvement du commerce extérieur ne devait point dépasser 100 millions de francs en 1842, si même il atteignait ce chiffre. Toujours est-il que Pery, qui semble bien renseigné, établissait ainsi les statistiques :

Années.	Importation.		Exportation.	
1842	9 826 000	milreïs.	8 066 000	milreïs.
1851	13 749 000	—	10 691 000	—
1856	20 451 000	—	17 809 000	—
1868	24 820 000	—	20 252 000	—

Ces chiffres successifs, pris aux époques les plus caractéristiques, montrent déjà un progrès fort remarquable; nous allons

le voir s'accentuer fort heureusement, si nous poussons jusqu'à
l'heure présente l'examen des statistiques officielles.

Années.	Importation.		Exportation.	
1870	25 341 000	milreïs.	20 294 000	milreïs.
1875	36 063 000	—	24 382 000	—
1880	34 948 000	—	24 931 000	—
1885	36 906 000	—	23 494 000	—
1890	44 623 000	—	21 539 000	—
1894	36 489 000	—	27 796 000	—
1896	40 815 000	—	29 880 000	—

Ces chiffres révèlent d'une façon évidente un accroissement
réel du mouvement commercial; mais ils indiquent aussi que le
commerce portugais subit des périodes de dépression qui pèsent
lourdement sur la prospérité du pays. Les variations du change
sont une plaie pour le Portugal; après la crise de 1891, la valeur
du milreïs a pu baisser de 25 pour 100. Précisément en 1891, et
aussi en 1892, il s'est produit une énorme exportation d'or, ce
qui était inévitable; on s'est trouvé alors en face de difficultés
redoutables, et il a fallu développer encore la circulation fiduciaire de la Banque de Portugal. Ajoutons que l'on a mis en
vigueur, en 1892, des taxes douanières fort élevées; la taxa-
tion moyenne sur les marchandises étrangères doit atteindre
45 pour 100. En 1894, par exemple, les droits d'importation don-
naient plus de 13 millions et demi de milreïs, dont 1 600 000
pour les céréales; on trouvait même dans les recettes plus de
300 000 milreïs de droits de sortie. A ce moment, l'importation
comprenait 31,9 pour 100 de substances alimentaires, 40,3 de
matières premières et 24,4 d'objets fabriqués, tandis que l'exportation était formée pour la plus grande part de substances
alimentaires (57 pour 100) et qu'on n'y constatait que 11 pour 100
d'objets fabriqués.

Si l'on étudie d'un peu près les chiffres et les particularités
du commerce en 1896 (1) (dernier exercice pour lequel ont ait
des données complètes), on en tirera presque les mêmes con-
clusions. Voici comment se répartissent les importations par
nature de marchandises : Animaux vivants, 2 500 contos de reïs;
matières pour l'industrie, 14 883; fils, tissus, feutres et produits
manufacturés, 5 624; substances alimentaires, 12 023; appareils,

---

(1) Commerce *spécial*, auquel il faudrait ajouter un peu plus de 10 millions de
milreïs pour réexportation et transit.

instruments, machines, armes, 1 828, etc. Les principaux articles nommément indiqués sont : le blé (3 896), le coton et les filés (2 404), le sucre (2 364), les tissus divers (3 624), les animaux, la morue (2 270), le fer (1 673), le charbon (1 743), la laine (1 120), les cuirs et peaux (1 154). Dans les exportations, les substances alimentaires comptent pour 15 460 contos, les matières premières pour 5 243, les animaux vivants pour 2 519, les fils, tissus, etc., pour 1 288, enfin les machines, instruments, seulement pour 84 contos. Si nous entrons dans le détail des différents articles, nous trouvons parmi les principaux le vin (10 982 contos), le liège (3 893), le cuivre (1 092), les tissus de coton (1 086), les sardines (942), l'huile d'olive (391), les œufs (202), les figues (283), le bois (139) et les oignons (162).

Ce qui est particulièrement triste à noter, c'est une exportation de métaux précieux fort importante, qui, une fois l'importation déduite, ne s'élève pas à moins de 3 192 contos de reïs pour l'or.

Indiquons maintenant quelles sont les nations étrangères qui ont pris la plus grande part dans le mouvement commercial portugais, en 1896, avec le chiffre de leurs importations en Portugal ou des exportations qu'elles en reçoivent :

Pays.	Importations.	Exportations.
Angleterre	12 176 contos.	7 247 contos.
Allemagne	5 264 —	2 013 —
États-Unis	4 420 —	»
France	3 858 —	602 —
Espagne	3 844 —	3 159 —
Russie	1 985 —	649 —
Brésil	1 624 —	6 583 —
Belgique	1 351 —	740 —
Suède	1 019 —	»

Les États-Unis et la Suède ne reçoivent pour ainsi dire rien du Portugal ; quant à la France, l'importance de ses relations a bien diminué, puisque, en 1886, elle recevait pour 9 490 contos de marchandises venant du Portugal, et qu'en 1890 elle en envoyait pour 6 862 (1).

Avant de terminer, nous ferons toutefois remarquer que les pays étrangers sont particulièrement intéressés à voir se développer le mouvement des échanges en Portugal : le négociant

____

(1) Les colonies portugaises d'Afrique envoient pour une valeur de 1 057 contos à la mère patrie et en reçoivent pour 2 873.

portugais est honnête, en dépit des difficultés que lui créent les
variations du change, et fait honneur à ses engagements; les
faillites sont extrêmement rares. Les étrangers jouissent de lois
fort libérales, et ils sont notamment dispensés de la caution
judicatum solvi (1).

Caldas da Rainha; fabrique de faïences :
Atelier de Bordallo Pinheiro.

LES VOIES DE COMMUNICATION

On a pu dire, sans exagération, qu'en 1851 il n'existait dans
tout le royaume qu'une seule route carrossable, celle de Lisbonne à Cintra, et encore était-elle faite pour réunir deux palais; G.-A. Pery, dans son excellente *Geographia e Estatistica geral
de Portugal e colonias*, affirme que c'est seulement en 1849 qu'on
songea à créer des chemins empierrés; mais, de 1853 à 1863, on
se mit courageusement à la besogne, et l'on ouvrit annuellement 110 kilomètres de routes. En 1874, le pays possédait un

______

(1) Voici les chiffres du commerce (toujours spécial) pour 1897 : importations
40 426 contos, exportations 27 320 ; réexportations et tarnsit 10 204 ; chiffres peut-
être un peu provisoires et pour lesquels on n'a pas encore de répartitions.

réseau de 3 968 kilomètres, dont 3 136 de routes royales, 701 de chemins dits « de district », et le reste de voies dites « municipales » (l'équivalent de nos chemins vicinaux). Enfin, en 1886, on était arrivé au chiffre total de 10 272 kilomètres, dont 2 280 pour les districts et 2 698 pour les municipalités : c'est surtout pour ces deux dernières catégories que le progrès était sensible. A la même époque, les projets comportaient une extension de 1 422 kilomètres ; mais, en admettant même que tous ces chemins soient aujourd'hui achevés, ce ne serait pas encore beaucoup, étant donné que les chiffres en question représentent les seules voies de terre réellement praticables d'un pays de 89 000 kilomètres carrés.

Pour les voies d'eau, autant qu'elles peuvent servir aux transports, il n'y a guère à dire : comme l'a expliqué Élisée Reclus, à l'exception du Douro, aucun fleuve n'est à même de former un débouché pour les districts de l'intérieur.

Du moins s'est-on lancé hardiment dans l'établissement des chemins de fer? Non. Il faut avouer que cet établissement était rendu malaisé par le terrain particulièrement mouvementé du pays; mais ce qui a retardé la création même des premières voies de fer, ce sont les luttes intestines auxquelles le Portugal demeura si longtemps en proie. C'est seulement en 1853 que l'on trouve un chemin de fer en Lusitanie; en 1860, il n'y avait que 60 kilomètres de voies, et 715 en 1870 : les progrès s'étaient faits surtout de 1859 à 1865, et vers 1868, les constructions étaient totalement arrêtées. On avait naturellement débuté par la ligne de Lisbonne à Badajoz, dont on commença, en 1860, l'embranchement sur Porto, après avoir, en 1856, entrepris la ligne Barreiro à Beja, qui s'était ensuite prolongée par celles de Beja à la frontière.

En somme, le pays offrait assez de ressources naturelles pour donner bon espoir aux entreprises de ce genre.

En faisant abstraction de certaines lignes industrielles, notamment minières, voici l'état du réseau portugais depuis 1877 (pour les seules années caractéristiques).

Années.	Longueurs.	Voyageurs transportés.	Tonnes petite vitesse.	Recettes milreïs.	Dépenses milreïs.
1877	952 kilom.	1 893 098	444 031	2 615 835	937 066
1880	1 177 —	2 129 570	621 023	3 225 202	1 250 469
1885	1 529 —	2 617 405	924 088	3 815 373	1 620 766
1890	2 083 —	5 782 562	2 221 973	5 661 517	2 671 962
1895	2 354 —	7 219 183	1 633 688	6 280 822	2 753 627
1896	2 358 —	8 318 284	1 816 969	6 568 599	2 752 666

Nous devons noter que, dans l'ensemble de 1896, on compte 830 kilomètres à voie normale exploités par l'État; 1 326 kilomètres à même écartement appartiennent à des compagnies, qui exploitent également les lignes à voie étroite : ce dernier réseau a commencé modestement par 28 kilomètres en 1877, et, en 1887, son développement n'était encore que de 105 kilomètres. Sur les lignes de l'État, le produit net kilométrique ressort à 1 064 milreïs; à 1 613 sur les voies normales des com-

Barque de pêcheurs à l'Affurada, près de Porto.

pagnies, et enfin à 1 143 sur les voies étroites; le coefficient d'exploitation (rapport des dépenses aux recettes) est respectivement, toujours pour 1896, de 50, 44 et 57 pour 100.

On ne peut pas dire que les chemins de fer portugais soient dans une mauvaise situation au point de vue du trafic, et ils fonctionnent dans des conditions assez satisfaisantes; cependant, on sait que les compagnies portugaises passent par une crise réellement redoutable : la cause en est surtout dans le change. La crise en question s'est fait sentir avec une acuité toute particulière sur la Compagnie royale des chemins de fer portugais, qui a dû se réorganiser en 1894; nous renverrons à ce sujet à une étude de M. E. Ratoin (1). En 1897, les recettes de la « Compagnie royale » ont annoncé un relèvement assez sérieux : pour que ce résultat se généralise et s'accentue, il faut que le pays prenne un développement économique dont il est réellement susceptible.

Voici quelques chiffres sur le mouvement des postes et des télégraphes. C'est à partir de 1852 que fut appliquée, dans le service postal, la réforme du timbre uniforme, substitué à des taxes variables suivant la distance à parcourir. Durant la période 1853-54, le rendement de ce service ne dépassait pas 200 000 milreïs ; dix années plus tard il s'élevait à 414 000 milreïs, et à 496 000 en 1873-74. En 1882, l'étendue des lignes postales était de 14 827 kilomètres, le nombre des correspondances intérieures expédiées, de 26 664 746, et celui des bureaux de 974; en 1886, on compte 1 038 bureaux, 15 554 kilomètres de lignes postales, 34 887 975 correspondances intérieures expédiées, et enfin 5 899 000 correspondances étrangères de toutes sortes. Pour 1894, dernier exercice publié, on a relevé 4 008 bureaux (de tout genre) et 55 414 000 correspondances.

Quant aux télégraphes électriques, qui débutèrent en 1855, la longueur des lignes était de 2 890 kilomètres en 1874, et l'on comptait 134 bureaux, qui avaient transmis ou reçu quelque 800 000 dépêches dans l'année. D'après les données les plus récentes, il existe 366 bureaux, 6 412 kilomètres de lignes, 14 222 de fils, et il a été transmis ou reçu 1 354 827 télégrammes.

LA SITUATION FINANCIÈRE

La situation financière, voilà le point le plus délicat à toucher quand on parle du Portugal : cette situation n'est pas satisfaisante. En 1876, Élisée Reclus écrivait : « Depuis 1834, le budget du Portugal se solde par un déficit », et le fait est que ce n'est point d'aujourd'hui que cette petite nation si intéressante se trouve en face de difficultés pécuniaires, s'endettant constamment davantage.

Jetons un coup d'œil sur les budgets successifs, en ne prenant que quelques années pour caractériser la progression des dépenses.

____

(1) *Journal des Économistes*, février 1892.

Années.	Recettes.		Dépenses.	
1857-58. . . .	14 445 198	milreïs.	16 019 711	milreïs.
1877-78. . . .	25 528 536	—	34 332 993	—
1885-86. . . .	32 021 726	—	41 740 617	—
1890-91. . . .	39 864 462	—	51 372 383	—
1895-96. . . .	53 179 020	—	54 561 077	—

Voici, en détail, comment s'établit le budget de 1897-98, toujours en milreïs (1).

RECETTES.

Sources de revenus.	Sommes.
Impôts directs.	
Impôt sur la propriété.	3 132 000
Taxe industrielle.	2 153 000
Impôt sur le revenu, etc.	6 406 100
Autres.	236 300
Enregistrement	2 755 000
Timbre	2 231 500
Loterie	300 000
Impôts indirects.	
Droits d'importation et d'exportation	19 617 300
Octroi de Lisbonne	2 136 500
Autres impôts	3 283 350
Taxes additionnelles.	1 086 000
Domaines nationaux.	
Chemins de fer	1 740 000
Postes et télégraphes	1 322 000
Divers.	1 751 418
Recettes d'ordre.	3 525 110
Total des recettes ordinaires	52 275 878
Recettes extraordinaires.	2 830 000
TOTAL GÉNÉRAL. . .	55 105 078

DÉPENSES.

Chapitres.	Sommes.
Liste civile	525 000
Chambres.	97 244
Intérêts et amortissement	7 198 377
Autres dépenses.	1 646 780
Dette publique	17 833 538
Perte sur le change.	500 000
A reporter. . . .	27 800 989

(1) Le milreïs vaut 4 fr. 50 au cours moyen actuel.

Chapitres.	Sommes.
Report.	27 800 989
Ministère des Finances	3 737 052
— de l'Intérieur	2 598 065
— de la Justice.	1 034 258
— de la Guerre	5 854 320
— de la Marine et des Colonies	4 027 331
— des Affaires étrangères	379 912
— des Travaux publics.	5 779 056
Caisses d'épargne	58 920
Dépenses ordinaires	51 269 853
— extraordinaires.	3 764 991
⁻ TOTAL GÉNÉRAL. . .	55 034 844

On peut remarquer que la situation est assez bonne, le
gouvernement faisant les efforts les plus louables pour rétablir complètement l'état de ses finances. Ce qui le prouve, c'est
que le projet du budget de 1898-99 est sensiblement au-dessous
des chiffres précédents : les recettes totales sont prévues à
52 805 943 milreïs (dont 1 450 000 de recettes extraordinaires
provenant d'opérations de crédit), et les dépenses totales à
52 655 037 milreïs, ce qui laisse un petit excédent. L'accroissement
sur les dépenses extraordinaires a toujours pour cause la malheureuse dette publique, laquelle date de 1796. Voici, en milreïs,
quelques indications sur la situation en 1863, 1873, 1833 et 1890.

	3 0/0 consolidé.			Amortissable.
Années.	Intérieur.	Extérieur.	6 0/0.	5 0/0, 4 1/2 0/0, 4 0/0, etc.
1863 . . .	90 053 802 m.	17 182 619	»	»
1873 . . .	204 507 489	31 571 908	2 034 000	1 377 270
1883 . . .	235 681 119	43 513 350	16 273 360	53 614 890
1890 . . .	258 086 897	46 366 759	(converti)	104 172 464

En 1891, la situation économique empira sensiblement; et,
en 1892, un arrangement fut signé entre l'État et ses créanciers,
qui réduisait de 70 pour 100 le montant des coupons.

Quelques derniers chiffres vont donner une idée de l'énor-
mité de la dette publique portugaise (telle qu'elle est évaluée
en 1897, et en livres sterling, par le comité des porteurs
étrangers).

Extérieure 3 0/0 consolidé.	39 261 051
— 4 0/0 amortissable	1 822 223
— 4 1/2 0/0 —	12 793 989
— 4 1/2 0/0 emprunt des tabacs. . . .	9 260 000

Intérieure 3 0/0 (cotée à Londres). 56 941 901
—   4 et 4 1/2 0/0. . . . .   6 181 955

Entre les mains du gouvernement :

Extérieure 3, 4 et 4 1/2 0/0 . . . .   2 529 362
Intérieure 3 et 4 0/0. . . . .   28 607 411

Nous pourrions ajouter encore que la dette flottante, qui était de 33 728 525 milreïs en 1890, et a atteint, en 1897, 36 826 421 milreïs.

Il est à craindre que, la crise du change continuant et s'accentuant même, le Portugal ne soit aux prises pour longtemps encore avec les plus graves difficultés économiques.

LA LITTÉRATURE PORTUGAISE

Par TEIXEIRA BASTOS

La littérature portugaise est peut-être la plus ignorée de toutes les littératures de l'Europe. On connaît le nom de Camoëns parce qu'il est un des premiers esprits de la Renaissance ; mais son poème *Les Lusiades* (Os Luziadas) est, en général, mal apprécié. Cependant le poème de Camoëns suffirait pour assigner à la littérature portugaise un rang distingué parmi ses sœurs romanes. Les *Lusiades*, et à leur suite *L'Histoire tragique maritime* et les *Lettres d'une religieuse portugaise*, sont les trois plus beaux monuments de cette littérature ; ils renferment l'âme de ce peuple

Camoëns.

aventurier et amoureux. Mais le Portugal compte beaucoup de poètes et prosateurs éminents, depuis le roi dom Diniz (xiie siècle), les poètes du *Cancioneiro* de Rezende et le chroniqueur Fernão

Lopes, (xve siècle), Gil Vicente, Falcão et Sá de Miranda
(xvie siècle), Rodrigues Lobo et dom Francisco Manuel de Mello
(xviie siècle), jusqu'à Almeida Garrett et Herculano (xixe siècle).
On mesure la grandeur artistique de chacun par l'influence des
éléments traditionnels sur ses œuvres. Plus saillant est le génie
de l'écrivain, plus il a de racines profondes dans l'âme populaire.

Origines historiques. — Le royaume du Portugal date du
xiie siècle. En récompense du secours donné au roi de Castille
et de Léon, Alphonse VI, contre les Almoravides, Henri de
Bourgogne reçut, avec la main de dona Tereja, fille naturelle du
roi, le titre de comte et le gouvernement d'un territoire au sud
de la Galice, compris entre le Minho et le Douro : ce comté s'appela Portugal. Son fils, Affonso Henriques, fit du comté un
royaume indépendant. Ce petit État a triomphé jusqu'à ce jour
de toutes les vicissitudes dynastiques.

La langue portugaise s'est formée, du xiie au xive siècle, par
une transformation graduelle et particulière du bas latin, parlé
par les populations des *pagi* (villages sous la protection militaire). Celles-ci l'avaient adopté, pendant la domination des
Romains, en raison de sa grande affinité avec les dialectes pélas-
giques qu'elles parlaient.

Les premiers monuments de a littérature portugaise, comme
ceux de toutes les littératures romanes, sont des poésies. C'est
l'époque des *Troubadours galiciens portugais.*

Le langage populaire se prêtait par sa grâce et son harmonie à l'expression en strophes pleines de charme des plus doux
transports de l'âme. Dans cette première période (du xiie au
xive siècle) on constate l'influence de la France méridionale ou
gallo-romaine (littérature languedocienne et provençale); celle
du nord de la France ou gallo-franque (Chansons de geste); celle
de l'Armorique ou gallo-bretonne (Lais et nouvelles); et encore
celle du latin ecclésiastique et humaniste. Mais l'imitation de la
poésie provençale a prévalu. La Provence a exercé son influence
sur le Portugal, d'abord par la Galice dont il s'est détaché, et
par l'Italie au temps de Affonso Henriques, marié à une princesse
de Savoie; et encore directement par le mariage de Sancho Ier
avec dona Dulce, fille du comte Raymond.

La poésie de cette époque porte souvent l'empreinte d'un lyrisme raffiné, trop recherché, comme le révèlent les *Cancioneiros
do collegio dos Nobres, da Vaticana* et *do conde Brancuti.* Il y a
aussi des compositions délicates et exquises, dénotant une

grâce ingénue ou dénonçant un élément populaire, certainement des chants défendus par le premier concile de Braga. Parmi ces *cantos de ledino*, ces *cantares de amigo*, ces *dizeres*, ces *cantares guayados*, ces *serranilhas*, on trouve quelques très beaux fragments. Du xiiᵉ au xivᵉ siècle, le Portugal eut beaucoup de troubadours ; on doit mentionner dans cette pléiade et à sa tête le roi Diniz et ses fils : le comte de Barcellos et Affonso Sanches.

La prose a aussi ses monuments dès le xivᵉ siècle. Ce sont les *Nobiliarios* ou *Livros de linhagem* et les premières chroniques. M. Theophilo Braga croit que la chanson de geste *Amadis de Gaule* a reçu en Portugal sa forme dernière de Vasco da Lobeira.

Poètes du palais. — La seconde époque de la littérature portugaise embrasse le xvᵉ siècle. C'est le temps des poètes du palais (*poetas palacianos*), le siècle où le lyrisme provençal reçoit l'élaboration du génie italien, où les trouvères et les romans de chevalerie se répandent en Portugal. On cultive alors l'érudition latine. En même temps l'élément populaire se révèle dans les chants au connétable Nuno Alvares et à Aljubarrota, dans les *romances* traditionnelles et dans les *autos, momos* et *entremezes.*

Dans ce siècle, la langue subit une modification savante. Elle avait suivi jusque-là son développement naturel ; l'influence des savants vint alors la troubler en lui donnant des formes érudites. C'était une conséquence de la transformation de la société ; le pouvoir du roi, s'appuyant sur le peuple et sur le droit romain, abattait les prétentions des nobles, réduits au rôle de courtisans. Poètes de cour, ils imitèrent la poésie castillane et prirent le nom de poètes de préférence à celui de troubadours. La poésie du palais était artificielle et satirique, comme celle de l'école provençale ; mais inférieure à celle-ci parce qu'elle méprisait la tradition populaire et employait la vieille mythologie. Le *cancioneiro geral* de Garcia de Rezende est le recueil de ces poésies. Nous y trouvons des compositions de genres divers : *glosas, voltas, esparsas, coplas, trovas, chacotas*, etc. Quelques-unes ont la forme narrative ; mais la plupart sont satiriques, anecdotiques et souvent obscènes. Les poètes du palais sont nombreux ; en première ligne figurent l'infant don Pedro, le connétable de Portugal, le comte de Vimioso, Garcia de Rezende, etc.

Au xvᵉ siècle correspond l'avènement des grands chroniqueurs ; ceux-ci ne méritent pas plus de dédain que les poètes. Fernão Lopes, Gomes Eannes de Azurara et Ruy de Pina eurent les véritables qualités des historiens ; ils ont amoncelé des matériaux réels, en les séparant des légendes poétiques ; doués de la franchise, de l'impartialité et de l'indépendance du caractère, ils ont apprécié les faits avec justesse; leurs chroniques portugaises ont la valeur de véritables monuments historiques Nombre d'ouvrages en prose furent écrits dans ce siècle. Ur seul peut trouver ici mention : le *Leal Conselheiro* du roi dom Duarte, une encyclopédie de théologie, morale, logique, pédagogie, etc.

La Renaissance. — Le xviᵉ siècle forme une nouvelle période — la troisième — de la littérature portugaise, celle des *Quinhentistas*, c'est-à-dire les poètes de 1500. La Renaissance de la culture gréco-romaine annonçait en Portugal, comme partout ailleurs, la négation de l'esprit du moyen âge, un conflit entre les traditions chevaleresques et populaires et l'érudition classique; c'est le triomphe de l'influence littéraire de l'Italie.

On considère à bon droit le xviᵉ siècle comme la période la plus éclatante de la littérature portugaise; Fernão de Oliveira et João de Barros disciplinent la langue, écrivant les premiers traités de grammaire; Gil Vicente fonde le théâtre national; Bernardim Ribeiro et Christovão Falção atteignent le sublime dans le lyrisme populaire; Sá de Miranda et son école, obéissant à l'influence italienne, introduisent en Portugal l'imitation étrangère; Damião de Goes, caractère indépendant, transforme les chroniques par son esprit critique et encyclopédique; Garcia da Horta, dans l'histoire naturelle, et Pedro Nunes, dans les mathématiques, s'assurent un nom éminent; Francisco Sanches, précurseur de Bacon et de Descartes, tire la synthèse négative, proclamant avec intrépidité *Quod nihil scitur;* enfin Camoëns, le premier parmi les premiers de son temps, accorde l'esprit classique avec l'esprit chevaleresque : il écrit la grande épopée du monde moderne.

L'imprimerie, établie en Portugal depuis 1470, sous la protection de la reine dona Leonor, épouse du roi dom João II, favorisa l'essor des lettres. L'invention de Gutenberg donna à l'intelligence de nouvelles forces en lui prêtant des ailes : les presses firent une révolution dans le domaine de la pensée.

En même temps que paraissaient les premiers livres imprimés, le Portugal, par ses navigations et ses découvertes, devenait le point de mire de toute l'Europe. Vasco da Gama atterrissait sur les côtes de l'Inde en 1498, et, dès lors, Lisbonne se transformait en une cité populeuse et riche, qui devint l'entrepôt de commerce de l'Asie, de l'Afrique et d'une partie de l'Amérique.

La littérature suivit le mouvement de la société. Les mœurs

eurent à souffrir du luxe excessif venu avec la richesse et des épiceries apportées des colonies.

Le Théâtre portugais. — Au début de l'ère des *Quinhentistas*, Gil Vicente fonda le théâtre national : dans ses *Autos*, il imita d'abord les scènes populaires jouées dans la nuit de Noël, puis il renouvela les vieux *momos*. Ce poète, protégé de la reine dona Leonor comme son homonyme et cousin l'orfèvre qui fit le merveilleux ostensoir de Belem, suivit toujours en leurs pérégrinations les cours de dom João II, de dom Manuel et dom João III, fuyant la peste. L'esprit critique et indépendant qui le caractérisait étincelle dans ses *Autos*.

Gil Vicente a écrit dans les trois formes du théâtre de son temps : l'hiératique, l'aristocratique et la populaire. Dans toutes ses œuvres, il révèle sa sympathie pour les idées de la Réforme, en défendant la liberté de conscience. Il foudroie les vices de l'aristocratie et du clergé.

Après Gil Vicente, la scène portugaise compte des écrivains comme Chiado, Antonio Prestes, Balthasar Dias et même Camoës ; ces auteurs ont suivi l'éclatante tradition léguée par le poète national.

La Poésie lyrique. — Bernardim Ribeiro renouvela la poésie lyrique au commencement du xvie siècle. Ce poète donne aux vers, jusque-là simple agrément de cour, un sentiment naïf, un charme ravissant. Ses églogues ont un accent ingénu et mélancolique ; et son roman pastoral, *Menina e Moça*, séduit par une naïveté exquise. Christovam Falcão, auteur de l'églogue *Crisfal*, a donné dans cette œuvre une preuve incontestée de son beau talent. Ces auteurs ne désavouaient pas la Renaissance ; mais ils aimaient les vieux chants poétiques. Sá de Miranda, se dérobant aux intrigues du palais, parcourut l'Italie, où il vit de près l'épanouissement du génie de la Renaissance. De retour à la cour, le poète se retira quelques années après dans la province de Minho. Là, dans la solitude, il chercha à distraire ses chagrins personnels par des compositions poétiques inspirées par le goût italien. Les églogues et les comédies de Sá de Miranda, très belles de pensée et d'allure, prennent à partie les mœurs dissolues des gentilshommes et les travers d'une société corrompue.

Sá de Miranda fonda l'école classique ; parmi ses imitateurs et ses disciples, il faut distinguer Antonio Ferreiro, Diogo Bernardes, Andrade Caminha, André Falcão, etc. Quelques-uns, notamment Caminha, ont aussi excellé dans les genres de la vieille poésie.

Luiz de Camoëns : Les Lusiades. — Luiz de Camoëns apparaît comme le plus éminent esprit du xvie siècle en Portugal. Poète lyrique, il rivalise dans les compositions en vieux rythmes avec Bernardim Ribeiro et Christovâm Falcão, et dans les pièces de genre classique avec Sá de Miranda et Diogo Bernardes. Dans les *Sonnets* et les comédies, il surpasse même tous ses contemporains. La grande renommée des *Lusiades* n'a pas fait oublier ses chants d'amour, où il se révèle le disciple de Pétrarque. C'est l'amour, le tendre penchant de l'âme portugaise, qui vivifie ses sonnets, ses élégies, ses chansons, ses églogues, ses *redondilhas*, ses odes ; l'amour lui inspire toutes les émotions et toutes les délicatesses d'expression.

Luiz de Camoëns eut aussi à un haut degré le sentiment national, l'amour de la patrie ; à lui échut la gloire d'écrire la grande épopée portugaise, le plus beau monument poétique des hauts faits d'armes et des traditions historiques d'un peuple. Et il chanta les *Lusiades* au cours de sa vie aventureuse, dans les prisons, dans l'exil, dans la misère, dans une pérégrination qui le conduisit à Mozambique, Goa et Macao. Ce poème est une des créations suscitées par le mouvement épique de la Renaissance, qui a donné à l'Italie l'Arioste et le Tasse, et au Portugal, outre le grand poète, tout un groupe d'auteurs d'épopées : Jeronymo Corte Real, Vasco Mousinho de Quevedo, etc.

Les *Lusiades* se composent de dix chants en vers héroïques et en octaves. L'expédition de Vasco da Gama, partant à la découverte de la route maritime vers l'Inde, sert de cadre aux fictions et aux idées du poète ; cadre où se présentent groupées et unies en faisceau toutes les gloires et toutes les traditions de la patrie. L'idée sublime qui domine toutes les conceptions de Camoëns s'exprime toujours sous l'impulsion et l'éclat d'un vif enthousiasme, et l'émotion du poète s'empare du lecteur subjugué par son génie.

Prosateurs du XVIe siècle. — Les trois grands chroniqueurs du xve siècle eurent beaucoup de continuateurs, non moins renommés pour l'abondance des faits recueillis par eux et pour la justesse des observations qui interprètent ces documents. Ici se succèdent au premier plan les chroniqueurs Castanhéda, Antonio Galvão, Joao de Barros, Diogo do Couto, Jeronymo Osorio, Garcia de Rezende, Francisco de Andrade, Castanhoso, Gaspar Corrêa, le distingué critique et encyclopédique Damião de Goes.

On peut citer, au déclin du siècle, les écrivains mystiques Frei Thomé de Jesus, Frei Hector Pinto, Amador Araes et dona Joanna de Gama.

La littérature des voyages s'enrichit au xvie siècle de livres très extraordinaires : la *Peregrinação*, de Fernão Mendes Pinto, est une relation de ses voyages en Chine, en Tartarie, au Siam, au Japon, etc. ; *l'Itinéraire* d'Antonio Tenreiro raconte son voyage par terre de l'Inde au Portugal. Cependant ces récits n'égalent pas en intérêt les naïves relations populaires des naufrages, *l'Histoire tragico-maritime*, d'auteurs anonymes, recueillie au xviiie siècle par Bernardo Gomes de Brito.

Les « seiscentistas » ou « culteranistas ». — Une décadence imprévue vint après le brillant élan des lettres au xvie siècle. Les écrivains de la quatrième période de la littérature portugaise sont les *seiscentistas* (de 1600...) ou les *culteranistas* (concettistes).

Le mauvais goût et l'enflure remplacent dans la poésie et dans la prose l'étonnante vigueur des poèmes lyriques et épiques, ainsi que la simplicité et l'esprit critique des chroniques. L'ascendant de la littérature espagnole détrône l'influence de l'école italienne. En 1580, le Portugal passe sous le sceptre de Philippe II, roi d'Espagne, et pendant soixante ans, il subit le joug étranger. La plupart des écrivains portugais adoptent la langue castillane. La révolution de 1640, qui rend l'indépendance au Portugal, a son contre-coup dans la littérature. Celle-ci renaît, mais elle a perdu son caractère national, toute son originalité.

Au xviie siècle, l'époque des Académies, en Portugal comme partout ailleurs, le lyrisme précieux, surchargé d'épithètes et de figures guindées, tombait pour finir dans le ridicule. L'imitation du style de Marini et de Gongora avait abouti à cette faillite de la poésie. Cependant, dans les compositions de Francisco Rodrigues Lobo et de dom Francisco Manoel de Mello se montrent encore des vestiges de la tradition populaire, et par là, ces poètes restent les premiers lyriques de leur siècle.

Un certain nombre d'écrivains se distinguèrent dans d'autres genres au xviie siècle : Soror Violante do Céo, Francisco Lopes et Dona Bernarda Ferreira de Lacerda dans la poésie mystique ; Gabriel Pereira de Castro dans l'épopée ; Frei Luiz de Sousa et Jacintho Freire d'Andrade dans l'histoire ; le père Antonio Vieira dans les sermons.

Mais le plus beau monument de la littérature portugaise en

ce siècle fut une œuvre de sentiment, une inspiration ingénue du cœur, les *Lettres d'une Religieuse portugaise*, effusion d'une âme embrasée d'amour. Cette religieuse, Marianna Alcoforado, a laissé un nom impérissable.

Les Académiciens. — La période des *Arcades* ou des académiciens, la cinquième division chronologique de la littérature portugaise, comprend le xviii° siècle et le commencement du xix° siècle : elle signale la prépondérance de l'esprit et du goût français qui ont pénétré les lettres portugaises.

Les poètes s'abandonnent à l'imitation étrangère. La voix de la nature se tait devant le culte de l'art pour l'art. Les académies se développent et leur autorité est officiellement consacrée. Alors prirent naissance l'*Academia de historia*, sous la protection du roi dom João V, l'*Academia dos occultos*, l'*Arcadia ulyssiponense*, l'*Arcadia ultramarina*, la *Nova Arcadia;* et sous le règne de dona Maria Ire, l'*Academia real das sciencias de Lisboa*, fondée par le duc de Lafões.

Heureusement, la poésie retrouva quelques esprits indépendants qui réagirent contre la perversion du goût : à cette élite appartient Correa Garçàa, Diniz, Reis Luita et Manoel de Figueireido, membres de l'*Arcadia ulyssiponense*, Francisco Manoel do Nascimento (Filinto Élisio) et Nicolau Tolentino, étrangers à l'*Arcadia*, José Agostinho de Macedo et Barbosa du Bocage, associés de la *Nova Arcadia*. Ce dernier est le plus grand poète de son temps et le plus renommé après Camoëns; il a écrit des sonnets, des élégies et des odes, œuvres très belles, mais sans idéal. Bocage fut un très grand talent, atrophié par le milieu où il vécut.

Supérieur à son époque, Luiz Antonio Verney a critiqué sévèrement les vices de l'enseignement en Portugal et esquissé un plan de réforme dans ses lettres sur *La Vraie méthode d'enseignement*. Cette censure fut le point de départ de la réforme de l'université, faite en 1770, par le marquis de Pombal.

Le théâtre révéla, au xviii° siècle, un écrivain doué de la puissance comique, Antonio José, *le juif*, une victime de l'*Inquisition*. Obligés, comme tous les esprits enclins au libre examen, de se soustraire par la fuite à la suspicion de la police, d'autres hommes de haute intelligence cherchèrent à l'étranger une sauvegarde de leur vie ou de leur liberté.

Francisco Xavier de Almeida se réfugia en Hollande ; l'abbé Antonio da Costa vécut à Venise et à Vienne. L'un et l'autre ont écrit des *Lettres* remarquables. Le poète Francisco Manuel

do Nascimento mourut à Paris sans avoir obtenu la restitu-
tion de ses biens que l'Inquisition avait confisqués. Le grand
mathématicien José Anastacio da Cunha, Antonio Ribeiro do
Santos et beaucoup d'autres esprits distingués furent aussi per-
sécutés comme suspects de lire Voltaire, Helvétius, Hobbes,
Rousseau et d'Holbach...

Le duc de Lafões, revenant des premières cours de l'Europe,
où il comptait des amis tels
que Glück et le savant Burney,
devint le protecteur des hommes
de science et fonda l'*Academia
real das sciencias de Lisboa*, avec le
concours de l'abbé José Corréa da
Serra, le botaniste Felix d'Avellar Brotero et quelques autres.

Almeida Garrett (1799-1854).

Le romantisme. — Les premières années du xixe siècle amenèrent pour le Portugal un cortège de malheurs. Le mauvais
gouvernement de dona Maria Ire
et de son fils don João, la fuite
de la famille royale et de la cour
au Brésil, l'invasion de l'armée
du général Junot, le réveil du
sentiment national, le secours
de l'Angleterre, les nouvelles
invasions des Français sous la
conduite de Soult et de Masséna,
la lutte pour l'indépendance, la
domination de Beresford, la révolution populaire de 1820, la
réaction absolutiste et la guerre civile entre les absolutistes et
les constitutionnels, toutes ces vicissitudes politiques accumu-
lèrent les ruines et produisirent d'effroyables commotions.

La littérature se réduisit à des chants vides de pensée et à de
froides tragédies. Toutes les intelligences d'élite avaient cherché
un refuge contre les persécutions politiques dans les pays étrangers, où le romantisme s'épanouissait sous l'impulsion de lord
Byron, Chateaubriand, Lamartine, Alfred de Vigny, Victor Hugo,
Manzoni, Leopardi, les frères Grimm, etc.

Pendant leur séjour à l'étranger, Almeida Garrett, Alexandre
Herculano et d'autres esprits supérieurs goûtèrent les chefs-
d'œuvre de cette nouvelle Renaisssance.

Dans l'exil Almeida Garrett (1799-1854) s'éprit des sentiments et des doctrines des rénovateurs littéraires ; il déserta la tradition pseudo-classique qui s'étale dans sa tragédie de *Catão* et dans son poème *Retrato de Vénus*, et prit avec amour la tête du mouvement de régénération de la littérature nationale en Portugal. Son zèle réformateur lui fit recueillir les romances populaires dans son *Romanceiro* ; de plus, il ressuscita les légendes

chevaleresques dans son poème *Doña Branca*, et imprima au sentiment national un large essor dans un autre poème, *Camoëns*. Ses efforts rénovateurs se multiplièrent après son retour d'exil.

Le roman historique lui doit le beau livre *Arco de Sant'Anna*, écrit pendant le siège de Porto ; le genre lyrique, des poésies d'un sentiment exquis *Folhas cahidas* ; et la littérature narrative, ses inimitables *Viagems na minha terra*. Mais le vrai titre de gloire de Garrett se fonde sur la restauration du théâtre national. Gil Vicente, son créateur, avait eu des continuateurs en Chiado et Camoëns. Sá da Miranda et Antonio Ferreira firent des essais classiques ; mais le théâtre populaire n'abandonna pas les *autos* anciens. Les jésuites lui opposèrent d'insipides tragi-comé-

Alexandre Herculano (1810-1877).

dies, et le théâtre national fut alors atteint de stérilité ; mais dans les villages la population avait gardé le souvenir des pièces de Balthasar Dias et d'Affonso Alvares. Almeida Garrett régénéra le théâtre par un chef-d'œuvre, *Luiz de Souza*, Ce drame a des scènes saisissantes et des développements pathétiques. L'auteur idéalisa dans ce drame une délicate tradition populaire. Après *Luiz de Souza*, Garrett composa d'autres pièces charmantes : *L'Auto de Gil Vicente*, *La Philippa de Vilhena* et *L'Alfageme de Santarem*.

Le romantisme eut en Portugal un autre promoteur, Alexandre Herculano (1810-1878) ; celui-ci, comme Garrett, reçut pendant l'exil l'impression des nouvelles formes littéraires. Poète sentimental et élégiaque, il révéla son talent dans un recueil d'hymnes religieux ; *A Harpa do crente*. Romancier comme Garrett, il tira profit des traditions recueillies dans les vieilles chroniques. Les romans *Eurico* et *O Monge de Cyster* sont à la fois des romans historiques et des romans à thèse. Herculano y combat le célibat ecclésiastique. Le romancier a écrit encore le *Bobo*, la *Dama pé de cabra* et des nouvelles réunies sous le titre de *Lendas e Narrativas*.

La renommée d'Alexandre Herculano dérive surtout de son *Historia do Portugal*. Il y étudia le moyen âge avec une méthode rigoureuse et un esprit impartial, sans égards pour les antiques légendes des chroniques monastiques... De ce chef, Herculano suscita contre lui les ressentiments du clergé. Les pamphlets se croisèrent à propos du miracle de la bataille d'Ourique. Le procédé historique d'Herculano a de l'analogie avec la méthode d'Augustin Thierry. Son *Histoire de Portugal* s'arrête au gouvernement du roi Affonso III. Alexandre Herculano a aussi écrit l'*Historia do stabelecimento da Inquisição em Portugal*.

Le nom de Antonio Feliciano Castilho (1800-1875). qu'on voit souvent à côté de ceux de Garrett et Herculano, représente dans le mouvement littéraire du xix° siècle la dernière réaction en Portugal en faveur de l'imitation classique. Grand poète, si ses vers sonores, parfaits d'allure, eussent évoqué un peu d'idéal.

Castilho a laissé des recueils de poésies : *Cartas de Ecco e Narciso*, *Primavera*, *Amor e Melancolia*. Dans les poèmes *Noite de Castello* et *Ciumes do Bardo*, il imita les compositions romantiques. mais sans but, de la restauration littéraire. Castilho écrivait le portugais correct des écrivains classiques. Son talent d'écrivain se révèle surtout dans les traductions d'Ovide et de Molière, ainsi que dans ses controverses littéraires.

Le romantisme avait rallié en Portugal nombre de poètes, romanciers, dramaturges, etc. ; Mendes Leal, Rebello da Silva, Andrade Corvo, João de Lemos, Soares de Passos, Camillo Castello Branco, Costa Cascaes, Teixera de Vasconcellos, Gomes de Amorim, Latino Coelho, Julio Diniz, Pinheiro Chagas, Palmeirim, et MM. Thomaz Ribeiro et Bulhão Pato, encore vivants, appartiennent tous à l'école romantique.

LA LITTÉRATURE PORTUGAISE

DEPUIS 1865

Par Louis-Pilate DE BRINN' GAUBAST

L'histoire de la littérature portugaise au xix° siècle se divise
en quatre périodes principales : romantique ; ultra-romantique ;
« conimbrienne » ; symboliste ou « néphélibate ». Les deux
premières n'ont fait l'objet, dans le chapitre précédent, que
d'un exposé très sommaire, parce que maint article d'encyclopédie permet depuis déjà longtemps au grand public de s'en
former, s'il le désire, une idée plus ou moins complète (1) ; les
deux autres, qui ne sauraient, tout au contraire, être connues,
à l'heure présente, que de quelques lettrés amis des langues
romanes (2), nécessitent, comme il est logique, une étude proportionnellement beauconp plus longue, et la voici.

I

L'origine de la renaissance que l'on constate au sein des
lettres portugaises, à partir de l'année 1865, remonte à la fameuse *Querelle conimbrienne* (1865-1866), dont il convient d'abord
de préciser les causes.

Il y avait, à ce moment, dix ans et davantage que Garrett.

---

(1) Les lecteurs curieux de détails en ce qui concerne Garrett, Herculano et les
principaux écrivains de l'époque ultra-romantique, pourront consulter avec fruit,
dans la *Revue Encyclopédique* du 28 mai 1898, un Essai de M. Pilate de Brinn'
Gaubast : *La Littérature portugaise contemporaine*. Ils y trouveraient en outre les
biographies des contemporains plus récents, enrichies d'un assez grand nombre
de notions complémentaires d'ordre chronologique et bibliographique. — La même
Revue a publié (n° du 11 février 1899) un article du même auteur : *Almeida Garett
(Étude critique ; Extraits de l'œuvre de Garett ; Opinions sur Garett et Bibliographie)*.

(2) Parmi les « lusophiles » vivants les plus actifs, il faut citer : MM. Wilhelm
Storck, en Allemagne ; Edgar Prestage, en Angleterre ; Göran Björkman, en Suède ;
Tommaso Cannizzaro, Antonio Padula, Prospero Peragallo, Vittorio Pica, Zuppone-
Strani, en Italie ; Mme de Rute, MM. H. Faure, Maxime Formont, Ephrem Vincent.
Sarran d'Allard, Philéas Lebesgue, Achille Millien, et Louis-Pilate de Brinn'Gau-
bast, en France, — où une place d'honneur appartient, en outre, au livre, çà et là
confus ou incomplet, mais généreux, de Mme Edmond Adam : *La Patrie portugaise*.

était mort; Herculano vivait dans une profonde retraite, à l'écart
de la vie publique : des trois maîtres de la période, sinon de
l'école romantique, Castilho (1800-1875) se trouvait donc être le
seul qui fût demeuré sur la brèche. Par malheur, devenu
l'objet de l'admiration générale pour avoir, aveugle à six ans,
célèbre à seize, veuf à trente-sept, surmonté ses malheurs à
force de courage, conquis, à force de travail, tous les secrets
les plus cachés de la langue et
de la métrique, et sacrifié avec
noblesse le repos de son existence déjà glorieuse à la propagation de l'instruction primaire, — peut-être ne savait-il
pas discerner, parmi les louan-
ges de sa petite cour de flatteurs,
celles qui étaient seulement sincères d'avec celles qui étaient en
outre intéressées; il avait en
tout cas pris l'habitude fâcheuse
d'appuyer de son influence, toute
considération d'écoles éclecti-
quement mise de côté, quiconque, avec ou sans talent, se pré-
sentait à lui l'encensoir à la
main, et la contagion de l'exemple avait gagné, de proche en
proche, la littérature tout en-

Castilho (1800-1875).

tière. Ainsi s'était constituée
entre classiques, romantiques,
ultra-romantiques, sur le principe tacite de l' « éloge mutuel »,
avec, pour coryphées, les Andrade Ferreira, dans *La Revue contemporaine de Portugal et de Brésil* (1859-1865), et les Biester, dans
Un Voyage à travers la littérature contemporaine, une espèce de
franc-maçonnerie que la jeunesse indépendante, éprise d'un
idéal nouveau, considérait non sans raison comme hostile à cet
idéal, et non sans quelque vraisemblance comme encouragée,
tout au moins, par l'attitude du vieux poète. L'éclectisme de
Castilho ne s'étendait guère, en effet, qu'aux formules déjà
consacrées : « arcadiennes » (c'est-à-dire classiques suivant
l'esprit des académies poétiques de la fin du xviii° siècle ou
Arcadies), romantiques, ultra-romantiques, ne les avait-il pas
lui-même toutes pratiquées l'une après l'autre, avant de revenir
enfin au style classique de ses débuts?

Encore cette versatilité, qu'expliquait un manque absolu d'imagination créatrice, n'aurait-elle pas suffi pour lui aliéner l'indulgence de ses adversaires : ce qu'ils ne lui pardonnèrent pas, ce fut d'avoir, dans le préambule du *Dom Jayme* de M. Thomaz Ribeiro, dit, avec une impertinence aussitôt relevée par João de Deus, que plus un poète portugais ne signerait sans honte une octave des *Lusiades ;* ce fut surtout d'avoir cherché, dans une *Lettre* jointe au *Poème de la Jeunesse*, début de Pinheiro, Chagas, à rendre suspects au public, au moyen de critiques sincères, mais inexactes, et, par suite, assez peu loyales en apparence, les succès de M. Theophilo Braga et ceux d'Anthero de Quental. Champions de la naissante « École conimbrienne », l'un et l'autre avaient négligé de faire apostiller leurs œuvres par celui qu'ils nommaient l' « Arcadien posthume » ; attaqués, tous deux ripostèrent : Anthero de Quental d'abord, par la terrible lettre *Bon sens et Bon goût*, qui devint le signal d'une mêlée décisive entre les courtisans du vieillard et « les Jeunes » ; M. Theophilo Braga presque en même temps par une brochure, *Les Théocraties littéraires ;* et lorsque, après six mois d'une lutte à coups d'articles, de factums et voire d'épée, le calme se fut rétabli, l'orientation générale, non seulement de la Poésie, mais du Roman, de l'Histoire et de la Critique était changée. Les tendances de l'esprit moderne avaient vaincu, et dans les différents domaines de la production littéraire allaient respectivement régner les influences du VictorHugo de l'exil, puis de Baudelaire et du Parnasse ; de Balzac, puis de ses disciples successifs; de Vico et Michelet ; de Hegel, puis de Comte.

C'est par les initiateurs de ce mouvement d'infiltration de la pensée universelle à travers des générations détournées du catholicisme et converties, en politique, à la foi révolutionnaire, c'est par le grand poète Anthero de Quental et par le grand critique Theophilo Braga qu'il convient d'aborder l'étude des principaux représentants de la période conimbrienne. Nous ne l'entreprendrons toutefois qu'après avoir fait admirer, en M. Thomaz Ribeiro, le dernier survivant notoire de l'époque ultra-romantique, et, dans ce João de Deus que le Portugal pleure encore, l'homme de génie que reconnaissent pour leur précurseur inconscient l'unanimité des lyriques de ce pays depuis 1865.

Le plus sérieux titre de gloire de M. Thomaz Ribeiro (né en 1831) est son poème patriotique ou plutôt national *Dom Jayme*, par lequel il a débuté, et qui, après trente-cinq années d'un succès ininterrompu, n'a pas vieilli : c'est que l'auteur y ressuscite, en signe de protestation contre les partisans de l'union

ibérique, les souvenirs toujours actuels de la désastreuse
annexion du Portugal à la monarchie espagnole par Philippe II.
Il est à regretter d'ailleurs que les soucis d'une brillante carrière officielle, et la fréquentation funeste des salons, aient pos-
térieurement obscurci chez l'écrivain la conscience des sujets
le mieux appropriés à son tempérament natif — car M. Thomaz
Ribeiro ne semble né pour exprimer ni des idées trop générales,
ni des sentiments trop complexes : on peut s'intéresser sans
doute à sa *Delphine*, où il s'efforce de combattre la tentation du
suicide, comme à son poème exotique et dramatique *Indiana*,
comme à ses trois recueils de poésies lyriques : *Sons que passam;*
Vesperas; Dissonancias; mais dans chacun de ces ouvrages, qui
ferait la réputation de quatre ou cinq autres poètes, c'est en
vain que l'on chercherait à découvrir ces fictions pathétiques aux
épisodes variés, ces personnages vivants encore que tout d'une
pièce, aux passions simples et tenaces, au langage éloquent et
rude, aux actes instinctifs et mâles, ce style sobre et toutefois intense, noble et néanmoins familier, cette versification
dépouillée d'artifice, bien qu'elle doive à l'usage opportun du
vers libre une élasticité parfaite, en un mot cette robuste sponta-
néité qui prête au romantique *Dom Jayme*, avec un charme irrésistible, une intonation de chef-d'œuvre.

Infiniment plus réfractaire à toute influence extérieure d'ordre
social, João de Deus ne connut que vers le terme de sa vie l'eni-
vrement d'une immense popularité, conquise par son double
génie intuitif de lyrique et de pédagogue éducateur. Pour ne
parler que du lyrique, force nous est de répéter ce qu'à l'occasion de sa mort, en 1896, nous en avons écrit un jour dans la
Revue Encyclopédique : « Chantant comme le lilas parfume, sans
le savoir, improvisant ses vers sans les vouloir écrire, si bien
que ses admirateurs les ont recueillis de sa bouche avec d'innombrables variantes, et publiés comme on édite les classiques
de l'antiquité, il a canalisé tous les ruisselets épars de l'inspiration populaire vers le large lit retrouvé de la poésie nationale
et des formes du xvie siècle, abandonnées depuis Camoëns, ou
profanées par des indignes. » C'est ainsi que la plus célèbre et
la plus significative de ses compositions, *La Vie*, s'ouvre par un
très beau sonnet « camonéen » que nous aurions voulu pouvoir
transcrire ici avec toute la première partie de cette admirable
élégie, car sans doute la lecture en aurait-elle permis de comprendre instantanément que João de Deus ait pu, « sans le
savoir, sans le vouloir, par la seule force de l'exemple, ensei-
gner à toute une jeunesse l'abandon des formules usées du

romantisme, et l'urgence d'un retour vers la sincérité sous une forme à la fois plus simple et plus châtiée. » Ne nous y trompons pas toutefois : pour cette jeunesse, c'était toujours Victor Hugo qui restait le maître admiré, le guide suprême; seulement, ce qu'elle voyait en lui, ce n'était plus le chef de l'école romantique, mais bien le démocrate farouche des *Châtiments*, — bible d'Anthero de Quental — ou le poète épique de *La Légende des siècles* — évangile de M. Theophilo Braga.

Trois recueils, *Printemps romantiques*, *Odes modernes*, et *Sonnets complets*, permettent, comme trois miroirs fidèles, d'étudier sous ses trois aspects consécutifs, romantique, révolutionnaire, pessimiste ou métaphysique, le cas psychologique d'Anthero de Quental, spectateur et victime d'un duel gigantesque entre son imagination et sa raison. Premiers bégaiements de l'amour, derniers râles de la foi chrétienne aux prises avec la foi déiste et l'athéisme, vagues soupirs de désenchantement prématuré, les vers des *Printemps romantiques*, bien que trahissant çà et

João de Deus (1830-1896).

là les influences d'Herculano et de Soares de Passos, sont encore, suivant l'expression de l'auteur même, « du Heine de deuxième qualité ». L'accent des *Odes modernes* est déjà plus profond : dans cette poésie de combat, où l'on sent palpiter l'enthousiasme viril non seulement de l'admirateur des *Châtiments*, mais d'un disciple de Proudhon, où le pamphlétaire, plus d'une fois, se devine derrière le chanteur, quand les grands de ce monde, l'Église, la monarchie, sont l'objet de ses apostrophes de niveleur et d'idéaliste, le naturalisme hégélien s'allie, parfois singulièrement, à l'humanitarisme radical français, et double, d'une réelle portée philosophique, la valeur intrinsèque d'un livre supérieur à la plupart de ceux qu'a produits l'art social. Mais l'œuvre admirable entre toutes, celle qui classe au rang des martyrs les plus sublimes de la pensée le grand poète capable de l'avoir écrite avec le plus pur de son sang, c'est la collection des *Sonnets*, ces tragiques « Mémoires d'une conscience » fascinée, comme celle de Pascal, et torturée — *jusqu'au suicide* — par l'incompréhensible énigme de la destinée humaine. C'est là qu'il faut chercher l'image des trois périodes de cette vie extraordinaire, sanctifiée par l'amour et la pratique du Bien, le culte de la Vérité, la douleur physique et morale, et la résignation sereine aux pires épreuves. Une première série des *Sonnets* date, en effet, de la phase romantique d'Anthero de Quental ; un deuxième groupe, de la phase révolutionnaire ; les derniers nous font assister à l'agonie du lutteur et du philosophe terrassé par la maladie, à l'empoisonnement progressif de son cerveau par les doctrines de Schopenhauer et surtout de Hartmann, au sacrifice de sa raison sur les autels de l'Inconscient, à ses actes d'adoration envers la Mort, sœur de la Nuit et de l'Amour, et à son absorption finale en une sorte de mysticisme à la fois catholique, bouddhique et stoïcien...

Anthero de Quental, né à Ponte-Delgada (île Saint-Michel, Açores) en 1842, mort par suicide en 1891.

Parti du même point qu'Anthero, mais préservé des mêmes angoisses par les aptitudes essentielles de son tempérament pratique, M. Theophilo Braga est aujourd'hui, par l'immensité de son œuvre aussi bien que par sa valeur, la plus haute personnalité littéraire et philosophique du Portugal. Doué d'une volonté tranchante et résistante, c'est l'homme des tâches de longue haleine, des propagandes persévérantes et des convictions obstinées. C'est ainsi que, poète, il a mené à bien, sous le titre *Vision des Temps*, l' « Épopée de l'Humanité », en une quarantaine de mille vers ; critique, l'entreprise colossale d'exposer, en trente-deux volumes, l'*Histoire de la littérature portugaise*, dont tous les matériaux étaient à rassembler ; philosophe et sociologue républicain, l'adaptation particulière de la méthode positiviste à ce qu'il estime être les nécessités de la politique nationale ; et la seule énumération de ses écrits, annoncés ou exécutés, d'historien, de jurisconsulte, d'érudit, de folkloriste, d'éditeur, de professeur, emplirait sans difficulté toute une colonne... Aussi ne pouvons-nous porter, dans les limites de cet Essai, qu'un jugement très superficiel sur le rôle et sur l'influence de ce travailleur acharné. Il suffit, pour mettre en lumière cette influence, de constater qu'il n'est ni un seul écrivain, ni une partie quelconque de la littérature, ni peut-être par conséquent pas une seule âme, en Portugal et au Brésil, qui ne soit redevable de quelque progrès aux bienfaits d'une si prodigieuse et si féconde activité. A n'envisager même que la *Vision des Temps*, quelque sévère que l'on puisse être à l'égard de certaines parties de cette gigantesque œuvre épique, fruit d'un labeur de trente années, on en doit admirer la conception grandiose, la coordination rigoureusement logique, la noblesse et la variété d'exécution. MM. Gomes Leal et Guerra Junqueiro ont, à l'exemple de Theophilo Braga (sans l'imiter d'ailleurs, c'est vrai), entrepris d'écrire, eux aussi, l' « Épopée de l'Humanité »; mais quelques trésors de génie absolument original que tous deux y aient prodigués, lui seul

M. Theophilo Braga, né à Ponte-Delgada en 1843.

Phot. Fonseca, Porto.

se trouve, jusqu'à ce jour, avoir réalisé son but conformément aux conditions qu'il s'était imposées d'avance.

Deux traits caractérisent M. Gomes Leal : l'esprit d'indiscipline, et l'amour du mystère. Tandis que cet amour imprègne d'exotisme, en effet, ses *Clartés du Sud*, apparentées aux *Fleurs du Mal*, c'est par l'esprit d'indiscipline que sont inspirés des pamphlets comme *La Canaille*, *Le Renégat*, *L'Hérétique* et *La Trahison*, satires politiques formidables où rugissent toutes les fureurs d'un nihilisme exaspéré jusqu'à la bravade incendiaire et sanguinaire. Mais la synthèse des deux tendances apparaît définitivement effectuée dans le remarquable poème de *L'Antéchrist*. Considérant le siècle comme intéressé à résoudre deux grands problèmes, — la séparation de l'Église d'avec l'État et la question économique du Capital et du Travail, — l'auteur a divisé cette œuvre en deux moitiés, l'une religieuse, l'autre sociale. La première (*Tragédie divine*) se fractionne elle-même en deux chants : *Christ est le mal; La Fin de Christ et de Satan;* la seconde (*Tragédie humaine*) en aura semblablement deux : *Le Cataclysme de l'Anarchie* et *La Dernière illusion de l'Humanité.* Enfin l'ensemble doit son titre au héros en lequel M. Gomes Leal incarne les principes de ce qu'il reconnaît pour la Vérité de toujours et pour la Justice de demain : ce personnage est l'Antéchrist annoncé par l'Apocalypse et devenu l'heureux symbole de l'Homme escaladant, affranchi par la Science, l'acropole du Surnaturel, pour volatiliser des Dogmes surannés. L'Antéchrist est du reste un homme comme tous les autres, mais très riche, très intelligent, très savant, préparé, par la possession d'une grande fortune, par ses voyages, et par son expérience personnelle de la vie, à lutter avec avantage et contre la morale chrétienne, à laquelle il oppose la morale positive, et contre le milieu social, et même contre la toute-puissance de ces forces de

M. Gomes Leal,
né à Lisbonne en 1848

la Nature : l'atavisme et l'hérédité physiologique. Nous ne suivrons pas le poète à travers tous les développements qu'il a donnés à la partie *Christ est le mal* (seule publiée, jusqu'à ce jour, en un volume de plus de trois cent cinquante pages) : disons seulement qu'au fond, M. Gomes Leal paraît s'être donné pour but de transposer poétiquement la philosophie de Hartmann (auquel est dédié *L'Antéchrist*) et le naturalisme de M. Zola, qu'il proclame, dans la note finale de l'épopée, « le plus merveilleux historien de la conscience de notre siècle ». Ce but, l'a-t-il réalisé? Nous ne saurions dire le contraire. Pourquoi faut-il qu'en le louant d'avoir résolu en artiste le problème des rapports de la Poésie et de la Science, on soit réduit à faire des réserves si graves en ce qui concerne la langue et la facture de l'écrivain? Son style coule en effet d'un flux abondant, à la vérité, mais inégal, qui, subitement illuminé de phosphorescences de génie, semble charrier comme à plaisir une vermine

de répétitions, d'incorrections grammaticales et de menues
contradictions. La critique doit le constater, et elle le fait avec
chagrin, parce qu'elle admet volontiers que, si M. Gomes Leal
eût voulu s'en donner la peine, il serait peut-être à présent
l'un des premiers poètes modernes de l'Europe et, en tout cas,
le premier de la Péninsule, comme il en fut déjà le plus
original.

A M. Guerra Junqueiro, nul n'adressera de tels reproches :
s'il a plus d'éloquence que d'imagination, et si l'on peut trouver
quelquefois théâtrale la violence de ses antithèses, sa forme, sans
manquer d'audace, n'en est pas moins correcte et belle ; son
vers, lumineux et sonore ; ses images, colorées et neuves ; et sa
science des effets, magnifique et profonde. Ame inquiète, ballottée
sans cesse de l'épopée à la satire et de la satire au lyrisme,
il a malheureusement partagé sa vigueur entre une foule
d'essais disparates ; mais il garde assez de jeunesse, puisqu'il
n'a pas encore atteint la cinquantaine, pour qu'on puisse
espérer le voir, tout en couronnant ceux qui sont interrompus,
établir avec évidence, entre ses différents écrits, la monumen-
tale unité qui ne leur manque du reste qu'aux yeux du vul-
gaire. En tout cas, même si l'on néglige d'étudier, malgré leur
valeur, le recueil des *Voix sans écho*, celui de *La Muse en vacances*,
et cette collection de satires violemment anticléricales, *La
Vieillesse du Père Éternel*, il est d'ores et déjà possible de prendre
une idée complète de l'évolution artistique de M. Guerra Junqueiro, par l'examen des trois poèmes dont il a jalonné les
principales stations de sa marche intellectuelle : *La Mort de
Don Juan ; Les Simples ; Patrie.* — *La Mort de Don Juan*, publiée
en 1874, est la première partie d'une trilogie épique dont l'ensemble constituerait l' « épopée de l'Humanité » : « Quel est »,
disait l'auteur se commentant lui-même, « quel est le thème de
l'Art ? l'univers. Quel principe domine l'univers ? C'est la Justice.
Quel est donc l'idéal artistique ? C'est la Justice. » Tout ce qui
s'oppose, de nos jours, à la pleine réalisation de la Justice peut,
d'ailleurs, se synthétiser en deux grandes figures symboliques :
Don Juan — l'idéalisme, l'ennui, les névroses, l'indifférence, le
doute, le manque de caractère ; Jéhovah — ou la tyrannie sous
toutes ses formes, opposant à la liberté, à la raison, à la responsabilité, à la nature et à l'égalité sociale ces principes arbi-
traires : le droit divin, le dogme, l'hérédité du péché, le miracle,
et le privilège... Après avoir tué Don Juan, moralement par
l'abolition de son prestige, puisqu'il va jusqu'à le livrer, comme
le premier truand venu, à la police correctionnelle, physique-

ment par le froid, l'indigence et la faim, sort logique de tout parasite, le poète aura donc à tuer Jéhovah; ce sera la seconde partie de l'épopée, ou *La Mort du Père Éternel*. Enfin, dans une troisième partie, sur les ruines des symboles du Mal il affirmera la Justice en un *Prométhée* délivré par l'intervention de Jésus, réconciliant ainsi dans une paix lumineuse la Raison et la Foi, la science et la croyance. — De cette conception religieuse au naturalisme mystique et au christianisme évangélique des *Simples* (1892), la distance, métaphysiquement, n'était peut-être pas bien grande; ce qui semble extraordinaire, c'est que « la vision plus intime et plus profonde de l'univers », progressivement acquise entre les deux étapes, ait eu pour conséquence technique un renouvellement si complet de tous les moyens d'expression. Les vers de *La Mort de Don Juan* étaient faits de main d'ouvrier : mais ceux des *Simples*!... Autobiographie psychologique sincère, projetée en une série de paysages d'idylle et de personnages bucoliques résignés à l'humble existence que le poète, en présence de la mort un instant menaçante, a voulu vivre mentalement, une telle œuvre touche au sublime, tant on la sent jaillie du cœur avec l'intensité poignante de son lyrisme et le frémissement musical de ses rythmes pour ainsi dire automatiques. — *Patria* nous retiendra moins : non pas que ce poème, traversé tour à tour par les « quatre vents de l'esprit », ne soit digne d'une analyse, mais parce que la haine sanglante dont il palpite à toutes les pages contre les plus en vue des personnalités du Portugal contemporain, sans en excepter même le roi, rendrait cette analyse inconvenante aujourd'hui. Contentons-nous de déclarer que, sans épouser la querelle de M. Guerra Junqueiro, nous ne pouvons nous empêcher de saluer en lui l'homme assez courageux pour avoir sacrifié sa popularité à l'accomplissement du devoir de proclamer ses convictions. N'est pas optimiste qui veut ! *Patria* est de 1896 : six ans après l'ultimatum de 1890, par lequel on vit l'Angleterre, abusant de l'affaiblissement des Portugais, leur infliger impunément la plus injustifiable des humiliations, qui oserait condamner trop haut cette héroïque épilepsie d'un patriotisme hargneux, grandiloque et désespéré comme celui des Prophètes hébreux?

Par l'esprit révolutionnaire, par la religiosité, par le goût des spéculations métaphysiques, MM. Gomes Leal et Guerra Junqueiro procèdent d'Anthero de Quental; l'exemple de M. Theophilo Braga n'est d'ailleurs pas sans avoir exercé aussi quelque influence sur leurs tentatives d'épopée; mais c'est bien

au seul Anthero des *Odes modernes* qu'il convient de rattacher
quatre poètes humanitaires, dont aucun n'a vécu assez pour
pouvoir donner sa mesure, et qui sont : Guilherme Braga, auteur
du magnifique recueil *Lierres et Violettes*, des *Faux apôtres*, et d'un
petit poème, *L'Évêque;* Guilhermede Azevedo (*Apparitions; Rayons
dans la nuit; L'Ame nouvelle*); Fernando Leal (*Reflets et Pénom-
bres; Eclairs*); Alexandre da Con-
ceição (*Poèmes d'Automne*, etc).

Le point de vue encyclopédique, historique et positiviste,
introduit par M. Theophilo Braga
dans la poésie portugaise, a
d'autre part contribué à guider
les premiers efforts de MM. Teixeira Bastos, Luiz de Magalhães,
Antonio Feijó, et d'une foule
d'autres moins connus. Entre
tous, le mieux affranchi du Romantisme est M. Teixeira Bastos
(né en 1856) : critique apprécié,
philosophe, journaliste et sociologue républicain, c'est par ses
Vibrations du siècle, par ses *Rumeurs volcaniques* et par sa *Lyre
camonéenne* qu'il s'impose à notre
attention : ces trois volumes de
vers peuvent se classer d'un mot :
ils soutiennent la comparaison
avec les essais analogues, no-

M. Guerra Junqueiro,
né à Freixo-de-Espada-a-Cinta,
en 1850.

Phot. Guedes, Porto.

tamment *L'Épopée terrestre* et *La Justice*, signés d'André Lefèvre
et de Sully Prudhomme.

Dans la préface des *Premiers Vers* (Porto, 1880), dans les meilleures pièces de ce livre et de nouveau quatre ans plus tard,
dans la deuxième partie de ses *Odes et Chansons*, M. Luiz de Magalhães a d'abord affirmé de même avec éclat son dessein
d'annexer au patrimoine de l'Art quelques-uns des domaines de
la Philosophie et de la Science contemporaines. Sobriété, vigueur, santé, mélancolie tendre et virile, il a du reste, à l'occasion, tous les dons d'un parfait lyrique ; mais c'est plutôt vers
les sujets tirés de l'histoire nationale que le portent les préférences de son caractère généreux, comme le tour oratoire
de sa manière d'écrire : dès 1881, il chantait *Les Navigations* des
Portugais du xve et du xvie siècle ; en 1884, il avait d'autre

part conçu et commencé son poème de *Dom Sébastien*, qui vient seulement de voir le jour (1898). On sait que le roi Sébastien, le vaincu d'Alcazar-Quivir, disparut durant la bataille, et que, sur cette disparition, l'imagination populaire a brodé une vivace légende messianique : M. Luiz de Magalhães s'est emparé de cette légende pour faire du héros attendu le symbole du vieux Portugal, protestant, au nom du passé, contre les tristesses du présent. Sur un motif traditionnel, *Dom Sébastien* devient ainsi, au sens le plus noble du mot, une œuvre d'actualité, comme le sont, à d'autres égards, les *Notes et Impressions* en prose du même auteur, et son remarquable roman de *Soares le Brésilien* (*O Brazileiro Soares*), où se trouve réhabilité d'une injuste condamnation au ridicule perpétuel, prononcée par les Romantiques, le type du Portugais moderne revenu riche du Brésil (1).

M. Luiz de Magalhães, né à Lisbonne en 1859.

Phot. Cirne, Porto.

Le talent du poète Antonio Feijó se distingue par les mêmes facultés d'équilibre, avec moins d'abondance et plus de raffinement, moins de muscles et plus de nerfs, moins de cordialité, mais plus d'intimité, moins de netteté dans le dessin, mais plus de transparence dans l'art des demi-teintes. La profondeur n'est pas son fait; mais le fond que l'on aperçoit sous la limpidité cristalline de ses strophes est un terrain solide et pur. En somme, c'est surtout un lyrique, dont l'altière familiarité, pleine de réserve, irrite et charme, et dont la tristesse mâle et douce, pleine de pudeur, impressionne sans efféminer. Successivement influencé par les doctrines philosophiques de Schopenhauer et de Léopardi, de Spinoza, de Spencer et d'Au-

---

(1) M. Luiz de MAGALHÃES est le fils du grand orateur parlementaire mort en 1862, José Estevão Coelho de Magalhães (plus connu sous le nom de José Estevão).

guste Comte, il paraissait à ses débuts (*Sacerdos magnus*, 1881 ;
Transfigurations, 1882) devoir être un poète d'idées, disciple de
M. Theophilo Braga. Depuis, par les recueils *Lyriques et Bucoliques*, *A la fenêtre de l'Occident*, et par une admirable traduction rimée du *Cancioneiro chinez* (*Livre de jade*), il s'est placé
au premier rang de ceux qui n'ont pour ambition que d'exprimer des sentiments sous une forme irrépréhensible. Il est vrai
que son dernier livre, *Ile des
Amours* (1897), témoigne d'une
reviviscence du pessimisme primitif; mais peut-être la cause
n'en est-elle pas ailleurs qu'en
une crise plus ou moins aiguë de
nostalgie, assez naturelle, après
tout, chez un artiste du Midi,
condamné, de par ses fonctions
diplomatiques, à vivre sous le ciel
des pays scandinaves.

Par la correction magistrale
de son style et de sa technique,
et par la richesse grandissante
de ses images, M. Antonio Feijó
s'est acquis la réputation de premier poète « parnassien » du Portugal. S'il s'agit de mérite, d'accord ; s'il agit de chronologie,
c'est inexact : dès 1871, l'apparition des *Miniatures*, début de
l'impeccable Gonçalves Crespo
(1846-1883), avait en effet converti

M. Antonio Feijó, né à Ponte
do Lima (Minho) en 1860.

Phot. Jacobsson, Stockholm.

à la religion de la Forme un certain nombre de rimeurs; les
Nocturnes du même poète, en 1882, rallièrent à peu près tous
les autres, et le succès posthume de ses *Œuvres complètes* (1897)
suffit à démontrer que sa gloire est durable. Il faut du reste
constater, si l'on veut lui rendre justice, qu'il joignait à la connaissance, devenue de règle après lui, de tous les secrets du
métier, le pouvoir d'animer la légende ou l'histoire (*La Réponse
de l'Inquisiteur*), et celui d'exprimer l'amour, soit avec cet accent
d'ardeur voluptueuse qui l'apparente aux grands lyriques de sa
terre natale, le Brésil, soit avec cette intonation de mélancolie
familière et de délicate ironie qui prête une valeur personnelle
jusqu'à ses traductions de Heine (*Intermezzo*).

Sans avoir la maîtrise de Gonçalves Crespo, la plupart de ceux que l'on classe à tort ou à raison, comme lui, parmi les « parnassiens », mériteraient une mention spéciale et détaillée. Tels sont, au premier rang, Cesario Verde (1855-1886), qui, dans son existence trop courte, a trouvé le temps de brosser d'inoubliables paysages, d'un impressionnisme vibrant (*Le Livre de Cesario*); M. Joaquim d'Araujo, né en 1858 (*Lyre intime; Chanson du Berceau; Occidentales*, etc.), dont la manière rappelle souvent celle de son glorieux maître João de; Deus ensuite, au hasard de la plume, MM. le comte de Sabugosa (*Petits poèmes*); Accacio Antunes (*Aquarelles et eaux-fortes*); Luiz Osorio (*Brouillards*, etc.); João Diniz (*Aquarelles*); Jayme de Seguier; Xavier de Carvalho (*Apothéose camonéenne*); Souza Viterbo; José de Souza Monteiro; Freitas Costa; Eduardo Coimbra; Fernando Caldeira; José Newton… et combien d'autres noms s'ajouteraient à ceux-là, si l'on pouvait être équitable!

M. Jayme de Seguier.

Encore avons-nous réservé, pour un alinéa final, ceux qu'il eût été peu facile de faire entrer dans aucune classification, notamment Santos Valente, poète humaniste et savant (1839-1896), auteur d'un beau recueil assez rare, *Carmina;* MM. Leite de Vasconcellos, folkloriste de haute valeur (*La Conscience des Siècles; Poème de l'Ame;* surtout *Ballades occidentales*); Manuel Duarte d'Almeida, à qui plusieurs petits chefs-d'œuvre (*Elégie sur la mort d'une mouche*) et de nobles inspirations patriotiques assurent une place déjà enviable dans toutes les anthologies; son frère, Custodio José Duarte; Macedo Papança, « le dernier romantique » (*Poésies; Catherine d'Athayde; Tableaux d'histoire*); Simões Dias (*Péninsulaires*); Candido de Figueiredo (*Tableaux changeants; Pariétaires; Nyctaginées*, etc.); puis les Alberto Telles; les Ramos-Coelho; les Jayme Victor; les Greenfield de Mello; les Lacerda; et les Barros Seixas, et les Christovão Ayres; — et enfin, plus connus que tous ceux qui précèdent, le classique Fernandes Costa et le maître humoriste João Penha.

Le premier, pour avoir servi de tête de Turc à une partie de
la génération montante, n'en est pas moins un écrivain souvent
digne d'admiration. Sans doute, on chercherait vainement, dans
son *Poème de l'Idéal*, cette simplicité supérieure, ce sentiment
de l'âme du peuple, et, d'un seul mot, cet indéfinissable charme
que l'on aimait rencontrer, en 1889, dans son *Livre des Solitudes*,
écho du folklore andalou ; mais pourquoi ne pas reconnaître à
M. Fernandes Costa — qui est homme à se réveiller — le droit
de s'endormir parfois, tout comme Homère ?

C'est que l'intolérance de cette jeunesse est grande : l'aventure
du dernier volume de M. João Penha, le *Voyage par terre au pays
des Songes* (1897), peut en fournir une autre preuve ; on a vu l'un
des coryphées les plus notoires de la critique et de la poésie
récentes, Delfim de Brito Guimarães, dépenser un immense
talent pour essayer de démontrer que cette œuvre, ne témoignant
d'aucun progrès chez son auteur, était à peine à prendre en
considération... Or, M. João Penha, n'avait, en vérité, plus de
progrès à faire : perfection suprême de la forme, originalité du
fond, ces qualités étaient les siennes dès 1832, lorsqu'il publiait
les *Rimas*, voire dès 1873, au moment où, quittant Coïmbre, il
abandonnait du même coup la direction de sa petite revue littéraire, *A Folha*, née en 1868. Mais, il semble que ce poète joue
de malheur : il s'est toujours dit romantique, la critique portugaise le déclare « parnassien », et nous considérons qu'il n'est
ni l'un ni l'autre ; un lyrique, un sentimental, enthousiaste et
désabusé, capable de railler à froid ses sentiments, d'analyser
ses illusions, et de se résigner à ses désillusions, telle, hors de
toute question d'école, se figure à nos yeux sa personnalité. Produit naturel d'une époque de critique et de négation, son scepticisme sarcastique est une forme de désespoir qui déjà touche au
pessimisme systématisé des « jeunes » ; et il n'est pas jusqu'à sa
virtuosité qui, rendant d'avance inutile tout essai de perfection-
nement supplémentaire du vers classique, n'ait en quelque sorte
obligé les artistes jaloux de leur indépendance à créer des
Formules nouvelles.

II

Si c'est dans les régions de la Poésie pure que se livrent, en
général, les batailles d'où dépend le sort de la transformation
spirituelle des peuples, à plus forte raison doit-il en être ainsi
chez celui qu'on appelle « un peuple de poètes », et l'on a suffisamment vu que l'histoire de la renaissance conimbrienne n'est

pas pour infirmer cette loi. Reste à faire la part de la Prose, et
en particulier de celles de ses provinces qui comptent le plus
grand nombre de représentants, c'est-à-dire le Roman, le Conte
et la Nouvelle.

Garrett, Herculano, Rebello da Silva, Mendes Leal, et leurs
émules Andrade Corvo, Gomes d'Amorim, Arnaldo Gama, n'avaient
guère cultivé que la forme historique de ce genre de littérature.
Un extraordinaire génie « péninsulaire », Camillo Castello Branco,
cultiva non seulement celle-là (*L'Œil de verre* et *Lutte de géants;
Le Régicide; La Fille du régicide; Le Crâne de la martyre;* etc.), mais
toutes les autres, y compris celles qu'il combattait, comme afin
de montrer au monde et à lui-même que romantiques, réalistes
ou naturalistes, il comprenait toutes les doctrines, s'il ne les ad-
mettait pas toutes, et savait être supérieur dans l'application de
chacune. Poète au sens large du mot, malgré la médiocrité de
ses recueils de poésies, dramaturge puissant (*Augustin de Ceuta;
Larmes bénies; Le Condamné; Epines et fleurs;* etc.), comique pica-
resque féroce (*Le Morgado de Fafe*), polémiste loyal, mais cruel
et terrible, érudit des plus scrupuleux, critique sincère, ce grand
homme, qui, s'il eût vécu dans un milieu plus favorable, eût
connu la gloire d'un Dumas et peut-être celle d'un Balzac, et
qui posséda de plus qu'eux le don du style, demeure, tout bien
considéré, le symbole, en chair et en os, de l'âme de ses compatriotes à l'époque ultra-romantique, en même temps que le
précurseur, assurément involontaire, des romanciers naturalistes de la période subséquente, qu'il a parodiés sans merci
(*Eusebio Macario*, etc.). La nécessité de produire, pour suffire
aux besoins des siens, et de produire vite et beaucoup (la bibliographie totale de ses ouvrages se compose de *deux cent soixante-
deux* numéros!), l'aurait en tout cas obligé, du moment qu'il ne
voulait pas devenir un simple « faiseur », de créer, à côté du
roman historique, d'une documentation si lente, le roman dit
« de mœurs » ou le roman bourgeois. C'est dans cette création
qu'est le sens de son œuvre : entre le Romantisme et le Naturalisme, elle forme une transition pratique, elle marque une
date. Quoique peuplée parfois de types conventionnels, produits
de l'imagination bien plus que de l'observation, tels que Portugais parvenus ou « Brésiliens », larmoyants poètes incompris,
touchantes Agnès de mélodrame, désopilants hobereaux de farce
ou de vaudeville, elle présente une image complète, et, somme
toute, pittoresque, vivante et fidèle de la société portugaise contemporaine de l'écrivain. Pour s'étonner que celui-ci, se bornant
à plaider çà et là quelque thèse par la bouche de ses person-

nages (*Où est le bonheur? — Mémoires de Guillaume d'Amaral*, etc.), ait, dans son scepticisme à l'égard de la Science, dédaigné de donner pour guide à son incohérente activité d'artiste une conception philosophique embrassant l'ensemble des choses, il faudrait ignorer combien insurmontable est, pour de pareilles conceptions, la répugnance de certains caractères violents et spontanés : — Camilio Castello Branco était un de ces caractères, — et c'est expliquer du même coup pour quoi, souvent insuffisant dans l'analyse psychologique, il reste admirable toujours dans le dialogue, la narration, le développement des situations pathétiques, la représentation objective de l'Amour (exemple : *Amour de perdition*) et les explosions subjectives de la haine ou de la fureur (*Les Critiques du Cancioneiro;* etc.). Tempérament nerveux, sentimental au fond (*Le Roman d'un homme riche*) mais naturellement sarcastique (*Ce que font les femmes; Douze unions heureuses*), bienveillant sous un masque de misanthropie, pessimiste jusqu'au suicide après avoir été chrétien jusqu'à vouloir prendre les ordres, il ne pouvait faire du Roman que ce qu'on lui reproche à tort d'en avoir fait : aujourd'hui une satire, demain une élégie.

Camillo Castello Branco,
né à Lisbonne en 1826,
mort par suicide en 1890.
Phot. Fonseca et Cⁱᵉ.

Telles quelles, ses créations correspondaient, d'ailleurs, comme celles de son disciple Alberto Pimentel(né en 1849), de Pinheiro Chagas et d'autres plus obscurs (Pereira Lobato, Pinto d'Almeida, Teixeira de Vasconcellos, Silva-Gayo) aux prédilections manifestes d'un public, encore nombreux, qui n'avait pas subi l'action du véritable esprit moderne. Cette action, cependant, gagnait de jour en jour; et la preuve, c'est que ni la vogue de Camillo, ni son prestige, ni ses railleries, ni ses efforts, ne parvinrent à le préserver de voir naître, s'épanouir et triompher de son vivant, après le Réalisme à la manière anglaise des Fielding, des Charles Dickens et des Thackeray, objet des préférences de Julio

Diniz, le Naturalisme français des Balzac, des Flaubert et des Émile Zola, acclimaté en Portugal par deux maîtres incontestés, MM. Eça de Queiroz et Teixeira de Queiroz.

L'œuvre de Julio Diniz, écrivain consciencieux et clair, moral et sain, fin psychologue, portraitiste et paysagiste délicat, qui, dès 1862, rompait avec les procédés du Romantisme national, comprend, outre quelques poèmes d'un sentimentalisme assez mélancolique et des nouvelles sans prétention (*Soirées de province*), quatre romans dont le premier, *Les Pupilles de M. le Recteur*, pure et simple histoire de village, met en scène avec naturel un brave curé, de chastes figures féminines, un médecin campagnard et d'honnêtes paysans ; le second, *Une famille anglaise*, est une peinture intéressante de la vie commerciale et bourgeoise de Porto ; le troisième, *A Morgadinha dos Cannaviaes* (*La Morgadinha des Cannaies*), nous initie aux mœurs de la petite noblesse et du petit peuple rural, à la cuisine des élections, à la politique de clocher... Quant à ces *Fidalgos da casa mourisca* que l'auteur, déjà terrassé par la phtisie dont il mourut en 1871, n'eut ni le temps de publier ni, semble-t-il, de mettre au point, le mieux qu'on en puisse dire est qu'ils n'ont rien enlevé, malgré leur infériorité, à sa gloire littéraire modeste, mais solide et légitime, d'observateur.

Il est du reste vrai que si, de la lecture d'un volume tout entier de Julio Diniz, on passe à celle d'une simple page de M. Eça de Queiroz, on éprouve instantanément, au désavantage du premier, l'impression du contraste qui existe, en fait, entre le vague éclat laiteux d'un clair de lune et l'éblouissant ruissellement du grand soleil, entre l'art d'un aquarelliste sans reproche et le grand Art, pratiqué par un grand artiste de génie. Artiste M. Eça de Queiroz l'est dans toute la force du terme, et ce terme est aussi le seul qui rende intelligible la coexistence, en son âme et dans ses ouvrages, de deux formes de la pensée inconciliables d'ordinaire : l'Ironie et la Fantaisie. C'est parce qu'il est un artiste que M. Eça de Queiroz, avec la subtile clairvoyance de l'instinct de conservation, recherche, découvre et démasque les travers, les ridicules, les bassesses, les ignominies d'une société de philistins, aux plates conventions de laquelle on n'échappe que par l'analyse, par la satire, par le rire — ou par le sourire ; c'est parce qu'il est un artiste que, du tremplin du Réel, où le rejettent sans cesse les lois de la matière, il rebondit chaque fois plus désespérément dans l'idéale région du Rêve, où nul n'a moissonné plus magnifique butin. Ses livres, comme ceux de Flaubert, forment ainsi deux groupes distincts : nous fait-il, dans

Le Crime de l'abbé Amaro, le récit des amours charnelles d'un prêtre qui finit par tuer son enfant; ou, dans ce chef-d'œuvre absolu qu'est *Le Cousin Bazilio* (original pendant de *Madame Bovary*), la description de l'adultère commis par une petite bourgeoise en l'absence du mari qu'elle aime; ou encore dans cette vaste galerie de portraits, *Les Maïa*, peints sur un fond tragique d'inceste et de passion, le tableau caricatural des milieux aristo-cratiques de sa patrie, — c'est alors des méthodes classiques du Naturalisme français que procède sa propre méthode; *La Relique* et *Le Mandarin*, tout au contraire, l'une avec la verve et l'humour de certains de ses épisodes, la magie de ses paysages de l'Orient et de la Terre Sainte, la poésie biblique de son célèbre Songe, l'autre avec ses évocations de la bizarre nature chinoise, ne sont que les fruits spontanés d'une imagination mystique, sensuelle et voluptueuse, arrosée par les sources vives de la mémoire, et bercée dans l'azur aux souffles du caprice. Resterait à parler du style; c'est impossible : explique-t-on le parfum d'une fleur? — et le style de M. Eça de Queiroz est tour à tour parfum,

M. Eça de Queiroz, né à Aveiro en 1843.

saveur, lumière, couleur, musique agile, la vibration même de la Vie saisie au vol et transmise à la phrase ailée qui l'éternise...

Impersonnelle et sobre encore qu'émotionnante, l' « écriture » de M. Teixeira de Queiroz est plus discrète, comme il sied à celle d'un savant, car il a quelque temps exercé la médecine et paraît s'être proposé d'approprier à l'étude littéraire des phénomènes sociaux, en même temps que les procédés d'observation des sciences physiques et naturelles, la rigueur et la précision de sa prose de physiologiste positif. Suivant un plan d'ensemble imité de Balzac, cinq de ses volumes sont classés sous le titre encyclopédique de *Comédie de la campagne*, et quatre sous celui de *Comédie bourgeoise*. Trois tomes de la série rustique se composent d'admirables contes ayant pour cadre le Minho, pays natal de M. Teixeira de Queiroz; les deux autres sont des romans dont le premier, *Amour divin*, curieuse « pathologie d'une sainte », constitue le diagnostic d'un cas morbide endémique en cette même région du Portugal, l'hystérie religieuse exploitée par le prêtre, et le second, *Amours, amours...* (1897), offre pour principal élément d'intérêt la notation dramatisée des pratiques de la suggestion. Avec la *Comédie bourgeoise*, l'auteur, élargissant le champ de son enquête, sans toutefois sortir de Lisbonne, s'attaque à des sujets d'un ordre moins spécial : c'est d'abord, dans

M. Teixeira de Queiroz, né dans
la province de Minho en 1848.

Les Jeunes mariés (*Os noivos*, nouvelle édition définitive en deux volumes, 1897), la critique du mariage moderne, entaché de caducité dès le principe à la fois par l'impardonnable imprévoyance et par l'inaptitude morale des contractants; puis, dans *Salluste Nogueira*, la critique du monde politique, frivole, incompétent, prétentieux et bavard, dominé par la brigue, l'intrigue et le cancan; enfin, dans *Dom Agostinho*, et aussi dans *La Mort de Dom Agostinho*, la critique de la décadence de la noblesse, race de héros abâtardie (si du moins nous en devons croire le romancier) par l'éducation cléricale et par le défaut d'instruction, après s'être laissé corrompre par les trésors de l'Asie, de l'Afrique et de l'Amérique. Il convient d'ajouter que si M. Teixeira de Queiroz, démocrate et positiviste convaincu, utilise de la sorte chacune de ses œuvres comme agent de propagande, pas une fois le théoricien qui veille en lui ne se permet d'intervenir dans le développement du récit; mais, ce récit lu jusqu'au bout, la conclusion logique enapparaît d'elle-même; et peut-être n'ignore-t-on pas que c'est un privilège qui n'appartient qu'aux maîtres.

Hiérarchiquement inférieurs aux deux écrivains qui précèdent, nombre d'autres naturalistes se sont fait à leur ombre une place fort honorable : à côté de Pedro Ivo et de Lino de Macedo, de Gervasio Lobato, de M. Abel Botelho (*Le Baron de Lavos*, *Le Livre d'Alda* (1898), on vante surtout José Augusto Vieira (1856-1890) pour son roman *La Divorcée*, ses *Phototypies du Minho* (quatre nouvelles), son travail descriptif *Le Minho pittoresque*, et M. Julio Lourenço

Pinto (né en 1842 : *Marguerite; L'Homme indispensable; Ébauches d'après nature; M. le Député; Le Bâtard; L'Algarve; Esthétique naturaliste;* etc.).

Mentionnons, en outre, deux femmes, dont la juste réputation grandit sans cesse : Mme Claudia de Campos et Mme Alice Pestana (pseudonyme littéraire : *Caïel*). Déjà connue en France grâce à Mme Adam, à qui son dernier livre, *La Sphynge*, est dédié, Mme Claudia de Campos, avant cette analyse du conflit de l'amour et de l'orgueil chez une mondaine presque hystérique, avait publié trois ouvrages, tracés de la même plume élégante et rapide : *En riant,* collection de contes; *Dernier amour* (1894); *Femmes* (1895), recueil de pénétrants « essais de psychologie féminine » dont le plus long, relatif à Charlotte Brontë, dénote un enthousiasme

Mme Claudia de Campos.

sans doute excessif pour la littérature anglaise contemporaine. Mme « Caïel », de son côté, s'impose à l'attention par quelque six volumes : les plus récents, *Madame Renan* et *Genoveva Montanha* (1898), sont les meilleurs; on regrette que le style en soit un peu coulant, mais la vérité de l'action, du dialogue et des caractères rend indulgent pour ce défaut, étant donné que les romans de Mme Alice Pestana sont des œuvres de longue haleine et non pas des nouvelles plus ou moins développées (1).

____

(1) Parmi les autres femmes de lettres portugaises, il importe de signaler Mmes GUIOMAR TORREZAO, morte en 1898, auteur de romans, de nouvelles, et d'un

Les lettrés exigent en effet, pour la Nouvelle, une forme beaucoup mieux achevée, depuis que dans ce genre, prétendu secondaire, se sont manifestés soit d'aimables causeurs, comme **MM.** de Sabugosa et Bernardo de Pindella, comte d'Arnoso (*Bras dessus, bras dessous; Journées de voyage par le monde*, etc.), soit des pastellistes de race, comme **M.** Alberto Braga (*Contes du village* et *Nouveaux contes*, etc.); soit des artistes délicats, tels que le comte de Ficalho (*Une élection perdue*); soit des impressionnistes souvent raffinés, par exemple **M.** Ramalho Monteiro dans ses *Histoires de la montagne;* soit enfin, l'un depuis longtemps maître en son art, l'autre en passe de le devenir, ces charmeurs, **M.** Fialho d'Almeida et **M.** Trindade Coelho.

M. Fialho d'Almeida,
né à Villa-de-Frades en 1857.
Instituto photographico, Lisbonne.

Le dernier, magistrat sévère et jurisconsulte apprécié, très jeune encore, n'a fait paraître qu'un recueil; mais les treize morceaux qu'on y trouve, simples scènes de la vie agreste ou pastorale de la province de Tras-os-Montes, que **M.** Trindade Coelho appelle tendrement *Mes amours*, sont des miracles de fraîcheur, d'enjouement ou de sentiment, de grâce, de naturel, de vie.

Son aîné, **M.** Fialho d'Almeida, avait aussi du premier coup, dès 1881, conquis la gloire avec des *Contes*, que suivirent *La Cité du Vice*, en 1882; *Lisbonne galante*, en 1890; et, promesse d'enivrantes cueillettes, *Le Pays des raisins*, en 1893. Naturaliste si l'on veut, mais à la façon d'un poète halluciné par le bizarre, par l'étrange, par le fantastique,

---

répertoire dramatique; Angelina Vidal, poète et philosophe, socialiste et conférencière; Maria Amalia Vaz de Carvalho, critique de la plus haute valeur (*Quelques hommes de mon temps; Par le monde;* etc.) et veuve de Gonçalves Crespo; Carolina Michaëlis de Vasconcellos, Allemande de naissance, éditeur de Sá de Miranda; Anna de Castro Osorio, fondatrice d'une publication périodique, *Pour les Enfants*, et auteur d'un livre de contes, *Infortunés;* Alice Moderno, la muse des Açores (*Trilles; Aspirations; Les Martyrs de l'Amour; Le Docteur Luiz Sandoval;* etc.); et Albertina Paraizo, dont les poésies, *Mousses et Roses,* ont été célébrées par João de Deus; etc.

par le funèbre, il se plaît à objectiver, tantôt en de tragiques
décors d'hôpital ou de nécropole, tantôt en de clairs paysages
gonflés de sève ou calcinés par le soleil, sa vision sensuelle et
quelque peu cynique des postures d'une humanité qu'il vou-
drait libre dans la liberté des champs. De là cette prose riche,
colorée, vermeille, originale, intense, hachée de boutades familières et d'exclamations spontanées; toute splendeur pour

peindre les choses, toute malice
ou toute bonhomie mélancolique
pour éclairer d'un trait jusqu'en
ses profondeurs l'âme des simples, des ingénus, des instinctifs; et d'autres fois, toute ironie (dans les papillonnantes
chroniques réunies sous les
titres de *Vie ironique*, de *Pasqui-
nades*, mais surtout dans la collection du terrible pamphlet *Les
Chats, publication d'enquête sur
la vie portugaise*), pour berner,
persifler, parodier, bafouer, mé-
caniser jusqu'à la mort, avec
une cruauté sereine, les gro-
tesques, les suffisants, les « faux
bonshommes », les mille « ca-
botins » moutonniers de la con-
ventionnelle comédie citadine.
Par malheur, de telles œuvres
ne sont guère fécondes, parce
qu'elles demeurent négatives, et
c'est pourquoi l'on se trompe-
rait si l'on considérait *Les Chats*

M. Ramalho Ortigão,
né à Porto vers 1836.
Phot. Fonseca et Cⁱᵉ.

comme ayant une portée sociale : analogues aux *Guêpes* d'Alphonse Karr, ils leur sont supérieurs par la langue, voilà tout;
mais pour produire des fruits salubres, substantiels et salutaires,
c'est un tout autre tour d'esprit que réclame la culture de la
Critique des mœurs.

Que l'on parcoure, si l'on en doute, les douze années de ces
Farpas qui restent le modèle du genre et dont on a pu dire
qu'elles ont fait leur auteur, M. Ramalho Ortigão, plus encore
qu'il ne les a faites : jusqu'alors fantaisiste sans autorité comme
dans les *Contes couleur de rose*, boulevardier féru de la France
des « cocodettes » comme dans le volume *A Paris*, romancier

mystificateur à terrifier durant des mois la province et la capitale par le récit, sous la forme de fait-divers au jour le jour, du captivant *Mystère de la route de Cintra*, M. Ramalho Ortigão s'était proposé de lancer, en 1871, un périodique mensuel de sarcasme et de paradoxe, écrit en collaboration ou plutôt de complicité avec M. Eça de Queiroz; il se trouva que le succès répondit à son entreprise, mais si foudroyant, si complet, que le sceptique, soudain troublé de se voir devenir une force, oublia peu à peu son idéal de « blague », et, sous l'empire du sentiment de sa responsabilité, ne tarda pas à transformer insensiblement ses *Farpas* en une sorte d'organe de vulgarisation de la doctrine positiviste appliquée aux nécessités de l'éducation nationale. On appelle *farpas* les fléchettes ou les dards, en forme d'hameçon, que les *capinhas* portugais, dans les courses inoffensives chères au peuple de leur pays, s'efforcent avec élégance de planter au cou du taureau : les dards que planta désormais M. Ramalho Ortigão ne furent plus destinés qu'à percer les tumeurs dont la santé de son taureau, le Public, aurait pu souffrir; s'il n'y réussit pas toujours, il eut du moins « l'honneur de l'avoir entrepris », suivant sa conception personnelle de l'hygiène des individus et des races. Cette conception n'est autre que celle des Anglais : sans la force physique, pas d'énergie morale. Affirmée indirectement par le beau livre de l'écrivain sur *John Bull*, elle paraît être, avec le goût de l'observation minutieuse (manifeste dans son travail sur *La Hollande*), et avec la pureté de ligne et l'atticisme de son style, la marque la plus distinctive de ce tempérament pratique. Aujourd'hui, sa tâche terminée, M. Ramalho Ortigão, entouré du respect de ses compatriotes, rêve encore de leur être utile en les poussant à retremper aux sources de la Tradition non seulement *Le Culte de l'art en Portugal* (c'est le titre et l'objet de son dernier ouvrage), mais toutes les industries proprement portugaises. Il faut lui souhaiter bonne chance, car il voit juste, et une tentative de ce genre est le complément naturel des efforts opportunément patriotiques soit d'un Theophilo Braga (*Histoire de la littérature portugaise*, folk-lore général portugais), soit de ce malheureux Oliveira Martins dont nous aurions déjà parlé si nous ne voulions terminer par quelque hommage à sa mémoire un Essai déjà trop souvent nécrologique...

Oliveira Martins est mort le 24 août 1894, et, bien qu'il n'eût pas cinquante ans, il avait, en cette courte vie, trouvé le temps de se montrer un historien, un journaliste, un critique, un économiste, un homme d'État, capable de traiter en une langue magni-

fique, avec une égale compétence, en chacune de toutes leurs
parties fondamentales ou secondaires, toutes les questions qu'il
abordait. Nous ne nous occuperons ici que de son œuvre
d'historien, d'autant qu'elle peut servir, au fond, à éclairer
l'évolution des idées politiques d'un homme qui, socialiste à ses
débuts, puis républicain modéré, devint progressiste et ministre
en un pays de monarchie, et, séduit par le césarisme bienfai-
sant des héros de la branche
d'Aviz, objets de ses dernières
études, en était venu à placer
dans une sorte d'absolutisme
intelligent l'idéal du gouvernement pour son pays. — Les travaux historiques d'Oliveira Martins sont, les uns d'ordre général, les autres d'ordre national.
Outre des traités accessoires
faisant partie de la *Bibliothèque
des sciences sociales* fondée par
lui (*Éléments d'Anthropologie*;
*Les Races humaines et la civilisa-
tion primitive*; *Système des mythes
religieux;* etc.), les travaux
d'ordre général comprennent
deux livres importants : *L'Hellé-
nisme et la civilisation chrétienne*,
où l'auteur admet en principe
le Fortuit et le Nécessaire
comme éléments éventuels de
toute Réalité complexe, et l'*Histoire de la République romaine*,
dans les pages finales de laquelle

Oliveira Martins,
né à Lisbonne en 1845,
mort en 1894.
Phot. Fonseca et Cⁱᵉ, Porto.

apparaît avec évidence l'austérité de sa conception de la Vie, la
subordination de son amour des hommes à l'amour de leur dignité. — Les travaux d'ordre national, de leur côté, se composent
d'une dizaine d'ouvrages, tels que l'*Histoire de la civilisation ibérique*, ou essai sur le développement des peuples de la Péninsule
au point de vue des institutions; l'*Histoire du Portugal*, ou de la
succession et de la concaténation des principaux motifs moraux,
politiques ou économiques de la vie nationale du peuple portugais; *Le Brésil et les colonies portugaises*, *Le Portugal sur les mers*,
Navigations et découvertes des Portugais, fastes de ce même peuple,
présenté cette fois comme peuple civilisateur; *Les Fils de Dom*

*João I*er, *Vie de Nun' Alvares Pereira*, *Le Prince parfait* (Dom João II,
— ouvrage posthume, 1896), triple panégyrique un peu trop
accueillant à l'égard de certaines légendes ; *Le Portugal contemporain*, critique sévère, remarquablement impartiale et courageuse,
de l'histoire constitutionnelle de ce pays depuis le règne de
Jean VI, et chef-d'œuvre de l'écrivain, dont il met en valeur les
qualités maîtresses.

La première de ces qualités, la sensibilité morale, l'a d'ailleurs conduit plus d'une fois à formuler des théories ou des affir-
mations quelque peu hasardeuses (par exemple : « L'histoire est
une leçon morale ») ; la seconde, l'imagination psychologique, tout
en expliquant l'abondance et la perfection des portraits qu'Oliveira Martins excelle à composer, n'est pas sans avoir trop souvent contribué à lui faire voir, soit dans la cristallisation de la
nationalité portugaise, soit dans les manifestations ultérieures
de cette nationalité, non les conséquences naturelles de certaines conditions physiques, géographiques, ethnologiques et
nécessaires, mais les effets artificiels du vouloir de quelques
grands hommes. Conçue et présentée suivant un tel système,
l'histoire du peuple portugais ne tarde guère à se résoudre en
une suite de biographies à la Plutarque (encore ne découvre-t-on
pas pourquoi des règnes décisifs, comme celui du « Roi laboureur », Dom Diniz, en sont écartés), et les répercussions de l'histoire générale sur cette histoire particulière ne sont pas seulement négligées, — elles sont omises. Autre défaut : sans doute
Oliveira Martins étudiait avec soin les sources authentiques des
sujets qu'il voulait traiter ; mais, jugeant que l'intuition, l'inspiration, la passion même, plus encore que l'érudition, constituent
d'infaillibles guides pour l'historien, fréquemment il s'abstient
de preuves : « La vraisemblance, a-t-il écrit, est la première de
nos exigences intellectuelles, et les probabilités suppléent au
manque de preuves. Il n'y a ni fantaisie, ni roman, dans l'histoire ainsi entendue. » C'est possible, mais il y a des chances
d'erreur ; et plus on est heureux d'admirer malgré soi le génie
résurrectionnel de l'écrivain proprement dit, son style sans
majesté ni grâce, mais plein de vigueur et de vie, au dessin
large et rude, au coloris violent, aux prosopopées familières,
au pathétique impétueux, bref, selon l'expression d'Anthero de
Quental, son art quasi « barbare » (au meilleur sens du mot) de
peindre, de narrer, de décrire et d'écrire, plus on déplore d'avoir
à dire que l'erreur de détail ne manque pas, en effet, dans
l'œuvre inégale et superbe de ce Carlyle portugais.

Œuvre d'art individuel plutôt que de réelle popularisation,

et de popularisation plutôt que de science historique, elle est
au surplus la dernière dont nous nous soyons proposé de parler
avec étendue. Si nombre d'autres prosateurs que ceux que nous
avons cités mériteraient une mention spéciale, nous sommes
tenu de l'oublier, n'ayant eu mission de choisir pour les révéler
à la France que les plus caractéristiques de ceux qui, morts ou
non, soit comme incarnations du génie national, soit comme
adaptateurs des idées générales
à la nature de ce génie, intéres-
sent la littérature universelle au
point de vue encyclopédique.

Assurément ce deuxième cas
est celui de M. Magalhães Lima
(né à Rio de Janeiro en 1850 :
*Pour la Patrie et pour la Répu-
blique*; *Le Socialisme en Europe*;
Le Livre de la paix; *La Fédéra-
tion ibérique*; *Le Premier Mai*) et
de feu le vicomte d'Ouguella
(*La Lutte sociale*; *Le Prolétariat
européen*; *Gil Vicente*; *Les Salons*; etc.); mais comme tous
les deux sont, en somme, des
publicistes politiques plutôt que
des littérateurs, nous nous
contenterons de nommer, sans
plus de circonlocutions, en les
classant d'après le genre où

Luciano Cordeiro.

leur talent nous semble le mieux à son aise : des critiques de
mœurs éminents, tels que M. Silva Pinto (*Philosophie de João Braz*;
Saints portugais; *Dans cette vallée de larmes*; *En brûlant des cartou-
ches*; *Nuits de veille*; etc.), tenu pour un grand maître par beaucoup
des « jeunes »; des historiens de la valeur de MM. Ramos-Coelho
(*Histoire de l'infant D. Duarte*, frère de Jean IV) et Antonio de
Vasconcellos (*Isabelle d'Aragon*); des critiques littéraires, tels
que Reis Damaso (1850-1895) et MM. José Pereira de Sampaio
(pseudonyme littéraire, Bruno : *La Génération nouvelle*; *Notes
d'exil*; *Le Brésil mental*, 1898); Luciano Cordeiro, fondateur de
la Société de Géographie (*Premier* et *Second livre de critique*;
Voyages; etc.); Decio Carneiro (*Sá de Miranda et son œuvre*); etc.;
des critiques d'art comme MM. Joaquim de Vasconcellos, Marianno Pina et Souza Viterbo; des philologues, comme M. Adolpho Coelho; des journalistes politiques, comme MM. Emygdio

Navarro, directeur des *Novidades*, Marianno de Carvalho, José Caldas, José d'Alpoim, João Chagas, Bento Carqueija, Silva Graça, José d'Azevedo, Oliveira Ramos, Eduardo Burnay, Silva Lisboa, Xavier de Carvalho, Gomes da Silva, etc.; des écrivains militaires, comme M. Christovão Ayres (*Histoire de la cavalerie portugaise*); médicaux, comme Souza Martins (*Nosographie d'Anthero de Quental*) et M. le Dr Julio de Mattos; physiographes, comme M. Jayme Batalha Reis; dramatiques, comme, parmi les morts, Ernesto Biester, César de Lacerda, Gervasio Lobato, Pinheiro Chagas (*La Morgadinha de Valflôr; Le Drame du peuple*), et, parmi les vivants, MM. Eduardo Garrido, auteur de plus de cent cinquante drames, comédies, féeries, traducteur d'une très grande partie du répertoire français moderne, Antonio Ennes (*Les Lazaristes; Les Enfants trouvés; Le Saltimbanque*), Marcellino Mesquita, Abel Botelho, Dom João da Camara (*Alphonse VI*), Henrique Lopes de Mendonça (*Le Duc de Viseu*), Moura Cabral, Cypriano Jardim (*Le Mariage civil*, comédie; *Camoëns; Du Portugal aux Indes*), etc.

M. Eugenio de Castro,
né à Coïmbre, en 1869.

Phot. Sartorio, Coïmbre.

Fastidieuse à la vérité, mais nécessaire, et bien insuffisante encore, une pareille énumération n'en a pas moins son éloquence : placée avant la conclusion d'un travail où foisonnent déjà tant d'autres noms dignes d'une gloire moins circonscrite, elle contribue à démontrer combien il est urgent de faire enfin justice à l'invraisemblable richesse d'une littérature en laquelle, sans doute, le génie est rare comme partout, sans faire absolument défaut, mais en laquelle aussi du reste, et proportionnellement plus que partout ailleurs, le talent pullule et déborde. A supposer toutefois que l'heure de cette justice ne doive être avancée par rien, on peut être tranquille, elle sonnera quelque jour, et les raisons en sont bien simples : en perdant peu à peu les colonies lointaines qui avaient détourné des choses européennes l'attention du monde portugais, et du monde portugais l'attention de l'Europe, le pays de Gama, mais

aussi de Camoës, obligé de se retourner vers cette Europe qui
le rejoignait à la fin sur le terrain de ses conquêtes, et converti,
par une série de terribles réalités contemporaines, au culte des
idées modernes, a vu, de tout ce qui lui échappait dans le domaine géographique, s'accroître le domaine moralde son idiome.

En ce sens, la séparation du Brésil et du Portugal fut un
bienfait pour le dernier ; car, plus se développera son ancienne
colonie, plus s'imposera aux
autres peuples la nécessité d'en
étudier la langue, et plus auront
des chances d'être appréciés
au loin les chefs-d'œuvre et
les œuvres d'une littérature qui
possède sur celle du Brésil une
avance de quatre cents ans de
haute culture. Pour hâter, pour
perpétuer une telle réhabilita-
tion, il faut et il suffit que cette
littérature, sans renoncer, bien
au contraire, à ses traditions
essentielles, renonce à l'étroi-
tesse de leur nationalisme, et jus-
tement cette vérité semble avoir
été pressentie par celui de ses
jeunes poètes réformateurs qu'il
est déjà permis d'appeler un grand
poète, M. Eugenio de Castro.

S'inspirant d'une parole de
Gœthe : « Le temps de la litté-
rature universelle est venu, »
M. Eugenio de Castro a su prou-

M. Manuel da Silva-Gayo,
né à Coïmbre, en 1860.
Phot. da Sylva e Sousa, Coïmbre.

ver, sans théorie sinon sans lutte, par la seule force de ses
vers, qu'en donnant à ses conceptions originales un caractère
cosmopolite, le Portugal peut, à son tour, attirer, retenir et fixer
sur son art l'attention et l'admiration des peuples les plus fiers
du leur. C'est pourquoi, si nous sommes forcé de réserver pour
quelque travail moins sommaire la présentation des *Novos* qui,
durant les dernières années, mais surtout depuis 1890, se sont
révélés supérieurs, soit dans la prose (Guilherme Moniz Barreto,
1863-1896 ; MM. João Barreira, Raul Brandão, Anthero de Figueiredo, Domingos Guimarães), soit dans la poésie à tendances
novatrices (MM. Manuel da Silva-Gayo, Antonio de Oliveira-Soares,
Alberto de Oliveira, Antonio Nobre, Dom João de Castro, Julio

Brandão, Martinho de Brederode, Villela Passos, Alberto Osorio de Castro), soit dans la poésie classique ou romantique moder-
nisée (MM. de Queiroz Ribeiro, Delfim de Brito Guimarães, Adolpho Portella et Alberto Bramão), nous n'avons cru pouvoir
conclure sans dire quelques mots provisoires de celui qui, déjà
traduit en italien, en espagnol, en allemand, en anglais et
même en suédois, et nommé de l'Académie royale des sciences
à vingt-sept ans, personnifie aux yeux du monde, et voire de
la jeunesse française, le triomphe des formules récentes en
Portugal (1).

Lors du banquet qui fut offert en 1896 à Eugenio de Castro par
cette jeunesse, et auquel applaudit toute la presse parisienne, la séculaire *Gazette de France*, promenant au bout d'une
perche son sourire fané, vaticinait de son trépied (n° du 17 juin) :
« Décidément le vent souffle vers le Midi. M. de Vogüé, qui
découvrit les Russes, vient de découvrir les Italiens. Les Portugais sont nos idoles de demain. Ils seront plus gais... » Peut-
être le seraient-ils moins, car presque tous, n'en déplaise à l'écho
docile d'un stupide refrain d'opérette, sont terriblement pes-
simistes. On trouverait, au surplus, des gens d'humeur fâcheuse
pour douter que le but et la fonction de l'Art soit de désopiler
la rate au populaire, mais peu importe : en admettant que la
France ait besoin d'« idoles », et que les Portugais doivent être
un jour les siennes, on conviendra qu'en fait d'idoles, elle a
quelquefois trouvé pire.

---

(1) Principales œuvres : *Oaristos ; Horas ; Sylva ; Interlunio ; Belkiss* (traductions italienne, de M. Vittorio Pica, Milan, 1896 ; espagnole, de M. Luis Berisso,
Buenos-Ayres, 1897 ; française, de M. Philéas Lebesgue) ; *Tiresias ; Sagramor ;
Salomé et autres poèmes ; La Néréide de Harlem ;* et enfin *Le Roi Galaor* (1898),
dédié par le poète à l'auteur de ces lignes.

L'ART

Par DOMINGOS GUIMARAES

Peu de pays autant que le Portugal ont rencontré d'obstacles au développement spontané des arts : invasions inces-

Temple de Diane, à Evora.

santes, longues guerres, avant d'aboutir à l'expulsion des Maures, domination pendant des siècles d'un catholicisme abrutissant et féroce, tout semblait conjuré contre ce malheureux pays. Mais, s'il est vrai, selon la remarque de Viollet-le-Duc, qu'un peuple est d'autant mieux doué, au point de vue esthétique, qu'il est formé d'éléments plus divers, et surtout s'il résulte de la fusion de la race aryenne avec la race sémitique, le Portugal s'est trouvé, de ce côté, éminemment favorisé. Aux habitants plus ou moins primitifs de la contrée, Celtes, Ibères, Lusitaniens, sont venus se joindre successivement les Phéniciens, les Carthaginois, les Grecs, les Romains, les Goths, les Arabes, et chacun de ces éléments a fourni sa part au tempérament portugais. Du Lusitanien il a hérité la poésie amoureuse, l'indomptable esprit d'indépendance; du Phénicien, la passion de la mer et des aventures lointaines; du Grec, le culte olympien de la forme; du Celte, l'idéalisme songeur; de l'Arabe, le fatalisme; du Romain, l'amour de l'ordre et de l'élégance.

La nature a mis au service de ce peuple, que ses origines rendaient si apte à la création artistique, les plus beaux matériaux qui puissent servir à la réalisation des chefs-d'œuvre, les fins albâtres de Moncorvo, les marbres blancs de Cintra, les marbres polychromes de l'Arrabida, la pierre douce d'Ança, les beaux granits résistants et bleutés des provinces du nord. Elle offre aux artistes la beauté toute psychique de la femme portugaise et les invite à fixer la caresse amoureuse de ses yeux bruns, énigmatiques et veloutés, la grâce sans pareille de son sourire de tendresse; elle leur offre encore la beauté mélancolique de ses rustiques paysages.

C'est vers l'époque où commencèrent à se fixer les bases de la nationalité portugaise, c'est-à-dire au début du VII⁰ siècle de notre ère, qu'il faut placer les premières phases de l'évolution artistique. Antérieurement à cette date il y avait eu déjà, très certainement, sur le territoire que le royaume de Portugal occupe aujourd'hui, des manifestations d'art intéressantes. Les Lusitaniens, avant l'occupation romaine, étaient en possession d'un art ayant un cachet personnel, ainsi que l'ont montré les découvertes opérées dans les villes mortes de Citania et de Sabroso : pièces de céramique ou de bronze, bas-reliefs où le burin des potiers avait façonné des motifs d'ornementation et le ciseau de l'artiste sculpté des figures, décorations tumulaires offrant de grandes analogies avec celles des sarcophages de Mycène, etc. Mais ces manifestations relèvent plus de l'archéologie que de l'esthétique.

A partir du VII⁰ siècle, les besoins de la défense et ceux de la conservation des territoires conquis sur les Arabes firent naître les premières tentatives d'un art encore rude, tel que pouvaient le concevoir des chevaliers et des soldats. Aux temples, aux monastères, aux églises, aux basiliques élevés par les Romains ou

Partie supérieure du portail latéral de l'église de la Batalha. — Phot. Laurent, Madrid.

par les Goths, en style byzantin ou gréco-latin, s'adjoignirent de lourdes tours carrées, des murs crénelés qui donnent à ces édifices l'aspect de forteresses plutôt que de temples, et où quelquefois l'on rencontre des portes, des encadrements de fenêtres, des chapiteaux ou d'autres ornements d'un travail curieux. La cathédrale de Guimarães, celles de Viseu, de Braga, d'Evora et de Coïmbre, de Saint-Vincent, qui possède de si belles mosaïques, Sainte-Croix et Alcobaça, accusent bien la main inhabile encore des maîtres maçons de l'époque. Alcobaça, qui commence par une porte ogivale, se modernise successivement et finit par deux tours du commencement du xviiie siècle. Le vaste monastère fondé par D. Affonso Henriques, en reconnaissance de la victoire d'Ourique, qui assura la fondation de la nationalité portugaise, et dont le dortoir renfermait mille cellules, avec des caves énormes, une étable contenant quatre cents bœufs, des greniers immenses, des ateliers pour les diverses industries et pour les arts, de vastes bibliothèques, une cuisine traversée par un bras de rivière, réunit tous les styles et tous les ordres d'architecture : colonnes à chapiteaux ioniques, corinthiens et toscans, arceaux lombards et gothiques, voûtes, nervures et entrelacs ogivaux.

D. Denis Ier, un des esprits les plus cultivés de son temps, poète et réformateur, à mesure qu'il ouvre de nouveaux horizons à la culture intellectuelle en fondant l'Université de Coïmbre, protège également les arts. Cependant, ce n'est pas encore l'heure d'une éclosion vigoureuse. La richesse manque et c'est toujours sous sa chaude influence que l'art prospère.

En peinture, ce ne sont que des tableaux religieux, où la reine sainte Isabelle figure sous les traits de la Vierge, et le prince royal D. Affonso sous ceux de l'enfant Jésus ; ailleurs, ce prince et son fils D. Pedro sont en rois mages.

Dans les *Cancioneiros* paraissent des vers du roi, à côté de vignettes gracieuses, qu'y sèment des artistes ignorés. On élève le cloître de la vénérable N.-Dame d'Oliveira ; on bâtit à Alcobaça, sur l'emplacement de la *Galilé*, destiné à un Panthéon, le beau cloître ogival dit « du Silence », et on ébauche le délicat et charmant cloître de Cellas, posé sur des arcades et des colonnes géminées, où tout au long des chapiteaux l'âme candide et originale d'un artiste pieux sculpte en touchantes figurines toute la vie de la Vierge Marie et de Jésus, depuis l'Annonciation jusqu'au Calvaire. L'un de ces épisodes est *Le Songe de la Vierge*, et dans tout l'art du moyen âge, si pénétré de foi, il n'y a certainement pas une autre création où palpite et chante dans un plus doux ravissement la poésie chrétienne.

A l'âge suivant fleurit le peintre Nuno Gonçalves, qui, d'après Francisco de Hollanda, était déjà un artiste illustre travaillant

Église de la Batalha.

en ces temps de barbarie avec le savoir des anciens maîtres du style byzantin italien.

Dans la sculpture de toutes les époques, ce que le Portugal possède, sans conteste, plus que tout autre pays, c'est sa collection de sarcophages et de tombeaux, qui tiennent une place considérable dans l'art portugais. Plusieurs d'entre eux, ceux surtout de style gothique et principalement du style *manuelino*, sont d'admirables compositions d'une grandiose et émouvante beauté. A Leça do Bailio, on remarque ceux de ses baillis ; à la cathédrale de Braga, ceux du comte D. Henri de Bourgogne et de sa femme, tous deux en granit ; à la cathédrale de Coïmbre, ceux d'une camérière de la reine sainte Isabelle et de D. Fernando, comte de Coïmbre, en albâtre tigré ; à Alcobaça, outre ceux de D. Affonso II et D. Affonso III, de dona Urraca, D. Brites et dona Beatriz et des enfants de dona Ignez de Castro, il faut mentionner spécialement le tombeau de cette princesse et de son amant, D. Pedro, fils d'Affonso IV. Leurs cendres à tous deux reposent dans deux grandes arches, entièrement couvertes de bas-reliefs représentant des scènes bibliques, le supplice de divers martyrs, la Passion du Christ, l'Enfer, le Purgatoire et le Paradis, et sur le couvercle desquelles s'allongent les deux figures sculptées. La belle Ignez porte une longue robe qui lui enveloppe chastement les pieds joints et en laisse échapper seulement le bout pointu des souliers. La tête repose sur un coussin que supportent deux anges, qui, les ailes déployées, la contemplent en extase. La main gauche, gantée, tient le gant de l'autre main, qui suspend entre ses doigts le bout d'un grand collier. D. Pedro crispe les mains sur la garde de son épée, et à ses pieds un beau chien-loup, la tête dressée, semble écouter. Six sphinx portent le tombeau de la frêle et délicate dame et, sur la frise, les armes de Portugal alternent avec celles de Castro ; six lions supportent celui de l'amoureux et implacable dom Pedro. Ce monument funèbre est vraiment digne de renfermer la dépouille de ceux qui furent, de leur vivant, la personnification de la passion véhémente, de la poésie chevaleresque et du dévouement sans bornes.

Outre ces tombeaux, il faut citer encore les beaux sarcophages du roi D. Fernando, transporté de l'église de Saint-François de Santarem au Musée du Carmo (Lisbonne) ; ceux de dom Affonso Henriques et de D. Sancho, en pur style gothique, à Santa-Cruz de Coïmbre ; de dom Frei (frère) Gil, le Faust portugais ; ceux du couvent de Batalha, principalement ceux du fondateur de la race d'Aviz et des princes ses fils, lesquels sont

d'un travail délicat, s'harmonisant bien avec le monument ; et
ce bijou *manuelino* de dentelles, le tombeau de D. Duarte de

Entrée principale de la chapelle « imparfaite » du couvent de Batalha.

Menezes, le vaillant soldat qui, à la conquête d'Alcacer-Ceguer,
se laissa percer de coups de lance pour sauver la vie à son roi.

L'illustre fondateur de la race d'Aviz étant monté sur le
trône fit aussitôt bâtir, pour commémorer le brillant fait

d'armes d'Aljubarrota, la magnifique et grandiose cathédrale de
Batalha. Construite par Affonso Domingues, à qui l'on attribue
le plan de l'édifice, et qui en aurait dirigé les travaux, ou par
maître Huet, aidé d'une corporation de compagnons, une de
ces vastes associations d'artistes et d'ouvriers, architectes,
sculpteurs, imagiers, peintres de vitraux, sculpteurs sur bois et

Cloître du couvent de la Batalha.

maçons, qui parcouraient l'Europe et auxquelles l'on doit la
construction de tant de cathédrales, celle de Batalha, tout en
restant un monument de pur style gothique, diffère en quelques
points essentiels de toutes celles qui s'élevèrent à cette époque
en France, en Allemagne, en Italie, se rapprochant plutôt des
édifices anglais, de la cathédrale d'York surtout. Les cathédrales et basiliques, outre qu'elles étaient des palais du peuple,
des écoles, des musées, des foyers de la vie civile, constituaient
des monuments votifs d'une foi religieuse, absorbante et intense.
     Pour les rendre magnifiques et luxueuses, le génie français
crée le style ogival gothique, appelé avec plus de propriété

encore, dans ses commencements, *Opus francigenum*, pour avoir
pris naissance dans l'Ile-de-France. Il y avait dans cette région,
déjà au XIIe siècle, de nombreux édifices gothiques, et du
XIIIe datent les admirables cathédrales d'Amiens, de Reims et
de Chartres, avec leurs belles sculptures ; la Sainte-Chapelle de
Paris, ce bijou d'art, et Notre-Dame avec sa flamboyante rosace
et ses beaux bas-reliefs. L'Allemagne avait alors la cathédrale

Cloître de la Batalha.

de Cologne ; l'Angleterre, celles de Canterbury, Westminster,
Salisbury, Lincoln et York ; l'Espagne, celles de Burgos et de
Tolède.

Dom João Ier fit construire en Portugal le premier édifice de
ce style et percer dans de vieux temples de hautes et lumineuses
fenêtres aux vitraux desquelles le soleil fit luire des éclairs de
topaze. La rosace de l'église d'Oliveira, à Guimarães, était la plus
précieuse et artistique du royaume. Mais le nouveau style architectural, inventé pour des pays où l'hiver est rude et où la neige
tombe en abondance, ne s'accordait pas avec le climat péninsulaire, aux hivers de courte durée.

De là le peu de persistance et la vie fugitive du gothique en
Portugal. Batalha, dans sa délicate perfection de lignes, n'en

Vue générale du couvent du Christ, à Thomar. — Phot. Laurent, Madrid.

Fenêtre de la salle capitulaire au couvent du Christ, à Thomar.
(Style *manuelino*.)

reste pas moins un des plus séduisants spécimens de ce style. La façade, d'une grande harmonie, est décorée de statues au nombre de plus de cent. Le portail principal, par où sont entrés les glorieux trophées d'Aljubarrota, portés par les vaillants che-valiers portugais, abrite une niche où l'on voit Jésus lisant les Écritures. La salle du Chapitre renferme des vitraux d'une grande beauté, représentant la Passion en figures de grandeur naturelle, restes merveilleux de l'ancienne verrerie portugaise. Dans les chapelles « imparfaites », ce n'est plus le style gothique qui règne, c'est le grand style manuelino.

Calice en or du temps de Dom Emmanuel, à Villa Franca de Xira.

Ce style, ainsi appelé du roi D. Manuel, surnommé le Fortuné (1495-1521), contemporain de la découverte et de la conquête du nouveau monde, des grands voyages de Vasco de Gama, de Cabral, d'Albuquerque, appartient en propre au Portugal et traduit d'une façon splendide l'état d'âme de tout un peuple. Architectes, sculpteurs, l'imagination exaltée par les aventures et les récits des navigateurs, mettent à contribution non seulement la faune et la flore de la mer, algues, coraux, madrépores, coquillages, mais les agrès mêmes des navires et trouvent, en nouant des cordages, en enroulant des câbles, en suspendant des bouées, des motifs imprévus d'ornementation qui donnent à la fois un aspect si original et si caractéristique aux monuments de l'époque. L'église des Hiéronymites, avec son cloître merveil-

leux que Haupt proclame le plus beau du monde ; la façade
du couvent du Christ, à Thomar ; la tour de Belem, à l'embouchure du Tage, sont les points culminants de ce style.

C'est Manuel, le roi Fortuné, qui fit bâtir la tour de Belem

Porte principale de l'église des Jeronymos, à Belem.

d'après les plans de Garcia de Rezende. Sur les eaux claires du
fleuve s'avance en terrasse une balustrade bizarre, faite d'écus-
sons, d'où jaillit la croix. Des guérites en poivrières la flanquent
en se répétant aux quatre angles de l'édifice. La tour, dont la
silhouette se détache sur l'éblouissante ville de marbre, blanche
et radieuse, se compose de deux étages en retrait l'un sur

Cloître du monastère des Jeronymos, à Belem.

l'autre; le premier est flanqué de fenêtres dont les balcons
s'appuient sur des mâchicoulis; le second donne sur une plate-

Fontaine du monastère des Jeronymos, à Belem.

forme bordée de créneaux; en haut se dressent vers le ciel
bleu quatre autres poivrières, couronnées d'épis fleuronnés.
« La tour, dit l'éminent écrivain M. Ramalho Ortigão, est sacro-

sainte de par l'expression morale, telle une stalactite immaculée
posée au bord de la mer, de par la concrétion mystérieuse de
toutes les larmes de regret, de tendresse, de consternation et

Chapelle de l'église des Jeronymos, à Belem.

de culte pleurées par un peuple de gens de mer ; sacro-sainte
enfin dans sa forme artistique, comme celui de tous les monuments du Portugal, où le génie lusitanien de la Renaissance se
révèle avec le plus d'expression, en vrai dominateur de l'Inde. »

Les expéditions étaient alors l'unique préoccupation du pays. Aux environs de Vizeu, un Portugais, retour de l'Inde, avait fait

Porte latérale de l'église des Jeronymos, à Belem.

construire une fort belle chapelle en forme de navire, et c'est également de cette impression de la mer et de la vision des temples de l'Asie que sortirent les soixante-deux éblouissants monastères ou églises de l'architecture manueline : la Madre de Deus, dont le portique est un hymne de beauté ; l'église de Jésus, à Setubal, toute en jolis marbres polychromes ; celle de Arrabida, S. Marcos (entre Coïmbre et Figueira), avec son somptueux Panthéon des Silvas ; S. João, à Thomar ; la petite église du Paradis (Evora) avec ses précieux *azulejos* ; celles do Espinheiro, avec sa remarquable marqueterie de parquets, de Santa-Iria, Santa-Cruz de Coïmbre, avec les merveilles de sa chaire, du cloître du Silence et du maître-autel ; enfin, les Jeronymos (Hiéronymites) et le couvent du Christ, à Thomar.

La cathédrale des Jeronymos fut élevée en commémoration de la découverte de la route maritime des Indes, et bâtie par Boitaca, Juan de Castillo, gentilhomme du roi D. Manuel, Luiz et Lourenço Fernandes. L'intérieur en est superbe et magistral. « Quand on pénètre dans l'intérieur du temple, dit Olivier Merson, l'esprit reste confondu devant tant d'audace dans les dispositions générales, tant d'esprit d'invention dans ces milliers de détails multipliés à l'infini et qui ne se reproduisent nulle part. » Les nefs d'une immense hauteur, les colonnes minces, lui donnent l'aspect bizarre d'un vaisseau de marbre naviguant sur des mers de

Ostensoir de Belem,
par Gil Vicente (1500).

velours, chemin de l'Olympe, avec une cargaison de demi-dieux ! Le long de ces piliers grimpent des fleurs et des plantes, s'en-

Église de Chamblas, à Evora.

roulent des arbrisseaux au feuillage doré, pendent des médaillons et se découpent à l'emporte-pièce des sphères armillaires.
Le merveilleux portail à triple arcade cintrée, que Paris a con-

Église de Santa-Cruz, à Coïmbre.

templé lors de l'Exposition de 1878, dans une réduction très
réussie de la rue des Nations, avec ses pinacles chargés de
statues, surmontées de dais tellement fouillés qu'on les croirait
en filigrane, avec le tympan couvert de bas-reliefs et couronné

des statues de l'infant D. Henrique, est ciselé comme une
pièce d'orfèvrerie. Sous la caresse chaude du soleil, on dirait
que le marbre s'anime et vit. Mais la merveille des merveilles

Porte principale du château de la Pena, à Cintra.

est la flamboyante fenêtre du couvent du Christ, à Thomar,
que l'illustre auteur du *Culte de l'Art en Portugal* déclare être
l'œuvre la plus éloquente, la plus convaincue, la plus poétique,
de l'enthousiasme patriotique.

Ce fécond mouvement de renaissance, qui prit le nom du roi Manuel, n'influa pas seulement sur l'architecture et sur la sculpture ; il eut son retentissement dans toutes les mani-

Cathédrale de Braga.

festations de l'art : peinture, vitraux, tapisserie, orfèvrerie, imagerie des autels et du mobilier, statuaire des mausolées, enluminure des missels.

Sur les tapisseries, comme sur une fresque, se déroulèrent les hauts faits des navigateurs. Une de ces admirables suites, dite « Série des Indes », racontait toute la resplendissante épopée des découvertes : le départ de Vasco de Gama et ses adieux au roi, les navires aux voiles brodées de la croix du Christ, portant à leurs proues les anges Gabriel et Raphaël, tous pavoisés et palpitants de bannières ; la procession votive sur la plage du Restello ; la longue théorie des moines avec leurs manteaux et leurs cierges allumés : c'était, en face de l'horrible cap des Tempêtes, la douceur d'une idylle. A ces tableaux succédaient les paysages éblouissants des régions tropicales, la faune et la flore exo-

Sainte Élisabeth, reine de Portugal,
statue par M. Teixera Lopes.

tiques, les vêtements et les armes, le conflit des races, les assauts livrés aux forteresses et les victoires navales où deux caravelles

portugaises l'emportent sur dix vaisseaux ennemis ; la prise de Calicut, la lueur sinistre des navires ennemis qui brûlent, l'incendie
de la mosquée et du palais royal ; les audiences solennelles, tout
l'attirail triomphal ; le roi se présentant pour prêter le serment de

Calvaire. — Fac-similé d'une gravure d'après le tableau
de Grão Vasco Fernandes.

vasselage, entouré de Néréides, sous un dais d'étoffes lamées d'or
et suivi d'un cortège d'éléphants. Cette série de tapisseries, que
Camoëns a pu contempler, lui aura sans doute inspiré l'un des
plus beaux chants de ses *Lusiades* ; elle a péri dans le cataclysme
de 1759. Des vieilles tapisseries portugaises il n'existe plus que
celles qui furent emportées en Espagne par le duc d'Olivarès.

L'orfèvrerie, grâce aux grands artistes des xve et xvie siècles, eut également un style et un caractère national. L'ostensoir de Belem, œuvre de Gil Vicente, l'oncle du grand dramaturge, fondu dans le premier or venu des Indes, est, comme les Jeronymos, un monument commémoratif des splendeurs de D. Manuel. Ses émaux précieux, ses capricieux ornements, les sphères armillaires, les oiseaux d'Orient, qui dirigent leur vol à travers les dentelles et les fleurs, tout chante le poème des découvertes. Ceux de N.-S. d'Oliveira à Guimarães, de D. Miguel da Silva à Vizeu, de D. Jorge d'Almeida à Coïmbre, les croix de procession de S. Domingos d'Elvas, d'Alcobaça, des cathédrales de Funchal, de Beja, la crosse d'évêque de la cathédrale d'Evora, dont les bas-reliefs portent des satyres qui dansent et des sirènes nues, l'admirable crèche et triptyque de Guimarães, le petit reliquaire de la Madre de Deus, le coffre de S. Pantaleão de la cathédrale de Porto et la « porta cœli » du tabernacle en argent de Belem, sont de véritables chefs-d'œuvre.

L'orfèvrerie profane est d'une richesse tout aussi exubérante. Les joailliers de la renaissance portugaise ciselaient avec un égal talent la vaisselle d'argent ou d'or et les chaudrons à parfumer des gants, les gorgerins en perles et en or pour les chiens ! Encore aujourd'hui les orfèvres du Nord ont une originalité et une beauté de travail singulières. L'art de la sculpture sur bois s'exerça avec profusion, dans les palais, les couvents et les églises, qu'il meubla de buffets, d'arches en bois de cèdre, de rose ou d'ébène, avec des incrustations de nacre, d'argent, d'ivoire, de chaires et de confessionnaux, de fauteuils à dossier, de stalles et balustrades de chœur, de lutrins, etc. Parmi tant d'autres, l'on remarque les stalles de la cathédrale de Vizeu, et l'oratoire portatif formant triptyque du musée de Lisbonne.

Avant le xve siècle, le Portugal a eu une pléiade admirable d'enlumineurs, allant du moine Manuel da Purificação, qui au xiie siècle orna de peintures ingénues les antiphonaires du monastère de São João Evangelista, jusqu'au moine Estevam Gonçalves, qui au xviie siècle enlumina son missel. une merveille ! Sous le règne de D. João II apparaît Vasco Fernandes, surnommé le Grão Vasco (le grand Vasco) à cause de son remarquable talent et de l'influence qu'il eut sur la peinture portugaise. Son art est fort, grave et doux. Le *Saint Pierre*, une de ses plus belles œuvres, laisse une impression profonde et ineffaçable, tant il y a vie intense dans cette physionomie austère, majestueuse, bien digne du chef de l'Église primitive ; les draperies sont traitées avec une rare perfection, le coloris en est

vigoureux et sobre, le dessin précis et puissant. La douleur de
son *São Sebastião* est bien plus humaine que celle du Saint
Sébastien du Pérugin ; mais c'est surtout le *Calvaire* qui explique
Grão Vasco tout entier par l'entente de la composition et du
groupement, l'alliance de la vigueur et de la tendresse.

Dès le xiiie siècle, le Portugal entretenait d'importantes
relations commerciales avec les Flandres. L'ère des grandes
expéditions maritimes, des découvertes qui firent affluer en
Portugal l'or du nouveau monde et donnèrent au royaume une
prospérité inouïe, accentua naturellement ces relations, et il y
eut entre les deux pays un échange de productions de tous
genres, parmi lesquelles les productions artistiques ne doivent
pas être négligées. Mais l'influence exercée par les Portugais
sur les Flandres a été infiniment supérieure à celle qu'exercèrent
les Flamands sur eux. Les dentelles de Bruges et de Bruxelles proviennent des anciennes dentelles portugaises. Le talent artistique
portugais imprimait aux tissus, aux broderies et aux dentelles,
que les navigateurs rapportaient de l'Inde, de la Perse, de la
Chine et de Benguela, un cachet tout particulier. Sur les brocarts
et les soies de Guimarães, de même que sur les velours de Bragance, les mains douces des femmes portugaises brodaient avec
des fils d'or les précieuses chapes des cathédrales de Guimarães,
Coïmbre et Braga, et celle de l'abbaye de Lorvão, reproduisant
des motifs architecturaux de ces temples, les dalmatiques de
Vizeu et l'éblouissante garniture de la chaire de Lorvão, où sur
un fond de soie cramoisie un aigle lève son vol en ravissant
Ganymède. La tradition de ces industries artistiques subsiste, et
encore aujourd'hui on fait des broderies magnifiques aux
Açores, à Madère, et les dentelles de Peniche, Setubal et Vianna
restent toujours renommées. Un grand artiste, D. Maria Bordallo
Pinheiro, introduisit l'art du brodeur à Lisbonne, et par un
choix judicieux de motifs originaux et expressifs il en accentua
le caractère national.

D'un autre côté, la peinture portugaise a une grande analogie avec la peinture flamande. Outre que Van Eyck séjourna
quelque temps en Portugal, ainsi que Christophe d'Utrecht et
Antoine Moor, beaucoup d'artistes portugais allèrent étudier
dans les Flandres. Sur le bois des tableaux gothiques des rivaux
de Van Eyck, de Memling, de Quintin Metsys, de Van der Weiden,
de Lucas de Leyde, dans les admirables toiles de l'église du
Paradis, à Evora (*La Vie de la Vierge*), de la cathédrale de la même
ville, dans celles de Thomar, d'Espinheiro, de la Madre de Deus,
dans les médaillons de Santa-Cruz, dans toute la richesse agglo-

mérée au musée de Lisbonne, l'on voit répandues toute la poésie
et toute la douceur de l'âme portugaise. Partout le trait national

Tableau des Donateurs, à la Miséricorde de Porto.

est bien visible. Il a de commun avec les primitifs des Flandres
le modelé, la perfection des étoffes somptueuses et des riches
joyaux, les perspectives immenses et le goût pour la décoration

architecturale; mais le coloris en est moins blond et plus vigoureux.

Le célèbre tableau de la *Miséricorde*, de Porto, représentant le roi dom Manuel avec sa seconde femme et leurs enfants, attribué à Van Eyck et à Holbein, doit plutôt, selon nous, être attribué à l'un des élèves du Grão Vasco.

La peinture se trouvait déjà très développée en Portugal : outre les nombreux tableaux des églises et monastères, il y avait dans le pays les plus belles collections et galeries de tableaux remplies de chefs-d'œuvre portugais, flamands et italiens. On comptait à Lisbonne plus de deux cents peintres et sculpteurs, et le Portugal entretenait à Paris plus de cinquante pensionnaires.

A l'aube du xvie siècle, les écoles de Flandre renient tout caractère national, le doux hiératisme de ses figures, et commencent à imiter les Italiens. Francisco de Hollanda, peintre et enlumineur portugais, est à Rome l'ami intime de Michel-Ange et l'un des intimes de la belle et chaste Victoria Colonna, marquise de Pescara. L'Italie envoie au Portugal Sansovino et Lucca della Robbia, et le Portugal envoie à Rome de nombreux peintres, parmi lesquels Fernando Gomes, Francisco Vanegas, Manuel Campello, Diogo Reinozo, l'auteur de la *Nativité*, Amaro do Valle, celui de la *Crèche*, Christovam Lopes, André Gonçalves et Gaspar Dias, surnommé « le Raphaël portugais », dont l'admirable tableau *La Descente du Saint-Esprit* dénonce un coloriste à la Rubens, mais d'une poésie plus intense.

L'établissement de l'Inquisition fit descendre un crépuscule de deux siècles sur la productivité artistique portugaise. L'architecture passa du manuelino au style glacial et sombre des Philippe, bien marqué dans les cloîtres de Thomar et de la Bacalhôa, ou à un style italien solennel et froid.

La puissante impulsion du siècle antérieur permit encore de jeter quelque éclat aux peintres Diogo Pereira, José d'Avellar (*Jésus parmi les docteurs*), Bento Coelho, le Tintoret portugais (*Judith et Holopherne, La Cène*), Claudio Coelho (*La Procession des saintes reliques*, à l'Escurial), Velasco Luzitano avec sa *Pentecôte* et son *Saint Sébastien*, magnifiques de coloris et d'expression, Marcos da Cruz, l'auteur de la célèbre *Sainte Madeleine*, Pedro Alexandrino (*Le Sauveur du monde*), Affonso Sanchez Coelho, que le roi Philippe d'Espagne appelait « le Titien portugais ». Mais à partir de cette époque les sujets religieux et les compositions historiques cèdent la place à des thèmes mythologiques dépourvus d'expression et de grandeur; seul le portrait, dernière ressource, accuse la persistance du caractère portugais. Dans la période de splendeur de la peinture espagnole, à côté de Velazquez, de Zurbaran et de Murillo, brille un sculpteur portugais, Manuel Pereira, l'auteur du *Saint Bruno* de la chartreuse del Paular, qui se trouve actuellement à l'Académie de San Fernando. L'artiste portugais peut être considéré comme l'émule du grand sculpteur espagnol Alonso Cano, de Juan Montañez, de Pedro de Mena. Grâce à la protection que D. João accorda aux arts, et grâce aussi à l'or du Brésil, qui lui permettait de réaliser son rêve de faste en imitant Louis XIV, la monotonie artistique vint à se rompre. Le roi aimait l'énorme et le magnifique. Prenant pour modèle Saint-Pierre de Rome, il fit bâtir l'Estrella, couvent qui, malgré son air rococo, est, avec son dôme et sa façade sculptée par Giusti, un temple imposant. Il fit élever, pour rivaliser avec l'Escurial, la masse colossale de Mafra, avec ses patriarches géants, ses retables de marbre blanc précieux, encastrés dans des moulures de bronze, ses 5 200 portes et fenêtres, et à la construction de laquelle ont travaillé 25 000 ouvriers pendant trois années; il enrichit l'église de São Roque de la splendide chapelle de São João, et fit dresser dans la plaine glacée et morte de Queluz un palais grandiose, avec des parcs et jardins fabuleux, des fontaines et jeux d'eaux, cascades et statues, qui put être le Versailles portugais.

Le style jésuitique, lourd et massif, et le goût italien dominent, combinés avec l'architecture française; cependant les formes accusent encore quelque chose qui appartient en propre au pays. Les *azulejos* donnent aux édifices une marque ineffaçable. L'art portugais abandonne alors l'*azulejo* arabe, polychrome, avec relief de couleurs brillantes et d'émail aux vifs reflets métalliques, pour créer un type propre, bleu et blanc, bien en harmonie avec le ciel du Portugal, et où le singulier talent décoratif des artistes s'est donné libre carrière dans de gracieux paysages, dans de touchantes légendes monastiques et de nombreux thèmes de la vie religieuse ou de la vie de cour. La plupart des superbes carrosses de gala que la cour portugaise et le Musée de Lisbonne possèdent datent de cette époque. C'est une collection de grands chars de triomphe, tout dorés et ornés de majestueuses figures allégoriques, de chaises à porteurs, de voitures aux riches sculptures sur bois, décorées de peintures et sculptures, qui depuis le xviie siècle jusqu'à aujourd'hui ont servi aux cérémonies des mariages royaux. Dom João V envoie à Rome plusieurs artistes et parmi eux Vieira Luzitano, tempérament amoureux et truculent, dont la vie fut un roman. Son *Saint*

Antoine prêchant aux poissons, *Inès de Castro* et *Saint François* accusent un peintre classique, mais ayant un coloris chaud et un dessin puissant et ample.

Avec le marquis de Pombal et l'expulsion des jésuites naît la grande renaissance artistique du xviiie siècle. Bannissant complètement le style rococo et le monastique, s'inspirant forcément du génie national, qui, plus ou moins atténué, avait toujours persisté, un nouveau style architectural surgit. La partie basse de Lisbonne, détruite par le tremblement de terre, est tout entière reconstruite par les architectes Eugenio de Carvalho et Ricardo dos Santos dans ce style dont la grandeur et l'harmonie s'affirment principalement sur la Praça do Commercio, où se dressent les ministères et l'arc triomphal de la rue Augusta. La sculpture reprend un nouveau et puissant essor. Machado de Castro exécute le monument équestre de dom José Ier, un des plus grandioses de l'Europe, et imprime aux crèches, invention italienne, avec la prodigalité des ornements et le charme attendri des figurines, un caractère tout particulier. La sculpture en terre cuite et sur bois, qui a produit la féerique collection de la Madre de Deus, compte, outre cet insigne artiste, Faustino Rodrigues, Antonio Ferreira et Manuel Teixeira. Les sculptures sur bois, si caractéristiques des pays de lumière vive, sont nombreuses en Portugal et d'une grande richesse. Le xviie siècle avait produit les bas-reliefs polychromes de Bouro et de Tibaës; le xviiie siècle nous offre les autels de San Francisco et de la cathédrale, à Porto, ainsi que les sculptures dorées de la bibliothèque de Coïmbre.

Dans la peinture se font remarquer des artistes supérieurs, tels que Domingos Sequeira et Vieira Portuense. Le premier est, après Grão Vasco, la plus puissante organisation artistique du Portugal. Avant lui les peintres avaient la tendresse, la grâce, la vigueur et la majesté; avec l'auteur du *Jugement dernier* éclatent le sentiment dramatique, le pathétique mouvement, la passion poussée jusqu'au paroxisme : *La Conversion de saint Bruno*, d'une émotion sombre et profonde, *La Mort de Camoëns*, *L'Adoration des mages*, *La Descente de croix*, d'un effet de nuit à la Rembrandt, sont des œuvres écloses au souffle ardent d'un génie tragique, d'une imagination hantée de visions et de fantômes, égale à celle de Goya ou de Jérôme Bosch. On lui doit en outre quantité de dessins où il nous révèle toute la société de son temps, avec une incomparable intensité de vie. Vieira Portuense forme avec lui un contraste frappant: *Notre-Dame de la Pitié*, *La Descente de croix*, *Inès de Castro* sont des effusions lyriques d'une âme de poète. Les vierges et les femmes ont en lui un interprète ému qui en raconte la douce beauté, la candeur et le charme mélancolique.

Nous voici arrivés à la période romantique. Et cependant que Herculano et Garrett rompent en visière avec les formes mortes du classicisme, les peintres continuent de suivre à la lettre les canons académiques, en s'inspirant de la manière de David. De cette époque nous ne retiendrons que le nom d'un excellent sculpteur, João José Braga, dont le talent excella surtout dans le modelé des enfants. Son *Menino dormindo* (Musée de Porto) est délicieux.

Il était réservé au naturalisme de susciter un mouvement inespéré de renaissance artistique. Thomaz José d'Annunciação s'était déjà fait noter comme un excellent animalier ; l'infortuné Antonio Alves Teixeira, le *Vizella*, avec ses tableaux de mœurs du musée de Porto, affirmait la promesse d'un lumineux avenir, et Miguel Lupi, avec ses grandes toiles, la *Réédification de Lisbonne*, le *Départ de Vasco de Gama*, João Correira, Resende, ressuscitaient les grandes traditions de la peinture historique. Mais les rénovateurs de l'art portugais furent principalement Soares dos Reis et Silva Porto. Presque tous les artistes de cette période subissent l'influence de l'art français ; mais il faut dire que cette influence est le plus souvent bornée à la technique. Les pensionnaires que l'État envoie à Paris, pour y étudier aux musées et dans les principaux ateliers, pour fortifier dans le milieu agitateur et batailleur de la capitale française leur tempérament artistique, savent s'affranchir à temps de la tutelle étrangère.

Silva Porto est le suprême interprète du paysage portugais. Dans sa peinture pleine d'âme, d'une grande véhémence d'exécution, se reflètent la taciturnité religieuse, la douce naïveté, la poésie mélancolique de la campagne : *Os Campinos*, *A Volta para a arribada*, *A Barca de passagem*, *Conduzindo o rebanho*, *As Ceifeiras* sont ses œuvres les plus typiques.

Henrique Pouzão est un paysagiste bizarre, épris surtout de la couleur. Xavier Pinheiro excelle dans les couchers de soleil, auxquels il donne une mélancolie pénétrante ; José Malhoa, dans les tableaux de scènes rustiques et les paysages ensoleillés.

Antonio José da Costa, Mmes Maria Bordallo, Munró, Greno et Marques Guimaraes brillent dans la peinture des fleurs ; José Queiroz, dans les natures mortes ; José de Brito, dans sa *Martyrio do fanatismo*, Ramalho, Eduardo Teixeira, Loureiro, Victorino Ribeiro, affirment une vigoureuse personnalité. Chez Carlos Rez éclate la violence d'un coloriste puissant et ardent ; son *Olvia em flor* offre un chaud et délicieux effet de lumière. Jorge Col-

Paysans. — Fac-similé d'un dessin de Souza Pinto d'après son tableau.
(Musée du Luxembourg, à Paris.)

laço est le peintre des chevauchées folles, des éblouissantes
fantasias arabes. Velloso Salgado est un artiste d'une sensibi-

lité inquiète et d'une imagination rêveuse. Condeixa, Adolpho
Rodrigues, Almeida e Silva et Moura se font remarquer comme
excellents peintres de figure. Eugenio Moreira est une adolescence radieuse d'artiste. Candido da Cunha est un paysagiste magnifique, plein d'un sentiment attendri et profond. João Galhardo, Ezequiel, Julio Ramos et Conceição Silva ferment, avec Marques d'Oliveira, la brillante phalange des paysagistes. Les tableaux de Marques d'Oliveira, *Graças a Deus*, *Esperando os barcos*, sont de superbes morceaux ; mais c'est surtout dans l'interprétation du paysage que se manifeste le subjectivisme endolori, le bucolisme idéalisateur, l'âme couleur de rose de ce poète lyrique des champs.

Carneiro Junior est un portraitiste plein de caractère ; Villaça, José Raphael, Rodrigo Soares, Antonio Ribeiro se distinguent comme peintres décorateurs. La vicomtesse de Sistello et la comtesse d'Alto Mearim affirment aussi des tempéraments artistiques. Souza Pinto, à la mâle

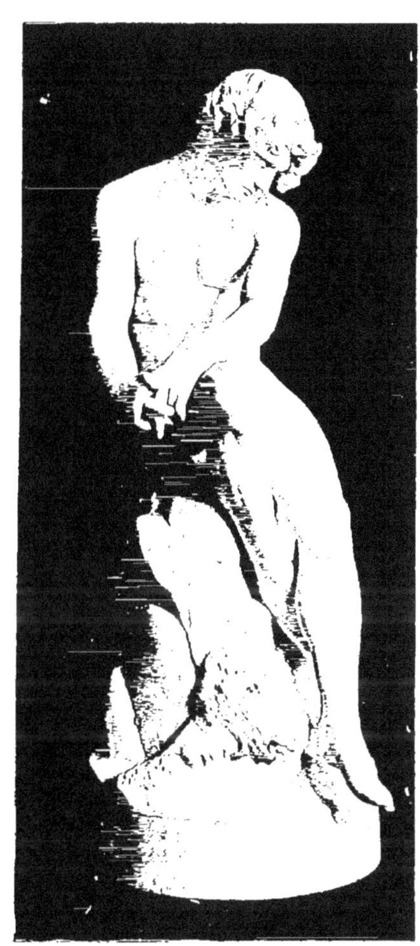

L'Exilé. — Statue par Soares dos Reis.

palette, est un sobre et exact interprète des gens de mer, des
vieillards et des petits enfants : *A Volta dos barcos, O Concerto do
bote, As Cuecas rotas, Nos campos* et *A'barreira* sont de petits

bijoux. Columbano est non seulement le plus grand peintre du Portugal, mais sans conteste celui de toutes les Espagnes : ses *Allégories* du Musée d'artillerie, son *Camões e as Tagides* sont de grands morceaux d'un effet puissant. On lui doit aussi de remarquables portraits, pleins de vie intérieure, tels que ceux d'Anthero do Quental, de Taborda, d'Eça de Queiroz et du comte d'Arnoso. C'est un génie sombre à la Velasquez.

Parmi les peintres et les aquarellistes, habiles à rendre l'enchantement des paysages, les eaux limpides des rivières, le bleu suave des golfes ou les plages aux sables d'or, citons Gameiro, João Vaz, Thomaz de Mello, et, au-dessus de tous, le roi dom Carlos Ier, pastelliste éminent, dont les marines aux lueurs rousses d'incendie, aux eaux noires des naufrages, révèlent un poète épique de la mer.

Dans la sculpture, nous citerons d'abord Soares dos Reis, dont *L'Exilé* et *Le Souvenir*, deux mélancoliques figures qui se font pendant, sont les œuvres capitales. Soares dos Reis est le plus grand sculpteur portugais, celui dans l'œuvre duquel s'est pour ainsi dire incorporée l'âme mélancolique de la race. Assis sur un rocher, un jeune homme nu, les mains croisées sur le côté, regarde les vagues et y laisse tomber ses larmes ; sa tête penchée résume, dans un mouvement admirable, tout un poème de solitude, de détresse navrante et de silencieux désespoir. Tel est *L'Exilé*. *Le Souvenir* (*A Saudade*) est symbolisé par une jeune femme qui est l'incarnation exquise de la douce beauté portugaise. Debout, enveloppée de chastes draperies qu'elle soutient à demi de la main gauche, la tête légèrement penchée sur sa main droite, les yeux noyés dans le lointain vague, elle laisse errer sa pensée vers un infini de rêves morts. Dans les autres œuvres de Soares dos Reis : *L'Art dans l'enfance*, rêve d'une grâce suprême, *La Fleur sauvage*, rose humaine faite marbre, *L'Abandonné*, dans ses bustes admirables, il y a l'énergie du modelé, la chaleur du trait, l'harmonie de la ligne, et surtout cette sombre mélancolie qui devait fatalement conduire au suicide celui que le maître A. Mercié, son compagnon de Rome et son ami, considérait comme le plus fort tempérament de sa génération.

Après lui, nommons : Victor Bastos et Simões d'Almeida, l'auteur de *Puberté*, statue d'une grâce enchanteresse ; Queiroz Ribeiro et son admirable *Vasco de Gama*, son *Extase religieuse*, d'un mysticisme si accentué ; Alberto Nunes, Fernandes de Sá, qui a exposé un *Ganymède* d'une composition belle, harmonieuse et chaude ; Thomaz Costa, le châtié et amoureux parnassien de la ligne, dont les marbres sont de vrais poèmes de Banville aux rimes d'or ; Francisco Gouveia et sa *Béatrix de Portugal*, d'une finesse et d'une grâce exquises ; Costa Motta, d'une exécution savoureuse ; Augusto Santos, un poète misanthrope enlevé dans un rêve de clarté ; Teixeira Lopes, l'auteur de *A Rainha Sant1 Isabel*, candide et douce figure, et de la *Viuva*, une résignée au regard douloureux, qui offre son maigre sein à son petit enfant pendant que son regard douloureux semble errer dans un monde vide.

Parmi les architectes, nous citerons Thomaz Soller (Bourse de Porto), José Luiz Monteiro (*Gare centrale de Lisbonne*), Ventura Terra, Adães Bermudes, José Alexandre Soares, Joel Pereira et Marques Silva, et comme héritier des glorieuses traditions de notre art d'ébénisterie, le maître Leandro Braga, sculpteur sur bois et décorateur-ébéniste. Enfin, Raphael Bordallo, le caricaturiste rival des Daumier et des Gavarni, dont l'imagination ardente est la sœur cadette de celle de Gustave Doré, et qui, ayant quitté le crayon pour l'ébauchoir du sculpteur, a également renouvelé l'art prestigieux de la céramique portugaise et créé de vrais chefs-d'œuvre d'immortelle et resplendissante beauté. C'est par son nom que nous clôturerons triomphalement notre étude.

LA MUSIQUE

ET LES MUSICIENS

Par FRANCISCO DE LACERDA

Fac-similé réduit du frontispice du *Traité* de Lusitano.

Bien que l'histoire de la musique et des musiciens en Portugal soit encore à faire, on n'en possède pas moins sur elle des données de provenances diverses, qui l'éclairent suffisamment et montrent quelle en est l'importance. Un grand nombre de musicographes portugais et étrangers en ont fait l'objet d'abondantes recherches, et l'on doit citer principalement les travaux de Fétis, Raczynski, Platon de Waxel, Gerber, Forkel, Albert Soubies, Joaquim de Vasconcellos, Th. Braga, Joaquim José Marques, Ernesto Vieira, Innocencio da Silva, Souza Viterbo et Fonseca Benevides. Il résulte de leur ensemble que l'art musical a été largement cultivé en Portugal et que la musique sacrée, surtout, y a trouvé de fervents adeptes. Comme dans d'autres pays, ce fut l'Église, avec ses chants liturgiques, qui posa les bases les plus solides de l'art. Déjà sous le règne de D. Affonso Henriques (1128-1185), premier roi de Portugal, il existait des maîtres de chapelle (*capellães-mores*) à Braga, Guimarães, Coïmbre, Santarem, et dans diverses paroisses de Lisbonne. On sait aussi que, sans compter le plain-chant romain (l'*Antiphonaire* du pape Grégoire le Grand, d'où le nom *chant grégorien*), la

musique sacrée avait atteint la forme parfaite et durable des
Te Deum.

D'après quelques données historiques, c'est de cette époque
que datent les influences qui de tout temps se sont manifes-
tées mutuellement entre l'Église, le peuple et la cour.

Ce fut dans l'Église que l'art parvint à son apogée, grâce au
culte assidu dont il était l'objet dans les chapelles royales et les
couvents, et grâce encore à ce que la musique y était considérée
comme une science sacerdotale. La suprématie des musiciens de
l'Église naquit de leur supériorité intellectuelle et de leur éducation. Instruits et excellents théoriciens, en général, ces hommes
s'astreignaient méthodiquement aux principes artistiques de
leur esthétique particulière et conservaient ainsi les meilleurs
exemples donnés par ceux qui se distinguaient le plus dans ce
milieu déjà propice de lui-même aux traditions d'un art austère.

Le couvent si renommé d'Odivellas prit, à une certaine
époque, les véritables proportions d'une école ; son chœur con-
ventuel était composé de plus de soixante-dix voix de femmes,
choisies parmi ses quatre cents pensionnaires. Le monastère de
Santa-Cruz, de Coïmbre, ne fut pas moins connu par la majesté
avec laquelle on y célébrait les offices divins.

Le peuple qui, par son tempérament, ne pouvait rester
indifférent aux manifestations de l'art, y prit part, peu à peu, à
sa manière. De sa collaboration résulta le *villancico*, cette singulière production musicale, d'origine plus que profane, qui
alternait dans les églises avec les chants des offices liturgiques.
On connaît également la part qui était donnée aux chants et aux
danses populaires dans les fêtes religieuses comme dans celles
de la cour, et l'on peut expliquer jusqu'à un certain point les
aptitudes, les exigences et les tendances musicales du peuple
par ce fait que le clergé et les rois lui permettaient de faire
entendre sa voix dans leurs cérémonies.

Les fameux chevaliers troubadours Egas Moniz Coelho et
Gonçalo Hermiguez furent contemporains de D. Affonso Henriques, ce qui prouve également que l'art de rimer en musique
(*arte de trovar*) était déjà exercé en Portugal d'une manière supérieure, même en dehors de l'influence des trouvères étrangers.
Soriano Fuertes, parlant de cette époque, dit que « *la musica y
poesia portuguesa se hizo tan célebre en los reinos de Leon y de Cas-
tilla, que todos los aficionados cantaban en fino portugues* » (1).

____

(1) La musique et la poésie portugaises furent si célèbres dans les royaumes de
Léon et de Castille, que les amateurs y chantaient dans le plus pur portugais.

Les trouvères, ces poètes-chanteurs nomades, connus, suivant les pays qu'ils parcouraient, sous le nom de *bardes, minnesænger, trovatori, trouvères, troubadours, ménestrels, menestrilles, menestris*, etc., commencèrent à envahir la Péninsule et à pénétrer en Portugal pendant les règnes qui suivirent celui de D. Affonso Henriques. Ils trouvèrent la plus large hospitalité et une protection efficace en Portugal sous le règne de D. Diniz (1279-1325), fondateur de la chapelle royale et de l'Université de Coïmbre, où il constitua une classe de musique (peut-être une école de *ménestrandie*) et qui fut lui-même poète et troubadour renommé. Il appela à sa cour et prit comme professeur dans l'art de *trovar*, Aimeric Ebrard, de Cahors, qu'il récompensa plus tard en l'élevant à la dignité d'archevêque de Lisbonne.

Le roi D. Duarte, protecteur des lettres, auteur du *Leal Conselheiro*, qui possédait une des plus riches bibliothèques de son temps, comme le prouve le catalogue de ses livres (*livros de uzo*), cultiva la musique et nomma Affonso Vicente son maître de chapelle, en 1437, dans le but d'élever le culte de l'art musical en mettant à exécution les desseins de D. Diniz. D. Pedro, duc de Coïmbre, frère de D. Duarte, voyagea beaucoup en Europe et se voua particulièrement aussi à l'étude de la musique. Sous Affonso V (1438-1481), successeur de D. Duarte, la pratique de cet art, étudié avec plus d'esprit de suite, atteignit un grand développement.

Nous relevons dans les documents de cette époque les noms de Tristão de Silva, maître de D. Affonso V, pour qui il écrivit les *Amables de musica;* d'Alvaro, l'auteur des *Vesperae, Matutinum et Laudes cum Antiphonis et figuris musicis de inclyta ac miraculosa victoria in Africa parte ad Arzillam*, et celui d'Affonso de Palma, « compositeur distingué », qui établit sa résidence à Cordoue, où il mourut vers 1450.

Faisons remarquer, en passant, que, quelques années plus tard seulement, le musicien belge Jean Tinctor fondait à Naples la première de ces écoles italiennes de chant et de composition qui furent si célèbres, et de l'une desquelles (celle qui avait été instituée à Rome par Goudimel) sortit le grand Giovanni Pierluigi de Palestrina.

Dom Heliodoro de Paiva, frère de lait du roi D. João III (1521-1557), fut un artiste si éminent que ses contemporains lui donnèrent le surnom d' « Orphée ». Théologien et peintre remarquable, il composa de la musique sacrée et, comme instrumentiste, se distingua surtout sur l'orgue, la harpe et le violon.

Damião de Goes, ambassadeur en France, en Italie, en Suède,

en Pologne, en Danemark et près du saint-siège, pour qui différents princes, ainsi que le pape Paul III, Erasme et Glaréan avaient la plus grande amitié, fut un compositeur et un théoricien distingué, compté au nombre des grands musiciens de son époque.

Un des noms les plus glorieux de l'histoire des musiciens portugais est celui de Vicente Lusitano, théoricien et compositeur élevé en Italie, où il publia la plus grande partie de ses œuvres. Ce fut lui qui soutint une thèse remarquable contre Nicola Vicentino, le célèbre inventeur de l'*arci-cembalo*, thèse qui fut décidée en sa faveur par un jury assemblé dans la chapelle pontificale et composé de cardinaux et d'autres dignitaires ecclésiastiques, ainsi que de tous les chantres du Vatican.

Parmi ses ouvrages, il faut mentionner son *Introduttione, facilissima e novissima di canto fermo, figurato, contraponto semplice, e in concerto con regole generali per fare fughe differenti sopra il canto fermo a 2, 3 e 4 voci e compositioni, proportioni, generi diatonico, cromatico, enarmonico;* œuvre dont Fétis fait l'éloge.

Palestrina, le créateur du véritable et pur style religieux, illuminait alors l'Italie de son génie, et il est probable que quelques rayons de cette pure clarté atteignirent le Portugal, car on y rencontre à la même époque Fermoso, l'auteur d'un *Passionario da Semana Santa;* Matheus de Aranda, professeur à l'Université; Francisco Guerreiro, Matheus de Fontes, Antonio Ferro, Diogo Fernandes et Francisco Vellez, musiciens distingués et qui furent les maîtres de toute une brillante génération de compositeurs et de théoriciens, parmi lesquels on remarque Antonio Pinheiro, Manoel Leitão, Nunes Pegado, João Gomes, Manoel Tavares, etc.

Ce siècle, si fertile en artistes, vit naître Francisco Correia de Araujo, l'auteur du curieux ouvrage *Tientos y discursos de musica pratica e theorica,* écrit en chiffres (système dont J.-J. Rousseau s'attribua l'invention un siècle plus tard); le père Manoel Rodrigues Coelho, excellent compositeur, organiste et harpiste, *tangedor de tecla* et chapelain du roi, et Manoel Mendes, compositeur renommé et auteur d'un livre intitulé *L'Art du plain-chant.* Mendes, qui, selon Baptista de Castro, fut surnommé « le Prince de la musique », eut la gloire d'être le professeur d'un grand nombre de musiciens dont les noms illustres sont parvenus jusqu'à nous et parmi lesquels nous ne pouvons passer sous silence ceux de Duarte Lobo, Thomé Alvares, Manoel Rebello, Simão dos Anjos, Filippe de Magalhães, etc. Lobo fut assurément un des artistes les plus remarquables de cette pléiade de musiciens et de toute école portugaise, à en juger par quelques-unes de ses œuvres, éditées à Anvers, qui, bien que manquant parfois d'inspiration, ne font pas moins ressortir la science dans laquelle il excellait. Son influence sur ses contemporains fut d'ailleurs bien marquée, car il laissa des élèves comme Fr. Antonio de Jesus, professeur de musique à l'Université de Coïmbre ; Gonçalo Mendes Saldanha, Fr. Fernando d'Almeida, Fr. Miguel Leal, João Fogaça, Nicolau da Fonseca, Manoel Machado, Gaspar dos Reis, compositeurs ; Antonio Fernandes, savant théoricien, auteur de l'*Arte de Musica de Canto de Orgam e Cantocham y proporções da musica divididas harmonicamente* et de *Explicação dos segredos da musica*, etc.; et finalement, João Alvares Frovo, théoricien et compositeur consommé, à qui D. João IV confia les importantes fonctions de son maître de chapelle et bibliothécaire.

Les artistes portugais qui, grâce à leur talent et à leur célébrité, exercèrent à toutes les époques des charges artistiques à l'étranger sont en grand nombre. Nous citerons, entre beaucoup d'autres, João Mendes Monteiro, maître de chapelle du roi d'Espagne, et le compositeur et théoricien Estevão de Brito, qui dirigea les chapelles de Badajoz et de Malaga.

Fr. Manoel Cardozo, organiste et compositeur, fut aussi chargé des fonctions de maître de chapelle de Philippe IV, roi d'Espagne. Le roi D. João IV appréciait tellement le mérite de Cardozo que, voulant orner sa bibliothèque des portraits de ses contemporains les plus illustres, il mit celui de cet artiste à la place d'honneur. Citons, en passant, D. Bernarda de Lacerda, dame d'un savoir prodigieux dans les sciences et les arts. Bien que spécialement adonnée à la rhétorique, l'histoire et les mathématiques, et parlant, outre diverses langues européennes, l'hébreu, le grec et le latin, elle avait acquis un grand talent en musique et en peinture. Philippe III la préféra aux savants de son époque pour instruire les princes, mission qu'elle ne voulut point accepter. Son *Hespanha libertada* est bien connue.

João Lourenço Rebello, que Fétis qualifie d' « excellent musicien », dut à ses mérites personnels d'être le professeur de D. João IV. On comptait parmi ses nombreuses compositions une messe à trente-neuf voix, des plus remarquables, écrite expressément pour D. João IV à l'occasion du trente-neuvième anniversaire de la naissance de ce prince. Son frère Marcos mérite également une mention spéciale comme compositeur de talent.

Le grand développement de l'art musical à cette époque s'explique surtout par la haute protection du roi D. João IV (1640-1656), qui était lui-même un savant musicien. En effet, il avait été successivement l'élève de Rebello (quand il n'était encore que duc de Bragance) et de Roberto Tornar. C'est à ce roi qu'on doit la création de la *Bibliothèque royale de Musique* dont Fétis parle avec admiration, et où il fit rassembler toutes les œuvres nationales et étrangères qu'il put se procurer. Cette collection est incontestablement une des plus riches de son époque, si nous en jugeons d'après le seul document qui en soit resté, la première partie de son catalogue. Elle contenait, entre d'autres richesses, l'original du *Micrologus* de Gui d'Arezzo, les œuvres et quelques autographes de Palestrina.

Le roi D. João IV s'est montré musicien de valeur dans ses œuvres, parmi lesquelles il faut remarquer particulièrement le motet à quatre voix *Crus fidelis inter omnes*, publié par Georges Schmitt dans son *Anthologie universelle de musique sacrée*. Nous lui devons aussi divers ouvrages théoriques, dont nous ne citerons que *Defensa de la musica moderna contra la errada opinion del Obispo Cyrillo Franco*, et une analyse technique de la messe *Panis quem ego dabo* de Palestrina.

Le compositeur et chanteur Affonso Vaz da Costa, qui avait fait ses études à Rome, et Francisco Manoel de Mello, poète apprécié à la cour de Louis XIII, contribuèrent largement à ce mouvement artistique.

Il nous faut encore nommer Fr. Manoel Pousão, Sebastião da Costa, Fr. Filippe da Cruz, Fr. Filippe da Madre de Deus, Diogo Dias Melgaço, Fr. Francisco da Rocha et Antonio Marques Lesbio, le plus considéré de tous, auteur de plusieurs compositions du genre sacré ; on connaît encore de lui quelques œuvres *profanes*, dont il écrivit les paroles et la musique.

Nous arrivons à José Antonio Carlos de Seixas, qui fut peut-être le plus grand organiste et l'un des bons compositeurs que le Portugal ait produits. A seize ans il fut nommé organiste de la basilique patriarcale, et il mourut âgé de trente-huit ans (1704), chevalier profès de l'ordre du Christ et *Contador* de l'ordre militaire de S. Thiago (Saint-Jacques). On connaît de lui dix *messes*, un *Te Deum* à quatre chœurs, sept cent seize *toccate* pour clavecin, divers *motets* et vingt-neuf *toccate* pour l'orgue. A sa suite, signalons en passant les noms de Domingos Nunes Pereira, du P. Gabriel da Annunciação, de Pedro Vaz Rego, de D. João Jorge, du Fr. Manoel dos Santos, du Fr. Francisco de S. Jeronymo, de Henrique Carlos Corrêa et de João da Silva, tous deux compositeurs d'une extraordinaire fécondité. Ce dernier a produit plus de deux cents œuvres musicales du genre sacré.

Sous la protection de D. José (1750-1777), le théâtre lyrique prit une très grande importance. C'est surtout à cette époque que l'opéra italien atteignit son apogée et étendit son influence en Portugal. Les essais d'opéra *populaire et national* d'Almeida, Gil Vicente, Pina e Mello, Luiz da Costa e Faria, Antonio José da Silva, surnommé le Juif, et d'autres, furent étouffés par l'invasion de l'opéra italien, qui régna dès lors en despote, s'opposant à toute tentative hardie d'autonomie artistique et complétant ainsi l'œuvre de stérilisation de la censure inquisitoriale.

D. José dépensa des sommes énormes pour assurer le fonctionnement de ses théâtres lyriques d'Ajuda, Salvaterra, Queluz et du Tage, sur lesquels il fit jouer les meilleurs opéras par un ensemble admirable de chanteurs et d'instrumentistes les plus célèbres de son temps. Le somptueux théâtre du Tage, construit par les architectes italiens Bibiena et Azolini, n'eut que sept mois d'existence. Inauguré le 31 mars, il fut détruit le 1er novembre 1755 par le cataclysme terrible qui engloutit, avec une grande partie de Lisbonne, presque tout notre patrimoine artistique.

L'opéra avait atteint une splendeur inaccoutumée, qu'il devait à la protection exagérée du monarque, ainsi qu'à l'influence et à la direction de David Perez, musicien d'origine espagnole, mais né et élevé à Naples. Professeur de la famille royale et « compositeur de l'Opéra », ce musicien était aussi maître de chapelle, charge qui lui rapportait 50 000 francs par an. Mais ce ne furent point les seules libéralités de ce roi, qui engageait à de gros appointements les meilleurs artistes étrangers, et ne les congédiait que comblés de riches cadeaux ; qui payait 1 200 ducats à Jomelli une simple commande musicale, et 1 500 écus à Carlos Goldoni un libretto !... Parmi les pensionnaires qu'il envoya en Italie se distinguèrent les frères Lima, Camillo Cabral et surtout João de Souza Carvalho, qui y était connu sous le nom italianisé de Giovanni Sousa. Après avoir produit divers opéras, Carvalho succéda à David Perez comme professeur de la famille royale. Un de ses élèves fut Marcos-Antonio Portugal.

Les contemporains de cet excellent musicien furent les illustres professeurs du séminaire de l'Église patriarcale, Passo Vedro et José Joaquim dos Santos ; l'éminent théoricien Ignacio Solano, le compositeur dramatique Luciano Xavier dos Santos, auteur d'une dizaine d'opéras, de trois oratorios, etc., exécutés sur le théâtre royal de Queluz, et l'organiste compositeur Antonio da Silva, que le marquis de Rezende considère comme le véritable prédécesseur de Marcos Portugal.

Portugal, une des personnalités les plus éminentes de notre histoire artistique, mais injustement enveloppé, comme tant d'autres, du voile de l'oubli, fut un compositeur d'une activité et d'une fertilité prodigieuses, hautement estimé et applaudi sur les principaux théâtres d'Italie, d'Allemagne, de Russie et d'Angleterre. Sur ses cinquante-huit opéras, un seul, sauf erreur, fut joué à Paris sur la scène de l'ancien Théâtre-Italien. Portugal composa et fit représenter en Italie la plupart de ses œuvres théâtrales. Il voyagea beaucoup, tout en revenant fréquemment dans sa patrie, où il exerça simultanément les charges de maître de chapelle et de directeur du Théâtre-Lyrique. Le 3 décembre 1815, il fut nommé membre correspondant de l'Institut de France.

D'autres noms, tels que ceux de João José Baldy, organiste, compositeur et professeur renommé ; Antonio Leal Moreira, auteur d'une douzaine d'opéras, oratorios, etc.; José Mauricio, Fr. José Marques da Silva, Antonio José Soares, João Evangelista Pereira da Costa, Sa Noronha, Joaquim Casemiro, Francisco Eduardo da Costa, Norberto dos Santos Pinto, Ricardo Porfirio da Fonseca et João Domingos Bomtempo se distinguèrent encore à cette époque, malgré l'influence de la manière italienne, dominante déjà en Portugal et qui devait entraîner l'art vers une inévitable décadence. Domingos Bomtempo, un de nos plus remarquables artistes modernes, vécut tantôt à Paris, tantôt à Londres, où il acheva ses études et où son talent de virtuose et de compositeur fut hautement apprécié. De retour à Lisbonne, il fonda la première *Académie Philharmonique*, prit la direction du Conservatoire et employa tout son zèle au relèvement du culte de l'art dans son pays. Il composa des concertos, sonates, fantaisies pour piano et orchestre, un opéra, quelques messes, une *Méthode de piano forte*, etc. Sa *Messe de Requiem*, à quatre voix, chœurs et grand orchestre, écrite à la mémoire de Camoëns, est une de ses œuvres les plus dignes d'être mentionnées.

Francisco Xavier Migone, autre pianiste et compositeur de mérite, fut nommé, l'un des premiers, professeur de piano au Conservatoire de Lisbonne lors de son organisation due à l'initiative du vicomte d'Almeida Garrett, en 1836. Migone devint par la suite directeur du Conservatoire en même temps que du théâtre de S. Carlos. Le professeur Monteiro d'Almeida, qui exerce encore à Lisbonne, fut un de ses élèves préférés.

A cette époque (1801-1877) vécut à S. Miguel des Açores un véritable artiste, presque ignoré et laissé dans l'oubli par la plupart de ses contemporains, le Père Joaquim Silvestre Serrão. Quoique vivant dans un milieu fort restreint et en dépit de sa modestie excessive, Serrão tenta la rénovation de la musique sacrée, en s'inspirant des classiques de l'Église. Il laissa de nombreuses compositions, dont nous citerons les *Matinas*, de la semaine sainte. Le chemin tracé par lui ne fut malheureusement suivi que par le maître Freitas Gazul et le père Thomaz de Borba, jeune ecclésiastique, compositeur de talent et d'un avenir plein de promesses.

Il ressort de ce résumé que le Portugal a pris, à toutes les époques, une place considérable dans le développement de l'art musical et suivit l'évolution européenne non seulement par son admiration pour les ouvrages des grands maîtres, mais encore par les perfectionnements qu'il a apportés lui-même à l'enseignement de la musique.

Lisbonne possède un Conservatoire de musique où l'on trouve surtout un excellent enseignement instrumental. En dehors de cette école, le Portugal dispose encore d'autres éléments de développement artistique : une *Académie royale d'amateurs*, plusieurs salles de concert et un Opéra de premier ordre, celui de *S. Carlos*, où se sont fait entendre les premières célébrités de la scène lyrique. Il existe aussi à Porto un bon théâtre lyrique, et de nombreux artistes et amateurs qui se consacrent d'une manière suivie au culte de la musique.

A une époque qui n'est pas encore bien éloignée le Portugal a produit une pléiade d'instrumentistes de grand mérite qui, dans un effort commun, ont ouvert les nouveaux horizons de l'art moderne à leurs contemporains et à leurs élèves, par l'exécution parfaite des œuvres classiques de la musique de chambre. Mentionnons parmi eux Cossoul, Soromenho, les frères Croner, Campos, Augusto Neuparth, Augusto Sergio, Arroyo, Marques Pinto, Victor Wagner et José Vieira. Ce dernier, excellent pianiste et professeur, prit une initiative personnelle à laquelle l'art et les artistes portugais doivent beaucoup.

En tête des contemporains, il faut citer Freitas Gazul, compositeur fécond et infatigable, qui dans un autre milieu eût joui d'une juste notoriété. Augusto Machado, Alfredo Keil, Miguel Angelo, Frederico Guimarães, le vicomte d'Arneiro, Cyriaco Cardozo, Antonio Taborda et Philippe Duarte, sont aussi des compositeurs de mérite différent, auxquels on doit bon nombre d'opéras et d'opérettes dont quelques-uns sur des sujets pris dans l'histoire ou la littérature nationale. L'art du chant eut aussi des représentants distingués à toutes les époques ; nous citerons Louiza Rosa de Aguiar Todi, dont la renommée fut universelle, Joaquim de Oliveira, Laurença Correia, Policarpo José da Silva, Delgado, et plus récemment, Alfredo Gazul, les deux frères Andrade, Bensaude, Alvaro Salvaterra, Regina Pacini, Maria Judice, Augusta Cruz, Isabel Perez, etc.

Parmi les virtuoses, qui sont nombreux, figurent les pianistes Rey Colaço, Hernani Braga, Francisco Bahia, Timotheo da Silveira et, d'une génération plus récente, les jeunes artistes d'avenir Vianna da Motta, Oscar da Silva et Marcos Garin.

Nous voyons en Vianna da Motta, aujourd'hui consacré comme pianiste et compositeur dans les premières villes de l'Europe et de l'Amérique, une des plus sérieuses espérances artistiques de notre patrie. N'oublions pas les remarquables violoncellistes, Cunha e Silva et Eduardo Wagner, ainsi que les violonistes, Moreira de Sá, Alexandre de Bettencourt, Julio Caggiani, etc. Ernesto Vieira, Adriano Merêa, Antonio Duarte et Julio Neuparth, méritent une mention particulière parmi les musicographes actuels, car nous leur devons des critiques sérieuses et des travaux historiques de valeur.

D'après ce qui précède, nous sommes autorisés à croire que la génération nouvelle est appelée à prendre une place considérable dans notre histoire musicale et que ce progrès pourra être dû, en partie, à la protection officielle du gouvernement; en effet, la loi du 30 juin 1893 établit une pension qui, à la suite d'un concours public, est accordée à un artiste musicien pour étudier à l'étranger. Le signataire de cet article est le premier qui ait profité de ce subside et de cet appui et, bien que son mérite soit au-dessous de cet honneur, il s'efforcera, par son zèle et son travail, de contribuer, dans la mesure de ses moyens, au développement et au progrès de l'art national.

L'HISTOIRE

Par MAGALHAES LIMA

I

C'est sous le nom de *Lusitania* que les plus anciens voyageurs désignent la majeure partie du territoire portugais actuel. Elle devait cette dénomination à l'une de ses principales tribus, les *Lusitani*, célèbre entre toutes par sa bravoure. Les premiers étrangers qui visitèrent la Lusitanie furent les Phéniciens et les Grecs. Attirés par la richesse du sol, l'excellente situation maritime de la contrée, ils y fondèrent des comptoirs. Plus tard, les Carthaginois d'Amilcar Barca soumirent presque tout le pays. Ils en furent chassés par les Romains, au commencement du IIe siècle avant J.-C.

Les Lusitaniens, comme les Espagnols, avaient d'abord accueilli les Romains en libérateurs, mais, à l'usage, le joug nouveau leur parut autrement dur que l'ancien. Vers l'année 150, ils se soulevèrent à la voix d'un jeune pâtre de la montagne, Viriathe, et firent aux Romains une de ces guerres de partisans à laquelle le relief mouvementé de la péninsule ibérique se prête si merveilleusement. Viriathe, improvisé général, battit successivement cinq préteurs, enveloppa et accula dans un défilé l'armée entière du consul Servilianus, et maître de l'anéantir, imposa à la fierté romaine un traité qui le reconnaissait roi de Lusitanie (141). Les Romains ne purent se débarrasser de ce redoutable adversaire que par l'assassinat. Avec lui périt la liberté de la Lusitanie. Devenue province romaine, la Lusitanie, ou pour préciser, la Lusitanie ultérieure, par opposition à la Lusitanie citérieure (ou espagnole), comprenait, outre l'Estrémadure espagnole, tout le Portugal actuel, entre le Douro et le Guadiana. Le reste du Portugal, c'est-à-dire les trois provinces de Minho, Douro et de Tras-Montes, faisait partie de la Tarraconaise.

Les indigènes, finalement résignés, n'eurent pas trop à regretter leur soumission au peuple-roi ; ils s'assimilèrent promptement sa langue, ses mœurs, ses lois. Des villes nombreuses furent fondées, entre autres Badajoz, Mérida, Evora, Braga. On vit surgir de toutes parts d'imposants édifices, dont l'aspect colossal, en disproportion souvent avec leur destination, provoque encore aujourd'hui l'étonnement du voyageur : tels l'amphithéâtre de Lisbonne, le temple de Diane et l'aqueduc d'Evora, les thermes de Cintra.

Au ve siècle, lors du démembrement de l'empire d'Occident, la Lusitanie tomba au pouvoir des Suèves, puis, vers 585, des Wisigoths, auxquels, un siècle et demi plus tard, succédèrent les Maures après la bataille de Xérès (711).

La domination arabe ne fut pas d'ailleurs moins bienfaisante pour la Lusitanie que la domination romaine. Si les califes ne se montrèrent pas aussi prodigues de monuments que les Romains, s'ils n'élevèrent pas sur les bords du Tage ou du Douro, ces alhambras et ces mosquées qui font encore aujourd'hui la gloire des cités andalouses, du moins surent-ils, grâce à leur système d'irrigation, et à l'acclimatation des plantes nouvelles importées d'Orient, donner aux campagnes un aspect des plus florissants. Au bien-être matériel, largement répandu parmi les Lusitaniens, ils ajoutèrent le respect des consciences, si bien que les enfants du Christ et les fils du Prophète en arrivèrent à s'amalgamer presque complèment sous le nom de mozarabes.

Mais, à la longue, le vieux levain de fatalisme et d'intolérance, qui fermente sourdement au fond de toute âme musulmane, produisit ses effets habituels ; à l'activité des premiers jours succéda l'indolence, le fatalisme reprit le dessus ; en même temps l'unité si laborieusement formée par les premiers califes disparut, et, sur ces ruines, s'élevèrent douze royaumes autonomes, n'ayant plus rien de commun entre eux, sinon la haine du nom chrétien. La décadence approchait à grands pas.

A cette époque, la domination arabe ne dépassait guère la ligne du Douro, au nord. Le territoire de Porto (Portus Calle) était occupé par les chrétiens ; il finit par former au xie siècle le gouvernement de Portocale, correspondant aux premières provinces de Minho, du Tras-os-Montes, des Beiras, et soumis aux rois de Castille et de Léon. Cette sorte de marche était le théâtre de continuels combats entre Maures et chrétiens. Parmi ces derniers figuraient toujours un certain nombre de ces chevaliers français, qui, depuis l'expédition de Charlemagne au delà des Pyrénées, n'avaient cessé de se succéder dans la Péninsule, avides d'y combattre l'ennemi héréditaire de leur foi.

C'est ainsi que vers la fin du xie siècle était venu en Portugal un jeune prince français, Henri, quatrième fils du duc de Bourgogne et arrière-petit-fils du roi Robert. En récompense de ses services, le roi de Castille, Alphonse VI, lui accorda la main de sa fille Tereja, avec le gouvernement de Portocale, érigé à cette occasion en comté indépendant. Il concéda, en outre, à son gendre la souveraineté absolue de tous les pays que celui-ci pourrait conquérir sur les Maures. Le nouveau comte sut répondre aux vues de son beau-père. Une série de victoires lui permit de reculer jusqu'au delà de Cintra la frontière méridionale de ses possessions. Avec lui commence la dynastie de Bourgogne, qui comprend dix princes et dura deux siècles et demi (1095-1383). Les autres dynasties royales de Portugal sont celle d'Aviz (1385-1578), la dynastie espagnole (1578-1640), enfin la dynastie de Bragance qui règne encore aujourd'hui.

II

En fait, le véritable fondateur de la monarchie portugaise fut Alphonse, fils et successeur de Henri de Bourgogne. C'est à la pointe de l'épée qu'il gagna la couronne royale. Il étendit ses conquêtes dans l'Estrémadure et jusque dans l'Alemtejo. Vainqueur des musulmans dans les plaines d'Ourique (25 juillet 1139), il fut proclamé roi quelque temps après grâce à l'appui du pape Innocent II. Dès lors, en souvenir de son père, Henri de Bourgogne, il ajouta à son nom d'Alphonse celui d'Henriques.

Quant aux Cortès de Lamego, d'après l'historien Herculano et tous les historiens modernes, elles n'auraient jamais existé.

Après le sacre, l'assemblée vota la Constitution du nouvel Etat. Le roi se borna à proclamer l'autonomie du Portugal et son indépendance absolue vis-à-vis de la Castille. Alphonse VII, roi de Léon, ne protesta pas. Un peu plus tard on élabora les premières lois pénales. Il en est de bien curieuses, par exemple celles qui prononcent la dégradation de tout noble qui s'enfuit chez les Maures, abjure ou blasphème.

Saint Bernard, l'illustre abbé de Clairvaux, avait décidé le pape à reconnaître le nouveau royaume dès sa fondation. Alphonse Henriques ne fut pas ingrat; il accepta la suzeraineté de l'abbaye française, en s'engageant à lui payer un tribut annuel de 50 maravédis d'or. Un peu plus tard, il agrandit le couvent de Santa Cruz, destiné à former des missionnaires, et bâtit celui d'Alcobaça. Enfin, en 1195, il fonda l'ordre de l'Aile (ala) ou de dom Miguel, puis l'*ordem nova* (ordre nouveau) composé de chevaliers soumis à la règle héréditaire, et qui, sous Alphonse II, devint l'ordre d'Aviz.

Le patriotisme d'Alphonse Henriques fut à la hauteur de sa piété. Il s'efforça d'agrandir son royaume aux dépens des Maures. Il leur prit Evora, Santarem, Lisbonne, et enfin Coïmbre, dont il fit sa capitale. Son œuvre fut poursuivie par ses premiers successeurs : Sancho Ier, Alphonse II, Sancho II, dit Capello, Alphonse III et Diniz. Sancho Ier conquit l'Algarve en 1197 et bâtit un assez grand nombre de villes pour justifier le surnom de Povoador (celui qui peuple), que les chroniqueurs lui ont donné.

Le troisième roi de Portugal, Alphonse II, fils du précédent, se montra non moins redoutable pour les Maures, qu'il tailla en pièces à Elvas, mais ce fut surtout un législateur. Les Cortès, réunies par ses soins, votèrent vingt-cinq nouvelles lois, dont quelques-unes, empreintes d'un esprit humanitaire, sont fort remarquables pour l'époque : telle la loi condamnant à l'amende quiconque intente un procès injuste, et celle qui accorde un sursis de vingt jours aux condamnés à mort. Une autre loi qui permettait aux laïques d'en appeler de la juridiction ecclésiastique au pouvoir séculier, rencontra une très vive opposition. L'archevêque de Braga protesta même si bruyamment qu'Alphonse II dut l'exiler. Excommunié pour ce fait, le malheureux prince mourut de chagrin, à peine âgé de trente-huit ans.

Le règne de son fils, Sancho II, fut troublé par les mêmes discussions religieuses, aggravées du mécontentement général qu'avait excité l'augmentation des impôts. Les choses en arrivèrent à ce point que le roi, excommunié, lui aussi, par Innocent IV, fut déposé par les Cortès, qui confièrent la régence à son frère Alphonse, et le proclamèrent ensuite sous le nom d'Alphonse III, après la mort de Sancho, décédé sans postérité en 1211.

Roi, Alphonse III le fut dans toute l'acception du mot. Souverain très sympathique au peuple, qui l'avait surnommé le roi des pauvres, il ne le fut pas moins aux Cortès, qu'il réunissai fréquemment pour les consulter sur les projets de réformes écot nomiques : création de foires franches, appel au savoir-faire de la main-d'œuvre étrangère, en vue de la rénovation des procédés industriels du Portugal, etc. Ses édits contre l'accroissement des biens du clergé, ses tentatives pour se soustraire au tribut consenti par ses prédécesseurs, lui valurent comme à son frère et à son père, une bulle d'excommunication ; mais, plus heureux qu'eux, sa popularité le défendit contre les colères pontificales,

et lui permit de mourir sur le trône, laissant pour lui succéder
un fils de dix-sept ans, dom Diniz.

Élevé par deux hommes éminents, d'origine française, Ayme-
ric, évêque de Coïmbre, et Ébrard, fils d'un seigneur du Quercy,
Diniz est avec Alphonse Henriques la figure la plus remarquable
de la dynastie bourguignonne. Dès son avène-
ment, il s'appliqua à marcher sur les traces de son père,
en développant la vie économique de la nation : il encouragea l'exploitation des mines de fer et d'or, et le
commerce avec la Flandre, la France et l'Angleterre,
creusa des canaux, éleva des aqueducs, cons-
truisit des navires, fonda des écoles et des ateliers dans
les principales villes. Cependant, l'agriculture fut le
principal objet de ses préoccupations, et il multi-

Charola. — Église des Templiers.

plia ses efforts pour accroître l'importance de cette branche
maîtresse de la production nationale. Les nombreux défriche-
ments de terres incultes, la multiplication des villages, ses édits
d'affranchissement en faveur des serfs les plus capables, ses
plantations d'immenses pinèdes sur le bord de la mer lui ont
mérité le surnom de *Lavrador*, de roi laboureur. Il fut vaillamment soutenu dans ces diverses entreprises par sa femme, la
princesse Isabelle, canonisée plus tard sous le nom de sainte
Élisabeth de Portugal : elle fonda le couvent de Coïmbre, destiné à l'instruction agricole des jeunes paysannes orphelines.
La piété du roi Diniz ne l'empêcha pas de s'opposer énergique-

ment, comme son père et son aïeul, aux empiétements continuels du clergé et à l'accroissement de la fortune territoriale des monastères. Par contre, les Templiers n'eurent pas à souffrir en Portugal des odieuses vexations dont ils étaient les victimes au delà des Pyrénées. Diniz les protégea autant qu'il put; il reconstitua leur ordre sous le nom d'ordre du Christ, soumis aux statuts de celui de Calatrava. Les dernières années de ce prince si humain et si éclairé furent assombries par la révolte de son fils Alphonse. Il en mourut de chagrin (1325).

Celui-ci, devenu roi sous le nom d'Alphonse IV, n'a guère à son actif que sa participation à la victoire de Salado qui, en 1340, affranchit définitivement la péninsule ibérique de la domination musulmane. D'après Herculano, il était doué de beaucoup de jugement. Cependant il se montra aussi mauvais frère et mauvais père que fils dénaturé, il chassa du Portugal son frère naturel, dom Sancho d'Albuquerque, après l'avoir dépouillé de tous ses biens. Il fit poignarder la belle Inès de Castro que son propre fils, dom Pèdre, avait épousée secrètement. La poésie et la légende ont popularisé cette dramatique histoire: on sait qu'elle a fourni à Camoëns le sujet d'un admirable épisode des *Lusiades*, d'un sonnet à Boccace, d'une tragédie au Portugais Ferreira et au Français Lamotte, enfin d'un opéra de Persiani, joué au Théâtre-Italien de Paris en 1839. Tous ont essayé de dépeindre la soif de vengeance qui dévorait dom Pedro. Le malheureux infant tenta de l'assouvir du vivant même de son père en dévastant les domaines des assassins, les trois chevaliers Pacheco, Gonzalès et Coelho, et en mettant le Portugal à feu et à sang.

Après la mort d'Alphonse IV, sa haine était aussi vivace qu'au premier jour. C'est dans les plus affreuses tortures qu'il fit périr Gonzalès et Coelho; Pacheco, lui, avait réussi à s'échapper. Ces sanglantes exécutions l'ont fait appeler par certains historiens Pedro le Cruel. D'autres, il est vrai, n'ont vu en lui que Pedro le Justicier, et cette qualification, il la mérite par la promptitude et la sévérité de ses jugements à l'égard des grands, des nobles et des prêtres aussi bien que des gens du commun.

Son fils et successeur, dom Fernand, clôt, et fort tristement, la série des princes de la maison de Bourgogne. Homme sans caractère, il se laisse dominer par son amour pour une dame de sa cour, Leonor Telles, femme de dom Juan Lourenço da Cunha, qu'il épousa au mépris de toutes les lois. Le premier soin de Leonor en montant sur le trône de Portugal fut de se débarrasser de quiconque pouvait lui porter ombrage. Elle fit assassiner deux des enfants d'Inès, et jusqu'à sa propre sœur Maria Telles. Elle couronna ses crimes par l'adultère en prenant pour amant l'homme de confiance de son mari, un seigneur galicien nommé Andeiro. Quand le roi mourut prématurément, à trente-huit ans, c'est pourtant à cette femme que les Cortès osèrent confier

Jean 1er (João d'Aviz), dixième roi de Portugal
(1383-1433).

la régence. Elles poussèrent l'aberration jusqu'à proclamer reine de Portugal la fille de Leonor Béatrix, écartée du trône comme ayant perdu la nationalité portugaise par suite de son mariage avec l'infant de Castille. Le peuple, heureusement, ne partageait pas les sentiments de ses représentants et avait une plus juste idée de ce qui était nécessaire au maintien de l'intégrité de la patrie. A Béatrix, il opposa dom João, fils bâtard de Pedro, plus connu sous le nom de João d'Aviz, parce qu'à sept ans il avait reçu de son père la grande maîtrise de l'ordre d'Aviz.

III

João Ier commença par poignarder de sa propre main Andeiro, et il obligea Leonor à quitter le Portugal. En vain le roi de Castille envoya des troupes pour rétablir Leonor et mit le siège devant Lisbonne. Il fut honteusement battu par dom João, proclamé gouverneur et défenseur du royaume; celui-ci, vaillamment secondé par le Scipion portugais, dom Nunez Alvares Pereira, fils du prieur de Crato, l'obligea à évacuer le Portugal. Il fut ensuite investi de la royauté par les Cortès réunis dans l'église Saint-François de Coïmbre (1385). Une nouvelle victoire sur les Espagnols, à Aljobarota, consacra définitivement l'indépendance du Portugal et inaugura ses meilleures destinées. C'est, en effet, au règne de dom João d'Aviz que remonte la longue série de découvertes et d'expéditions maritimes qui ont illustré le petit royaume de quatre-vingt-dix lieues perdu à l'extrémité de la péninsule ibérique. Vivement encouragées par l'infant dom Diniz, elles commencèrent par la prise de Ceuta en 1415; la découverte de l'archipel de Madère (1418), l'occupation des Canaries (1427), la découverte des Açores (1432) se succédèrent.

João d'Aviz eut pour successeur dom Duarte, prince éclairé et habile administrateur. Dom Duarte codifia les anciennes coutumes portugaises; il fit de Lisbonne la capitale des rois modernes du Portugal, comme Guimaraens avait été celle des comtes, et Coïmbre celle des rois féodaux (1). A l'extérieur, les belles campagnes maritimes organisées par l'infant D. Henrique (Henri le Navigateur), de son ermitage du promontoire de Sagres, accrurent encore la gloire du Portugal. Malheureusement, la fin de ce règne si court, mais si rempli, fut attristée par la désastreuse expédition entreprise imprudemment contre Tanger en 1436. Dom Duarte mourut prématurément en 1438, laissant un fils mineur, Alphonse V. L'infant dom Pedro resta chargé de la régence jusqu'à la majorité du roi, en 1446.

Ce fut un triste règne que celui d'Alphonse V. Ses trois expéditions en Afrique ne firent que créer de nombreux embarras au royaume, son intervention en Castille en faveur de Dona Juana lui fut funeste, et au lieu du concours qu'il vint tout exprès demander au roi Louis XI, à Tours, il ne recueillit que des humi-

---

(1) Boucher. *Histoire du Portugal.*

D. Nunez Alvares Pereira (1360-1431).

Contribua à l'élévation de Jean Ier de Portugal.

liations. Il en éprouva un tel découragement qu'il abdiqua en 1481.

Bien différent fut le règne de João II (1481-1495). Des historiens ont comparé avec raison son administration à celle de Richelieu. Ce fut un centralisateur. Comme le premier ministre

Jean III (João), XVe roi de Portugal
(1521-1557).

de Louis XIII, il s'en prit d'abord aux nobles; il les dépouilla des concessions territoriales qu'ils avaient arrachées à la faiblesse de son père et qui avaient épuisé le Trésor. A la juridiction seigneuriale, il substitua partout la juridiction royale. Il n'hésita pas à faucher la tête des récalcitrants : Fernando de Menezes, dom Fernando, duc de Bragance et beau-père de la reine, le connétable de Montemor. Il poignarda de sa main son beau-frère, le jeune duc de Viseu, qui se posait en prétendant. S'il respecta les privilèges du clergé, il fit par contre jeter en prison l'évêque d'Evora, coupable d'insubordination.

La politique extérieure de Jean II ne fut pas moins habile que ferme. Ce qu'il chercha par-dessus tout, ce fut à maintenir la paix avec la Castille, pour pouvoir consacrer tous ses soins aux progrès maritimes du Portugal, aux nouvelles conquêtes que devait entraîner la découverte du Bénin par Alphonse Aveiro, celle du cap de Bonne-Espérance par Barthélemy Diaz en 1486. Le pape Nicolas V encouragea ces efforts : par une bulle, que confirma Calixte III, il concéda au Portugal toutes les îles du golfe de Guinée. Enfin, en 1494, grâce à l'intervention du pape Alexandre VI, Jean II signa avec l'Espagne le fameux traité de Tordesillas qui, par une ligne tracée directement d'un pôle à l'autre, partageait le monde entre l'Espagne à l'ouest et le Portugal à l'est.

Quand son successeur dom Manuel, ou Emmanuel, monta sur le trône, il trouva la royauté fortifiée, le territoire du Portugal considérablement accru, les finances prospères, la noblesse docile, le peuple empli d'affection pour une dynastie qui avait donné tant de prestige au nom portugais. Toute la politique du nouveau souverain ne tendit qu'à développer ces précieuses conquêtes, et ses sujets l'y aidèrent avec enthousiasme. Avec la découverte des Indes orientales par Vasco da Gama en 1498, du Brésil par Cabral deux ans plus tard, le Portugal atteignit l'apogée de la puissance : son histoire était devenue une véritable épopée (1). Jamais nom ne fut mieux mérité que celui de *Fortuné* donné à ce roi Manoël qui présida à l'accomplissement de tant de grandes choses (2). Il est regrettable que la gloire de ce règne ait été ternie par de sanglantes persécutions contre les Juifs et contre les Maures.

Jean III, qui succéda à Manoël, vit aussi de mémorables événements : l'établissement des Portugais à Java et Bornéo, l'expédition de Minèze à la Nouvelle-Guinée, et d'Antonio de Motta au Japon. Mais sa politique intérieure fut désastreuse : c'est Jean III qui introduisit l'inquisition en Portugal (3). Le sanglant tribunal fut institué régulièrement en 1531 ; il fit périr sur le bûcher des

----

(1) Bouchot. *Op. cit.*

(2) V. dans ce volume : les découvertes maritimes au xvi⁰ siècle.

(3) Ferd. Denis, *Le Portugal.* (Voir sa citation du manuscrit de la Bibliothèque nationale intitulé : *Informazione somaria del principio e progresso della conversione che hanno avuto Giudei nel regno di Portogallo.*)

centaines d'israélites et de musulmans. En réalité l'inquisition fonctionnait depuis quelques années déjà en Portugal. On a cru pendant longtemps que son introduction était imputable à la fourberie de l'Espagnol Saaveidra, qui s'était présenté en Portugal porteur d'une fausse bulle du pape Paul III. Mais Hevrolans a démontré que les pourparlers se poursuivirent longtemps entre la cour portugaise et la curie romaine en vue de l'établissement de l'inquisition, et que les partisans de celle-ci obtinrent gain de cause, grâce d'abord à l'influence exercée par l'évêque de Porto, Balthar Limpo, dans le concile de Trente, grâce ensuite à la pression du roi João III sur Paul III, qu'il menaça de priver des revenus de l'évêché de Viseu.

Après l'inquisition vinrent les Jésuites. Ils débarquèrent au nombre de deux seulement : Rodrigue de Azevedo et François-Xavier, le futur « apôtre des Indes ». En 1541, arrivèrent dix autres frères. Largement subventionnés par la cassette royale, ils fondèrent le collège de Coïmbre ; puis, ayant arraché à l'aveugle dévotion du monarque le droit de posséder en propre des biens-fonds, ils finirent par acquérir peu à peu, en dix ans seulement, des domaines immenses. Ils obtinrent en même temps le monopole de l'éducation, et c'est ainsi que lePortugal, où gouvernement, clergé, noblesse, tout le monde enfin leur était soumis, devint pendant trois siècles la terre promise des fils de Loyola.

Leur influence se montre particulièrement néfaste sous le règne suivant, celui de dom Sébastien, petit-fils de Jean III. A son avénement, une rivalité d'influence éclata entre le cardinal régent dom Henrique et la grand-mère du roi. Dom Sébastien était un déséquilibré. Sa grand-mère, Catherine, femme d'une intelligence supérieure, qui prétendait gouverner, réussit à faire proclamer majeur dom Sébastien, mais celui-ci n'en resta pas moins sous l'influence dominatrice du cardinal. Catholique zélée, elle imprima un redoublement de violence à l'inquisition qu'on importa jusqu'aux Indes, et les haines qu'elle suscita furent certainement en Asie, avec la corruption des administrateurs envoyés par la métropole, l'une des principales causes de la décadence coloniale portugaise. De son côté, dom Sébastien, de plus en plus fanatisé par les conseils de son entourage de moines, voulut partir en guerre contre les musulmans de Tanger. Mal lui en prit. Il fut vaincu et périt à la bataille d'Alcazar ou de Kars-el-Kébir.

Cette fin prématurée d'un prince sans postérité eut les plus graves conséquences pour le Portugal. Le pouvoir échut au grand inquisiteur, le vieux cardinal don Henrique, troisième fils de Manoël. Il fut sacré roi de Portugal le 28 août 1578. Ami de saint Charles Borromée et du cardinal Sadolet, dom Henrique avait toutes les vertus d'un prince de l'Église. Il ne possédait aucune des qualités exigibles d'un roi. Tout son règne se passa en luttes contre les prétendants à la couronne de Portugal, tous petits-enfants d'Emmanuel le Fortuné : Catherine, duchesse de Bragance, fille de l'infant Édouard ; Philippe II d'Espagne, petit-fils d'Élisabeth ; dom Antonio, prieur de Crato ; enfin, dom Juan de Bragance. Accablé par l'âge et la maladie, dom Henrique ne sut pas se prononcer entre eux ; il laissa ce soin aux Cortès et les réunit à cet effet ; mais, au dernier moment, le courage lui fit défaut pour désigner son successeur. Il mourut le 30 janvier 1580, avant le règlement de la question.

Philippe II la trancha militairement. Il envoya en Portugal une armée de vingt mille hommes avec le duc d'Albe. En vain, dom Antonio, nommé roi par la voix populaire, s'efforça d'enrayer l'invasion. Vaincu à Alcantara le 25 août, il s'embarqua pour l'Angleterrre, puis pour la France, où Henri III le reçut en roi. Bientôt un grand nombre de Français s'intéressèrent à la cause du proscrit, et, en 1583, le duc de Brissac emmena six mille volontaires aux Açores. Il s'empara de Terceira, au nom d'Antonio, mais, bientôt vaincu par le marquis de Santa-Cruz, il dut renoncer à ses projets de restauration. Découragées, les Cortès se résignèrent à reconnaître Philippe II comme roi de Portugal. Le beau royaume d'Alphonse Henriques et de Jean d'Aviz tomba au rang de province espagnole.

<h2 style="text-align:center">IV</h2>

Ce gouvernement d'un prince étranger fut des plus désastreux pour le Portugal. L'anéantissement de l'*Invincible Armada* eut son contrecoup dans toute la Péninsule. Privée de sa marine, l'Espagne dut abandonner la défense des colonies portugaises. Tandis que les Anglais pillaient le Brésil et les Açores et jusqu'à l'Algarve, les Hollandais s'établissaient à Java,

Ce fut bien pis encore sous Philippe III. Ce prince ayant interdit aux Hollandais de faire avec le Portugal le commerce des épices, ils allèrent directement aux Indes pour en charger leurs vaisseaux (1595). Ils ne se contentèrent pas d'enlever aux Portugais le commerce des produits orientaux ; ils s'emparèrent des Moluques et de Célèbes, puis ce fut ensuite le tour de l'Afrique et de l'Amérique. Les Portugais perdirent ainsi une à une les colonies si vaillamment conquises par les Vasco de Gama et les Cabral.

La décadence fut complète sous Philippe IV. Ceylan en 1632 et presque tout le Brésil en 1635 tombèrent au pouvoir des ennemis de l'Espagne, devenus ceux du Portugal.

Les Portugais s'indignèrent. Comme si cette série d'humiliations et de ruines commerciales ne suffisait pas, le premier ministre espagnol, Olivarès, acheva de mécontenter les Portugais par sa politique maladroite : il s'aliéna la noblesse en l'éloignant des affaires et en réservant aux Castillans les principaux bénéfices, le peuple en l'accablant d'impôts extraordinaires. L'indignation devint générale et poussa rapidement à la révolte. Un seul désir dominait dans la population : l'affranchissement de la patrie et la restauration d'une dynastie nationale. Dès 1637 la ville d'Evora se souleva. Enfin, un complot se forma. Dom Jean de Bragance y fut entraîné par sa femme Luisa de Guzman et par son secrétaire Pinto Ribeira. L'archevêque de Lisbonne, Acunha, les grands noms de l'aristocratie portugaise, les Silva, les Almeida, les Ataïde y entrèrent (1).

Ainsi que le fait ressortir avec une grande netteté M. Cayx de Saint-Amour (2), la France, qui avait été directement mêlée à l'origine du peuple portugais lorsqu'il constitua son indépendance au XIIᵉ siècle, joua un rôle prépondérant dans cette tentative de renaissance nationale au XVIIᵉ siècle. « Engagée alors dans une guerre de suprématie avec la maison d'Autriche, elle lui prêta le concours de sa diplomatie et de ses armes pour secouer le joug castillan et faire accepter de l'Europe la révolution qui se tramait. » Ce fut surtout l'œuvre de Richelieu, parfaitement conscient de la diversion qu'il apporterait dans les affaires de l'Espagne par la réalisation des projets de la maison de Bragance. S'il faut en croire Mangin (3), le grand cardinal, dès son arrivée au pouvoir, se serait mis en rapport avec Jean de Bragance par l'intermédiaire d'un joaillier français nommé Broual, en relation lui aussi avec Pinto Ribeiro. Dom Juan ne jugea pas le moment propice. De nouvelles négociations eurent lieu dans le même but en mai 1636, par

---

(1) Lavisse et Rambaud. *Histoire générale*, t. V, p. 656.

(2) Caix de Saint-Amour. *Recueil des instructions aux ambassadeurs ministres de France* (Portugal). — *Introduction.*

(3) Mangin. *Abrégé de l'histoire du Portugal* (Paris, 1707, in-12, 371). — Cf. Férd. Denis. *Le Portugal.*

l'entremise du P. Carré (1). En 1638, Richelieu alla jusqu'à proposer à dom Juan le concours d'une flotte et d'une armée françaises.

Ce ne fut qu'à la fin de 1640 que dom Juan, nature circonspecte à l'excès, se décida à donner satisfaction aux sollicitations de plus eu plus impérieuses de sa femme et de ses amis, nationaux et étrangers.

La révolte qui couvait depuis si longtemps au fond de tous les cœurs portugais éclata à Lisbonne le 1ᵉʳ décembre 1640, à neuf heures du matin. Après avoir désarmé la garde du palais royal, les conjurés envahirent les appartements de la vice-reine de Portugal; dona Margarida de Savoie, duchesse de Mantoue, put se retirer sans être inquiétée, mais le ministre Vasconcellos, renégat portugais, devenu le principal agent de la tyrannie d'Olivarès, fut tué d'un coup de pistolet. Prévenu la nuit suivante par des affidés, le duc de Bragance débarqua à Lisbonne et fut proclamé roi sous le nom de Jean IV.

L'insurrection gagna comme une traînée de poudre toutes les provinces, abandonnées en hâte par les soldats et les fonctionnaires espagnols. En moins de huit jours, Jean IV était reconnu sans coup férir par tout le Portugal. Le 28 janvier 1641, les Cortès sanctionnèrent l'acclamation populaire. Les colonies imitèrent la mère patrie, et bientôt, de toutes les possessions portugaises, la seule ville marocaine de Ceuta resta aux Espagnols.

V

Il ne restait plus qu'à faire accepter cette révolution par les autres puissances européennes. Richelieu s'y employa de toutes ses forces: le 25 mars 1641, Louis XIII reçut solennellement les ambassadeurs de Jean IV, Francisco de Mello et Coelho de Carvalho, et il envoya de son côté, à Lisbonne, le marquis de Saint-Pé, comme représentant de la France auprès du roi (2). La Suède, puis la Hollande et l'Angleterre ne se refusèrent plus dès lors à rentrer en relations avec le nouveau royaume.

Ce n'est pas à dire que tout le monde s'inclina aussi docilement devant le fait accompli. En Portugal même, les Espagnols avaient laissé des partisans. Une conspiration fut tramée contre

---

(1) *Correspondance du comte d'Avaux avec Chavigny, secrétaire d'État. — Instructions (de Richelieu) à M. de Saint-Pé* (15 août 1638).

(2) CAIX DE SAINT-AMOUR. *Op. cit.*

Jean IV par Sébastien de Mattos, archevêque de Braga, le marquis de Villa-Real, le duc de Caminho, le comte d'Armamar. Elle fut heureusement découverte à temps et se termina par l'emprisonnement ou l'exécution des coupables.

De son côté, la cour de Madrid, revenue de sa première stupeur, voulut recourir à la force des armes, mais les troupes castillanes furent taillées en pièces par Mathias d'Albuquerque à Montijo, près de Badajoz (26 mai 1644).

Le Portugal pouvait jouir en paix de son indépendance recouvrée, mais ses beaux jours étaient finis : la perte de Malacca, de Colombo, du Cap, enlevés par les Hollandais, activa la décadence de sa puissance maritime, restée l'unique source de sa puissance continentale.

Alphonse VI, fils de Jean IV, était peu fait pour maintenir longtemps ce regain de splendeur dont la restauration de la monarchie nationale semblait devoir envelopper le nom portugais. Atteint depuis l'âge de trois ans d'une hémiplégie, il était resté d'une intelligence débile. Il fut cependant reconnu roi à la mort de Jean IV, mais il fut placé heureusement sous la tutelle de sa mère, dona Luisa de Guzman.

La régente réussit à repousser une nouvelle attaque des Espagnols, sans pouvoir empêcher leur rapprochement avec la France, consacré par le traité des Pyrénées et le mariage de Louis XIV avec l'infante Marie-Thérèse. Elle contracta alors une alliance avec l'Angleterre, mais lorsque, encouragé par la paix de 1659 et tenace dans ses revendications, Philippe IV voulut tenter un dernier effort contre le Portugal, c'est encore vers la France que le royaume de Portugal menacé se tourna. Mazarin autorisa le maréchal de Schomberg à partir avec six cents officiers français destinés à encadrer les troupes portugaises. Les Espagnols furent vaincus à Ameixial (juin 1663). Une seconde défaite à Monteclaros (juin 1665) en délivra définitivement le Portugal.

Quelque temps après, Alphonse VI se mariait. La princesse Marie-Francisque-Élisabeth de Savoie, fille du duc de Nemours, et élevée à la cour de Louis XIV, consentait à épouser ce prince infirme. Une telle union ne pouvait être que malheureuse : elle aboutit, en effet, au bout de quelques mois, à une séparation provoquée par la démonstration de l'impuissance du roi. Forcé par les Cortès de signer son abdication, le triste souverain fut ensuite transféré aux Açores. Plus tard, on le laissa revenir, mais pour le tenir enfermé au palais de Cintra, et c'est là qu'il traîna misérablement ses derniers jours. Pendant ce temps, son frère, dom Pèdre, chargé de la régence, obtenait en outre, dès 1668, la main de la reine divorcée.

Il prit le titre de roi à la mort d'Alphonse VI en 1683. Bien secondé par son ministre Ericeira, il entreprit aussitôt le relèvement économique du Portugal : il favorisa de tout son pouvoir les progrès de l'industrie textile, et encouragea le commerce d'exportation des vins. Mais tous ses efforts furent contrariés par l'alliance conclue sous le règne précédent avec l'Angleterre, au profit presque exclusif de cette dernière, qui ne tarda pas à inonder le Portugal de tous les produits naturels et manufacturés sortis des entrepôts du Royaume-Uni : blés, poissons, lards, draps, toiles, cuirs, etc. Au lieu de s'affranchir de cette suzeraineté onéreuse, dom Pèdre se laissa circonvenir de plus en plus par les agents britanniques. Le 27 décembre 1703, il signa le traité si habilement préparé par sir Methuin, ambassadeur de la reine Anne. Aux termes de cet acte fameux, les tissus de laine des Bretons (Anglais) devaient être admis en Portugal sous condition que, de son côté, l'Angleterre diminuerait d'un tiers pour les vins portugais les droits de douane dont étaient frappés les vins étrangers. C'était, en deux articles, le coup de grâce donné au commerce portugais. En effet, pour quelques pipes de vins du Douro importés à Londres, les négociants de la Cité acquirent le droit de devenir les fournisseurs attitrés du Portugal, pour la nourriture et le vêtement. L'indolence native des Portugais supprimant tout équilibre dans l'échange des produits, ce furent les mines du Brésil qui servirent à solder les marchandises anglaises. Dans la première moitié du xviiie siècle, une somme équivalente à 2 milliards 160 millions de francs alla ainsi s'engouffrer dans les coffres de Londres et de Liverpool.

Cette union disproportionnée ne fut pas plus heureuse au point de vue militaire et diplomatique. Devenu l'humble satellite de l'Angleterre, le Portugal, malgré lui emporté dans l'orbite de sa puissante alliée pendant la guerre de la succession d'Espagne qui, commencée sous Pedro II, se continua sous son successeur Jean V, sur mer comme sur terre il n'éprouva que des revers. Vaincu par les armées franco-espagnoles à Almanza, puis à Villaviciosa, il dut souffrir d'autre part la désolation de ses colonies américaines par Duguay-Trouin. A la paix, en 1715, égoïstement abandonné par l'Angleterre, le Portugal n'obtint aucune compensation en échange de tant de vies d'hommes et de tant d'argent, sacrifiés par lui depuis douze ans.

Jean V n'en continua pas moins de perdre joyeusement son

royaume. Il contempla sans sourciller la désorganisation crois-
sante de l'armée, de la marine, de toutes les forces vives de la
nation. Hypnotisé par le faste de la cour de Versailles, il préten-
dit l'égaler, et épuisa les revenus des mines de diamant du Brésil, récemment découvertes, en prodigalités de toutes sortes, en

Le marquis de Pombal, ministre de Portugal.

édifices luxueux, en fêtes interminables ou en cadeaux pour ses
maîtresses. Ces offrandes à Vénus ne l'empêchaient pas de se
livrer aux exercices de la plus ardente piété. Il était atteint
d'une véritable manie liturgique pour les exercices de l'Église.
« Il avait obtenu, dit Frédéric II, un bref du pape lui permettant
de dire la messe à la consécration près ; ses plaisirs étaient des
fonctions sacerdotales, ses bâtiments étaient des couvents, ses
armées des moines, ses maîtresses des religieuses » (1). Son

____

(1) *Histoire de mon temps*, *1789*. (Note citée par M. Caix de Saint-Amour.)

œuvre pie la plus insensée au point de vue somptuaire est certainement le couvent de Mafra; il ne coûta pas moins de 150 millions de cruzades d'or (500 millions de francs). Après cela, comment s'étonner que Jean V ait pu obtenir du pape le droit si ardemment sollicité par lui d'ajouter à son nom celui de Roi très fidèle? Ce bigotisme dégénéra en véritable folie. Atteint de paralysie en 1744, Jean V se traîna encore six ans, abandonnant les rênes du gouvernement à son confesseur, le récollet Gaspard de Incarnaçao.

Prince médiocre, son fils dom José (Joseph Ier) eut du moins le bonheur de découvrir un grand ministre, Pombal, et le mérite de le laisser gouverner en son nom.

Sebastião José de Carvalho e Mello, comte d'Oeiras, plus connu dans l'histoire sous le nom de marquis de Pombal, était fils d'un officier de haute lignée, Michel Carvalho de Ataïde. Il débuta dans la vie publique en 1739 comme secrétaire d'ambassade à Londres, puis à Vienne. Les talents diplomatiques dont il fit montre dans les négociations entre l'Empire et la papauté relativement au patriarcat d'Aquilée attirèrent sur lui l'attention. Vers 1750, Joseph Ier l'appela à Lisbonne pour lui confier la direction des affaires.

Le désordre était alors à son comble dans l'armée, l'administration et les finances. Le commerce n'existait plus. Pombal entreprit d'arrêter son pays sur cette pente qui l'entraînait aux abîmes. Il chercha d'abord à relever son prestige en Europe. Il s'empressa de négocier avec tous les cabinets, envoya des instructions aux ambassadeurs portugais, en vue de faire comprendre à chaque gouvernement que les destinées du Portugal étaient confiées à une main plus ferme.

Il s'occupa ensuite de réorganiser l'armée : il simplifia l'armement, remonta la cavalerie, et fit appel au comte de Lippe-Buckebourg pour le rétablissement de la discipline. Vint le tour des réformes économiques ; il encouragea les arts mécaniques et surtout l'agriculture; pour obliger les Portugais à exploiter les richesses de leur sol, il interdit l'importation des blés et des bestiaux étrangers. Au point de vue commercial, il provoqua la formation de la Compagnie des Indes, de la Compagnie de Porto pour l'exportation des vins, et de celle du Grand Para, pour arracher à l'Angleterre le monopole du commerce avec le Brésil. Il fit rendre l'édit de 1752 sur l'exportation de l'or du Brésil. Il alla même jusqu'à frapper les marchandises étrangères d'un droit de 4 pour 100 qui visait surtout celles du Royaume-Uni.

D'autre part, Pombal s'appliqua à une plus grande écono-

mie dans les perceptions des impôts. Imbu des idées philosophiques qui dominaient alors en France, il n'hésita pas à s'atta-
quer aux nobles, les dépouilla d'une foule de privilèges onéreux
pour le Trésor et réunit à la couronne les domaines qu'ils déte-
naient indûment sur les terres coloniales et dont ils ne tiraient
aucun parti. Il osa même engager la bataille avec le Saint-Office,
dont il restreignit la juridiction, ainsi qu'avec la puissante et de
plus en plus envahissante compagnie de Jésus, qui ne comptait
alors pas moins de quatre mille membres en Portugal. En vain
gentilshommes et moines se liguèrent contre lui ; tous leurs com-
plots furent déjoués. Pombal fit trancher la tête au duc d'Aveiro
et au marquis de Taveira, coupables d'avoir conspiré contre le
roi. Tous autres rebelles eurent le même sort, ou furent empri-
sonnés. Plusieurs même furent pendus sans autre forme de
procès (1).

Contre les jésuites la lutte fut plus rude. Pombal les chassa
d'abord de la cour et obtint du pape Benoît XIV un bref de
réforme de leurs maisons en Portugal, puis il les impliqua dans
la conspiration du duc d'Aveiro, qui avait pour confesseur un
jésuite (2), en fit embarquer deux cent vingt-cinq d'un seul
coup, en octobre 1759, et en 1761 envoya à l'échafaud le P. Ma-
lagrida. Les jésuites avaient gardé jusqu'ici le monopole de
l'éducation de la jeunesse. Après leur départ, Pombal s'attacha
à leur trouver des remplaçants. Il fonda le Collège royal des
nobles, réorganisa l'université de Coïmbre et ouvrit des écoles
primaires à l'usage des enfants du peuple. Il prodigua en même
temps les encouragements à l'imprimerie et aux arts libéraux.

L'habile administration de Pombal se fit sentir jusqu'aux
colonies : il sut protéger celles d'Afrique contre les pirates bar-
baresques, et donner une nouvelle activité aux possessions orientales. Quant au Brésil, sa puissance économique ne fit que gran-
dir de jour en jour.

Où la haute valeur du premier ministre se révéla avec le
plus de force, ce fut lors du terrible tremblement de terre qui
ravagea Lisbonne (1er novembre 1755) et coûta la vie à trente
mille habitants. Le grand marquis demeura impassible, tout à
ses devoirs de chef du gouvernement. Il fit recueillir les morts,
mettre en sûreté les vivants et exécuter sommairement les mal-
faiteurs qui avaient profité du désarroi général pour piller les
maisons abandonnées.

----

(1) SILVERCRUYS. *Le Portugal.*
(2) BOUCHOT. *Op. cit.* — F. DENIS. *Le Portugal.*

A la mort de Joseph Ier, en 1777, remplacé sur le trône par sa fille dona Maria, Pombal comprit que les mécontentements qu'il avait soulevés par ses réformes ne lui permettraient plus de continuer à gouverner conformément aux intérêts du Portugal, et de lui-même il descendit du pouvoir. Les moines n'en poursuivirent pas moins de leur haine celui qui avait tant fait pour la patrie portugaise. Circonvenue par eux, dona Maria le leur livra. Exilé, par ordre de la reine, après un simulacre du procès d'Aveiro, le grand marquis ne survécut que dix mois à sa disgrâce. Il mourut le 5 mai 1782, à l'âge de quatre-vingt-trois ans.

Après lui, toute son œuvre s'écroula, et la décadence du Portugal devint irrémédiable. Pour comble de malheur, dona Maria devint folle en 1788, à la suite de la perte de son fils aîné, dom Gabriel, prince de Beira. Le pouvoir passa aux mains de son autre fils, dom João, proclamé régent. La paix avec les autres puissances était alors de toute nécessité pour le Portugal, réduit à la misère et exposé à une véritable anarchie intérieure. Dom João se laissa cependant entraîner par l'Angleterre dans les coalitions contre la République française en 1793 et 1799.

Le 27 février 1801, la guerre éclata entre le Portugal et la France, alliée à l'Espagne. Une garnison anglaise à Lisbonne, sous couleur de protectorat; les ports et les colonies ravagées par les croisières ennemies; la ruine des finances et du commerce; des pertes territoriales, tels en furent les résultats. Le traité de Badajoz (6 juin 1801) donna Olivença à l'Espagne, et celui de Madrid (27 novembre) la Guyane à la France.

Enfin, en 1807, sur le refus du Portugal d'adhérer au blocus continental, une armée française, commandée par Junot, marcha sur Lisbonne, où elle arriva le 27 novembre, mais pour voir mettre à la voile la flotte anglaise, qui emportait au Brésil la reine dona Maria, le régent, la cour, les ministres. La maison de Bragance fut déclarée déchue du trône, mais toutes les avances de Junot pour stimuler les sympathies des Portugais furent inutiles, et bientôt des émeutes éclatèrent sur divers points du territoire. Le jour de la Fête-Dieu, de nouvelles Vêpres siciliennes ensanglantaient Porto, où une junte insurrectionnelle fut constituée, qui appela les Anglais à la rescousse (29 juillet 1808). Wellington débarqua à La Corogne, battit Junot à Vimeiro le 30 août et l'obligea à signer la convention de Cintra, qui régla l'évacuation du Portugal par les Français.

Ils rentrèrent avec Soult (mars 1809), mais pour peu de temps. Le duc de Dalmatie ne put dépasser la Vouga. Une armée de sept mille Anglo-Portugais survint, qui le força à la retraite.

En 1810, troisième invasion, cette fois dirigée par Masséna. L'Enfant chéri de la Victoire entra à Lisbonne malgré Wellington. Mais toute sa tactique échoua contre la tactique défensive du général anglais, retranché derrière les lignes inexpugnables de Torres-Vedras. A moitié décimé par la famine, battu à la bataille de Busaco, Masséna dut, lui aussi, reprendre le chemin de la France (8 avril).

Les Portugais prirent à leur tour leur revanche en 1814 ; ils figurèrent à côté des Espagnols parmi les envahisseurs du midi de la France.

Le Portugal ne se ressentit aucunement des profondes modifications apportées dans l'échiquier européen par les événements de 1815. Le régent resta au Brésil et se contenta de transformer la dénomination de Portugal en « Royaume-Uni de Portugal et de Brésil ». Devenu roi à la mort de dona Maria (1816) sous le nom de Jean VI, il ne revint pas davantage en Europe. Cette indifférence et l'humiliation qui résultait de la transformation de la métropole portugaise en simple appendice du Brésil ne fut pas, on le conçoit, du goût des habitants de la Péninsule. Les grandes villes protestèrent énergiquement, et Porto, comme toujours, donna le signal des violences. C'est là que, le 24 août 1820, éclata la révolution qui devait aboutir à l'établissement en Portugal du gouvernement constitutionnel.

LA POLITIQUE CONTEMPORAINE

Par ALCIDE EBRAY

C'est de l'année 1820 qu'on peut faire dater la période contemporaine de l'histoire du Portugal, autrement dit l'ère constitutionnelle. Les phases par lesquelles a passé ce royaume, au début du xix⁰ siècle, ont été, à un point de vue général, assez semblables à celles par lesquelles ont passé presque tous les pays européens. Les mêmes causes y ont produit les mêmes effets, si l'on ne tient pas compte des particularités spéciales, qui, selon les pays, devaient donner une physionomie en apparence différente à des événements identiques au fond.

Comme en Allemagne, en Autriche, en Italie et en Espagne, pour ne citer que les régions principales du continent, la tourmente révolutionnaire et napoléonienne, maudite par les peuples conquis, qui n'en voyaient alors que les revers, laissa aussi après elle, en Portugal, des germes d'où devait naître un ordre de choses nouveau, dont la postérité devait apprécier les mérites, encore que les résultats obtenus ne répondissent pas à ce qu'on avait espéré. On eut beau, en tous pays, après la chute de Napoléon et l'éclipse de la domination française, rétablir l'ancien absolutisme et prendre comme règle de conduite politique les principes de la Sainte-Alliance, l'esprit libéral et constitutionnel, apporté par la vague de la conquête française, était resté vivace parmi les peuples, et n'attendait qu'une occasion de se manifester et de revendiquer ses droits. En Portugal, comme en quelques autres pays, ces revendications ne se produisirent malheureusement pas toujours avec l'ordre et l'esprit politique qu'on aurait pu désirer. Là, comme en Espagne et ailleurs encore, les amis des libertés publiques devaient être assiégés de doutes cruels quant à l'efficacité des doctrines qui leur étaient chères. En voyant le peuple portugais s'abandonner aux dissensions civiles au lieu de jouir de la liberté conquise, en le voyant préférer, au gouvernement vraiment constitutionnel, une série de coups d'État militaires, de révolutions et de contre-révolutions, ceux qui l'avaient doté d'institutions libérales, en croyant sincèrement lui être utiles, ont dû se demander souvent s'ils ne l'avaient pas plutôt desservi.

Cependant, après une pénible période de transition, après des fautes nombreuses, commises aussi bien par son peuple que par ses rois et ses gouvernants, le Portugal a fini par sortir de la phase chaotique et troublée d'où l'on avait pu craindre un moment qu'il ne sortirait jamais. Il s'en faut de beaucoup, il est vrai, qu'il se présente aujourd'hui à nous dans des conditions enviables ou même tolérables. Comme nous le verrons plus loin, la situation du royaume est critique à plus d'un point de vue. Cependant, l'ordre y règne enfin, une stabilité relative y a succédé à l'ère des insurrections populaires et des coups de main militaires ; le régime, sinon strictement parlementaire, du moins constitutionnel, y fonctionne tant bien que mal,

Jean VI, roi de Portugal.

en sorte que le Portugal peut prendre place auprès des autres États européens à vie normale.

1

La famille royale de Portugal avait cherché un refuge au Brésil, alors colonie portugaise, lorsque, en 1807, avait eu lieu l'invasion française. Quand le pays eut été rendu à lui-même, ses rois continuèrent, pendant quelque temps, de le gouverner de Rio-Janeiro. Ils commettaient ainsi une grande imprudence. Si la dynastie nationale avait eu souci de sa popularité, ou plutôt si elle avait mieux compris ses intérêts, elle serait immédiatement revenue en Europe après la restauration de son trône à Lisbonne. En restant au Brésil, elle ne pouvait que perdre les sympathies de la métropole. Après la mort de la reine Maria Ier, survenue le 20 mars 1816, la couronne passa à Jean VI, qui, lui aussi, resta provisoirement à Rio.

Le mécontentement, en Portugal, était déjà vif, lorsque commença, en 1820, la révolution espagnole. Elle se propagea immédiatement au royaume voisin, et c'est d'Oporto que partit le signal de la révolte. Cette ville a, de tout temps, été animée d'un esprit d'opposition très accentué. Aujourd'hui encore, quand les républicains portugais tentent quelque manifestation, c'est généralement à Oporto qu'ils agissent. Le 24 août 1820, une insurrection y éclata. Une junte fut constituée sous la présidence du comte Antonio Silveira, qui prit la direction du gouvernement et adressa un appel à la nation, demandant la convocation des Cortès et la proclamation d'une Constitution. Des Cortès existaient déjà, en effet ; mais cette institution ne signifiait pas plus que le gouvernement constitutionnel existât en Portugal, que nos anciens États généraux ne le représentaient pour la France. Le 15 septembre, Lisbonne suivait le mouvement dont Oporto avait pris l'initiative, et, bientôt après, tout le pays était gagné à la révolution. Un gouvernement provisoire fut institué avec l'évêque Freyre comme chef, et une députation fut envoyée à Rio, auprès du roi, pour le prier de rentrer à Lisbonne. Pendant ce temps, les Cortès, convoquées par la Junte, élaboraient un projet de Constitution, prenant pour modèle la Constitution espagnole de 1812, qui était très libérale, voire démocratique.

Le roi Jean VI, bien qu'il semblât préférer le séjour de Rio à celui de Lisbonne, comprit cependant qu'il ne pouvait tarder plus longtemps à rentrer dans son royaume proprement dit. Il s'embarqua donc pour l'Europe. Lorsque, le 3 juillet 1821, il arriva en vue des côtes de Portugal, il lui fut signifié par le gouvernement provisoire qu'il ne lui serait permis de débarquer que s'il prêtait d'abord serment aux principes essentiels du projet de Constitution. Le roi ne pouvait résister ; il prêta donc le serment qui lui était demandé. L'élaboration de la Constitution fut ensuite terminée le 23 septembre 1822.

Mais, bien loin qu'on fût parvenu au port, c'est alors, au contraire, que commença, à propos du maintien, de la suppression ou de la modification de la Constitution, une longue série de troubles qui, jetant le pays dans un état permanent de guerre civile, devaient en faire comme une parodie des États constitutionnels. Pendant que le Brésil se séparait de la mère patrie, se constituait en État indépendant et choisissait pour empereur le prince royal lui-même, dom Pedro, fils aîné du roi Jean VI, un parti d'opposition factieuse s'organisait dans la métropole, tendant à l'abolition de la Constitution et au rétablissement de l'ancien ordre de choses. Ce parti avait pour chefs : la reine elle-même, Charlotte, fille de Charles IV d'Espagne, puis son

plus jeune fils, le fameux dom Miguel, aussi ambitieux que violent. Celui-ci se mit à la tête des mécontents, et adressa un appel à la nation, lui demandant le rétablissement de la monarchie absolue. L'armée, ayant fait cause commune avec lui, la réaction commença partout. Le roi lui-même, qui craignait sans doute de se voir emporter par le courant, s'il voulait lui résister, et qui, du reste, ne subissait la Constitution qu'à contre-cœur, la déclara abolie. Partout la contre-révolution l'emporta.

Dom Miguel, roi de Portugal (1828).

Cela ne suffisait pas à dom Miguel, qui, en avril 1824, tenta de forcer son père d'abdiquer en sa faveur. Jean VI s'enfuit alors du royaume, mais il y fut rétabli dans ses droits par l'intervention de la diplomatie européenne. Ce fut alors le tour de dom Miguel de prendre le chemin de l'étranger. Le père et le fils ne se revirent plus, et Jean VI mourut le 10 mars 1826. Telle fut la première phase de l'histoire constitutionnelle du Portugal. La Charte de 1822 était supprimée quand le roi mourut; mais, dans la suite, elle devait servir d'arme aux partis d'opposition libérale, qui firent figurer son rétablissement parmi leurs revendications.

Le fils aîné du roi défunt était dom Pedro, que les Brésiliens avaient proclamé empereur. Se comportant en héritier de la couronne de Portugal, il octroya aussitôt au royaume une Constitution, qui porte la date du 29 avril 1826, et qui est connue sous le nom de « Carta de lei ». C'est cette Charte qui, modifiée à différentes reprises, forme encore aujourd'hui la base de la Constitution portugaise. Cependant dom Pedro, ne pouvant être en même temps empereur du Brésil et roi de Portugal, abdiqua ses droits au trône de ce royaume en faveur de sa fille, Maria II da Gloria. Il la fiança à son frère, dom Miguel, le même qui avait dû quitter le pays pour avoir conspiré contre son père, le roi Jean. Mais dom Miguel, bien qu'il eût été nommé régent par dom Pedro (car Maria da Gloria n'avait encore que sept ans), était trop ambitieux pour se contenter du rôle qui lui était dévolu. Il devait bientôt s'insurger contre les volontés de dom Pedro, et chercher, non seulement à se comporter en roi, sans tenir compte des droits de Maria da Gloria, mais encore à détruire le régime constitutionnel et libéral; car il était resté, comme au temps de la première Constitution, partisan de l'ancien régime. Entre les deux frères, dom Miguel et dom Pedro, commença donc une lutte qui dura plusieurs années. Dom Pedro, dont les partisans prirent le nom de *pédristes*, défendait les droits de sa fille et la cause de la Constitution; dom Miguel, dont les adhérents étaient les *miguélistes*, combattait pour l'absolutisme et pour sa propre ambition, et représentait, en quelque sorte, le parti légitimiste portugais, comme, plus tard, don Carlos devait représenter, en Espagne, le parti légitimiste espagnol.

Le premier acte de dom Miguel, lorsqu'il arriva à Lisbonne, au mois de février 1828, fut d'abolir la Constitution. Il fit ratifier cet acte par les anciennes Cortès, qu'il avait convoquées, et se fit proclamer par elles le 30 juin, roi absolu du Portugal. Presque tout le pays tomba rapidement en son pouvoir, et il n'y eut bientôt plus que l'île de Terceira, dans les Açores, qui fût encore fidèle à la reine Maria. Cependant dom Pedro, en apprenant la conduite de son frère, renonça à la couronne du Brésil, en avril 1831, et s'embarqua pour l'Europe afin de défendre les droits de sa fille. Il aborda avec une armée de 12 000 hommes, à l'embouchure du Douro. Oporto, toujours fidèle à la cause libérale, lui ouvrit ses portes. Il établit dans cette ville son quartier général, et entreprit de reconquérir le royaume de sa fille. Il y réussit après des péripéties variées, et après que dom Miguel eut essuyé plusieurs défaites. Dom Pedro était, du reste, aidé dans cette entreprise par l'Angleterre et l'Espagne, en vertu d'un traité d'alliance signé le 22 avril 1834. Le 23 septembre 1833, la reine Maria avait fait son entrée dans

Dona Maria da Gloria, reine de Portugal
(1846-1853).

Lisbonne, et, le 26 mai 1834, dom Miguel, dont la cause était irrémédiablement perdue, signait le traité d'Evora, par lequel il renonçait à tous ses droits à la couronne de Portugal et s'engageait à quitter pour toujours le pays. Dom Pedro rétablit alors la Constitution de 1826, dont il était l'auteur, se fit proclamer régent par les Cortès, mais mourut bientôt après, le 24 septembre 1834. La reine Maria, qui avait été déclarée majeure, se maria en 1835 au duc Auguste de Leuchtenberg, et, après la mort de celui-ci, en 1836, au prince Ferdinand de Saxe-Cobourg et Gotha.

La sédition miguéliste étant vaincue, l'ère de l'absolutisme était finie pour le Portugal, et la cause de la Constitution gagnée. Mais il s'en fallait encore de beaucoup que le régime constitutionnel fonctionnât régulièrement. Comme il était naturel, il se forma, dans les Cortès et dans le pays, deux partis, l'un avancé, l'autre plus conservateur. La Constitution de septembre 1822, accordée par Jean VI, était plus libérale et plus démocratique que celle de

Costa Cabral, comte de Thomar, président du conseil (1839-1851).

1826, la « Carta », dont dom Pedro était l'auteur; le parti avancé en prit donc le rétablissement pour programme. On appela ses adhérents les *septembristes*. Leurs adversaires, qui formaient le parti modéré, ou conservateur, étaient les *pédristes*, ou *cartistes*. Si septembristes et cartistes s'étaient bornés à travailler au triomphe de leurs vues par des moyens parlementaires et légaux, on aurait assisté à des luttes politiques très vives, il est vrai, mais qui n'eussent eu rien de déshonorant pour le pays où elles se livraient. Malheureusement, il n'en fut rien. C'est aux insurrections, aux coups de main militaires, aux *pronunciamientos*, que septembristes et cartistes eurent recours pour défendre la Constitution qui avait leurs sympathies. Aussi, le règne de Maria II da Gloria fut une période très agitée, presque aussi troublée que celle de la guerre miguéliste. C'est ainsi que les septembristes, s'étant emparés du pouvoir, en 1836, rétablirent la Constitution de 1822, après l'avoir revisée. En 1842, Costa Cabral (le comte Thomar), ayant renversé de nouveau, par des moyens illégaux, le régime septembriste, rétablit à son tour la Constitution de 1826. En 1846, nouvelle insurrection qui obligea Costa Cabral à quitter le royaume. Pendant que septembristes et cartistes se disputaient le pouvoir, les miguélistes reprenaient courage, et, d'autre part, le parti républicain commençait à se manifester. La reine, effrayée de la tournure que prenaient les choses, eut recours de nouveau, en 1847, à l'intervention de l'Espagne et de l'Angleterre pour rétablir l'ordre. Ensuite, elle confia le pouvoir au maréchal Saldanha, du parti cartiste. Mais le maréchal, ayant dû, peu après, faire place à Costa Cabral, passa, de dépit, à l'ennemi. Il ourdit un complot septembriste et renversa Cabral, en 1851. Il entra à Lisbonne le 15 mai, se fit proclamer généralissime et président du ministère et gouverna en vrai dictateur. Cependant, bien qu'il eût embrassé, par pure ambition, la cause du parti septembriste, il laissa subsister la Constitution de 1826, après lui avoir fait subir, il est vrai, pour donner satisfaction à son nouveau parti, certaines modifications inspirées d'un esprit démocratique. Ce fut l'acte additionnel du 5 juillet 1852 qui consacra cette revision; avec le pacte fondamental de 1826, il forme la Constitution actuelle du royaume. Cette Constitution a subi dans la suite quelques autres modifications légères, d'abord en 1885, puis en 1896, mais l'esprit général n'en a pas été changé.

Ce qu'est cette Constitution, si péniblement élaborée, quels droits elle accorde à la nation et quelles prérogatives elle laisse au souverain, nous n'avons pas à l'exposer ici, puisque une étude spéciale est consacrée dans ce volume au gouvernement du Portugal, en sorte qu'il nous suffit d'y renvoyer le lecteur. Nous n'avons qu'à exposer ici les événements qui ont marqué la genèse des libertés publiques en Portugal, événements qui, malheureusement, ont montré de quelle étrange manière les Portugais comprenaient alors le régime constitutionnel.

II

La reine Maria II da Gloria mourut le 15 novembre 1853, sans avoir exercé aucune influence appréciable sur la politique de son royaume, puisque, durant presque tout son règne, le pouvoir fut au pouvoir des factieux.

Dom Pedro V, roi de Portugal
(1853-1861).

Le fils et successeur de Maria II da Gloria monta sur le trône sous le nom de Pedro V. Sa majorité ne fut proclamée que le 16 septembre 1855, et, jusqu'à cette date, il régna sous la tutelle de son père. Le maréchal Saldanha conserva le pouvoir jusqu'en 1857, époque à laquelle les difficultés financières, qui commençaient à être pressantes, en attendant qu'elles rendissent la situation générale très précaire, le contraignirent à se retirer.

Après lui, les partis continuèrent à se disputer le pouvoir, mais ils le firent plus régulièrement, nous dirions plus constitutionnellement que par le passé. On ne vit plus se produire, en effet, des coups d'État ou des coups de main, comme au temps de Maria II da Gloria. La lutte se localisa dans le Parlement, et resta à peu près légale, quoique souvent très orageuse. Du reste, l'aperçu qui va suivre des événements ultérieurs montrera combien les usages parlementaires étaient encore dans leur enfance.

La démission du maréchal Saldanha fit revenir au pouvoir les septembristes purs, dont le ministre démissionnaire n'avait embrassé la cause qu'à demi et par ambition. Cependant, le maintien de la Constitution de 1826 ne fut plus mis en question. La présidence du ministère septembriste fut confiée au marquis de Loulé, personnage qui devait jouer un rôle important dans les années qui suivirent. Dès le début de son gouvernement, le nouveau premier ministre éprouva de grandes difficultés à se défendre contre les attaques de l'oppositon cartiste. On vit alors commencer une pratique qui, dans la suite, se renouvela quelquefois, non seulement en Portugal, mais surtout en d'autres pays, en Espagne, en Italie, en France, et qui vicia complètement le régime parlementaire, le rendant totalement différent du modèle qu'en avait donné l'Angleterre. Cette pratique consista à composer un gouvernement avec les éléments empruntés à différents partis, au lieu de laisser ceux-ci alterner régulièrement au pouvoir. Désespérant donc de tenir tête aux cartistes, le duc de Loulé essaya de s'en concilier les éléments les plus modérés en les admettant dans son cabinet, en particulier d'Avila, à

Le maréchal Saldanha.

qui il confia le portefeuille des Finances. Cependant, cette combinaison ne fut pas d'un grand profit pour son auteur. Le ministère Loulé-d'Avila tomba au mois de mai 1859.

C'est à cette époque qu'on vit arriver au pouvoir un parti nouveau, qui s'était baptisé lui-même du nom de « régénérateur » (*regenerador*), et qui était composé d'anciens partisans du maréchal Saldanha. C'est dire qu'il représentait une nuance intermédiaire, tenant le juste milieu entre les cartistes, conservateurs, et les septembristes, libéraux avancés. Aujourd'hui encore, le parti régénérateur existe en Portugal et y joue un rôle important. En effet, le parti miguéliste, ou légitimiste, n'existe plus qu'à l'état théorique et pour le maintien des traditions. D'autre part, l'ancien parti cartiste a fini par s'absorber dans le parti régénérateur ; en sorte qu'il n'y a plus aujourd'hui que deux partis importants : le parti régénérateur, ou de droite, et le parti progressiste, ou de gauche, ce dernier ayant fait place aux anciens septembristes. Mais revenons au lendemain de la chute du cabinet Loulé-d'Avila.

Le premier ministère régénérateur eut pour chef le duc de Terceira, puis, après la mort de celui-ci (avril 1860), le conseiller d'État d'Aguiar. Les remous d'un parlementarisme mal réglé firent bientôt revenir au pouvoir un ministère Loulé-d'Avila, qui, pour se maintenir, procéda à la dissolution des Cortès.

La mort du roi Pedro V et l'avènement au trône de son frère, Louis Ier (11 novembre 1861), n'entraînèrent pas immédiatement la démission du ministère Loulé-d'Avila, qui conserva la direction des affaires jusqu'au mois d'avril 1865, époque à laquelle il fit place à un nouveau gouvernement, présidé par le marquis de Sá da Bandeira.

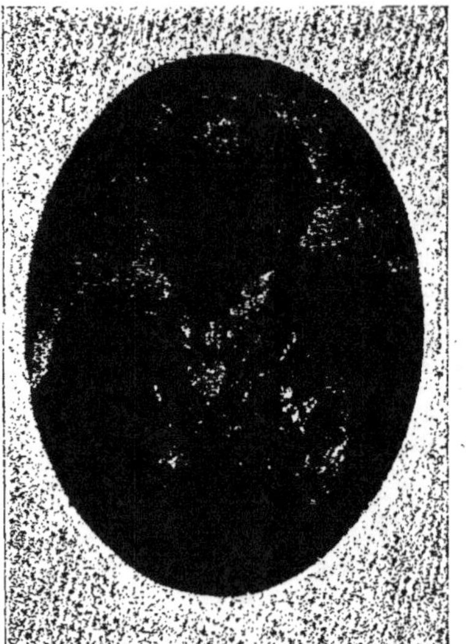

Le duc de Loulé (1857-1870).

Cependant, la confusion parlementaire continue, et, pendant plusieurs années, nous voyons se succéder des ministères dont il serait sans intérêt d'étudier l'existence en détail. Signalons, toutefois, que la question financière devient de jour en jour plus grave, empoisonnant la vie politique du pays. Pour faire face au déficit croissant, un ministère présidé par d'Aguiar fait adopter par les Cortès un impôt de consommation et des réformes administratives. Mais le peuple s'émeut, des insurrections éclatent, en particulier à Lisbonne (janvier 1868), et d'Aguiar donne sa démission. Son successeur, d'Avila, propose aux Cortès l'abrogation des lois qui ont provoqué la révolte. Les Cortès résistant, elles sont dissoutes, et les lois en question sont suspendues par le gouvernement de sa propre autorité. Les nouvelles Cortès lui votent un bill d'indemnité, mais elles se refusent à adopter les nouveaux projets qui lui sont soumis pour rétablir l'équilibre budgétaire, et qui consistent dans la vente des forêts domaniales, dans l'aliénation des biens de mainmorte et dans l'augmentation des droits de douane. Le ministère d'Avila veut alors dissoudre de nouveau les Cortès, mais il est obligé de démissionner en présence du refus du roi de sanctionner cet acte. On échappe ainsi à l'insurrection, mais pour retomber dans l'ornière du déficit.

Le Portugal se trouvait donc déjà dans une situation peu enviable, lorsque se produisit un événement qui fit crain-

Luiz Ier, roi de Portugal (1861-1889).

dre un instant que le pays ne revînt au système maudit des pronunciamientos. Le duc de Saldanha, ayant gagné à sa cause la garnison de Lisbonne, s'empara du palais royal, le 19 mai 1870, et força le roi à le nommer président du conseil. Mais l'usurpateur ne put se faire accepter par les Cortès, et il dut abandonner le pouvoir le 30 août de la même année. Le coup de main de Saldanha reste un exemple isolé dans l'histoire du Portugal depuis la mort de Maria II da Gloria.

Après une courte période d'instabilité, le roi appela au gouvernement (sept. 1871) le parti régénérateur, qui put s'y maintenir pendant quelques années. Le conseiller d'État de Fontes Pereira de Mello prit la présidence du ministère, et, comme la question financière continuait d'être très délicate, il s'attribua en même temps le portefeuille des Finances. Il reprit l'œuvre difficile de rétablir l'ordre dans le Trésor, et obtint quelques

Fontes Pereira de Mello,
président du conseil.

résultats, grâce à des réformes administratives. Mais il ne parvint pas à combler le déficit budgétaire. Son administration prit fin au mois de mai 1879, après avoir été interrompue, de mars 1877 à janvier 1878, par la courte apparition au pouvoir d'un ministère de coalition. Le parti libéral arriva alors au pouvoir, pour l'abandonner à son tour en novembre 1881, après avoir compté deux ministères. Le premier, présidé par M. Braamcamp, commença par dissoudre les Cortès, qui, élues sous le gouvernement régénérateur, lui étaient restées fidèles, puis il tomba, le 23 mars 1881, par suite du traité conclu avec l'Angleterre. Quant au second ministère libéral, celui de M. Sampaio, il ne dura que de mars à novembre 1881.

Le traité avec l'Angleterre, auquel nous venons de faire allusion, marque le début d'une ère de complications coloniales anglo-portugaises, qui devaient nécessairement avoir leur contrecoup sur les destinées des gouvernements de la métropole. Une étude spéciale est consacrée, dans ce volume, aux colonies portugaises, montrant que le Portugal, malgré la perte ou la sécession de ses plus belles colonies, a néanmoins conservé quelques domaines précieux de son ancien empire d'outre-mer. Malheureusement, il n'en tire qu'imparfaitement parti, ce qui l'expose aux convoitises d'autres puissances colonisatrices plus actives et plus entreprenantes que lui. C'est surtout de l'Angleterre dont nous voulons parler. Son expansion continue, en particulier

Carlos Ier, né à Lisbonne en 1863,
roi de Portugal depuis 1889. — Phot. A. Bobone.

dans l'Afrique du Sud, devait la mettre en contact, et en conflit, avec d'autres puissances européennes, à l'égard desquelles elle devait avoir d'autant moins de ménagements qu'elles étaient plus incapables de coloniser. Le Portugal en fit l'expérience, bien que, depuis longtemps, sa politique étrangère eût surtout consisté à marcher dans le sillage de l'Angleterre. En 1878, le gouvernement portugais avait déjà accordé à cette puissance le libre transport de ses marchandises à travers le territoire de Delagoa, au sud de la colonie de Mozambique, aussi bien pour les importations au Transvaal que pour les exportations venant de ce pays. L'année suivante fut signé le traité de Lourenço-Marquez, qui concédait aux Anglais la construction d'un chemin de fer de Lourenço-Marquez à Pretoria. C'est ce traité qui causa la chute du ministère libéral de M. Braamcamp, le public l'ayant accusé d'avoir livré les droits du Portugal, et des soulèvements populaires s'étant produits.

Le parti régénérateur étant revenu au pouvoir avec M. de Fontes Pereira de Mello, les questions africaines continuèrent de s'imposer aux préoccupations du gouvernement.

Le général de Abreu de Sousa, président du conseil en 1890.

C'est à cette époque, effectivement, que fut réglée la question du Congo. Le Portugal avait imaginé, pour prévenir les ambitions des puissances, et, en particulier, celles de l'Angleterre, de conclure avec ce dernier pays un traité assurant aux deux contractants la possession du Congo inférieur. Mais, d'autres puissances ayant protesté, notamment la France et l'Allemagne, la question fut soumise à la Conférence internationale du Congo qui se réunit à Berlin. C'est à cette occasion que furent établies les limites du nouvel État du Congo, qui était constitué en État indépendant.

Le règlement définitif de ces questions devait intervenir sous un autre ministère. En effet, le cabinet Fontes avait voulu reprendre l'œuvre épineuse de rétablir l'équilibre financier.

Cette entreprise lui fut fatale, comme à tant d'autres. Son projet sur l'élévation des droits de douane ayant été repoussé par les Cortès, il se retira (février 1886).

Le ministère libéral de M. Luciano de Castro, qui lui succéda, eut à conduire des négociations avec une autre puissance coloniale, qui venait de faire son apparition en Afrique, sur les confins des possessions portugaises : à savoir l'Allemagne. Il s'agissait de fixer la frontière entre le Mozambique portugais et l'Afrique orientale allemande, d'une part, et de l'autre, entre le sud-ouest africain allemand et la colonie portugaise d'Angola. Devant les exigences de l'Allemagne, le Portugal, qui ne pouvait pas plus lui résister qu'à l'Angleterre, abandonna quelque chose de ses droits. Finalement, au mois de juillet 1887, les Cortés approuvèrent les différents traités de

José Dias Ferreira, président du conseil en 1892.

Phot. Camacho.

délimitation conclus par le ministère Fontes et le ministère Luciano de Castro.

Le 19 octobre 1889, le roi Luiz mourut, laissant la couronne à son fils, le roi Carlos Ier, qui conserva sa confiance au ministère libéral.

Bien qu'il fût encore très jeune (il est né en 1863), Carlos Ier se signala, dès son avènement, par beaucoup de décision et d'énergie.

Malheureusement, les débuts de son règne furent marqués par de nouvelles complications avec l'Angleterre, qui mirent à une pénible épreuve la fierté nationale. La politique britannique avait déjà jeté son dévolu sur les contrées de l'Afrique australe.

qui devaient être appelées plus tard à un brillant avenir, et qui sont communément connues aujourd'hui sous le nom de Rhodésia. L'Angleterre et le Portugal élevaient l'une et l'autre des prétentions sur le pays des Makololo, où opérait alors le ma-

M. Hintze-Ribeiro, président du conseil
en 1893.

Phot. Biel, Porto.

jor portugais Serpa Pinto. Le 11 janvier 1890, le gouvernement anglais présenta un ultimatum au gouvernement portugais, le sommant de faire évacuer le pays qui formait l'objet du litige. Le ministère dut plier devant la force. Mais alors éclatèrent des troubles, qui forcèrent M. Luciano de Castro à se retirer.

Son successeur, M. Serpa Pimentel, ne parvint pas à conclure un arrangement définitif avec l'Angleterre. Le général de Abreu de Souza, qui le remplaça au ministère (octobre 1890), poursuivit les négociations en cours, qui aboutirent, le 28 mai 1891, à la signature d'un traité anglo-portugais réglant le différend. Une partie du territoire contesté, au nord du Zambèze, était laissée au Portugal; en même temps, la liberté de la navigation sur le Zambèze et le Chiré était proclamée. Ce traité fut approuvé par les Cortès le 6 juin.

A peine sorti de cette crise, le gouvernement eut à songer de nouveau aux difficultés financières, qui devenaient de jour en jour plus pressantes. Le ministère Abreu de Sousa, désespérant d'en venir à bout, se retira, et fit place à un cabinet Dias Fereira. Celui-ci fit adopter par les Cortès une loi qui diminuait les appointements des fonctionnaires publics, dans des proportions variant de 5 à 20 pour 100, et qui élevait les impôts directs. En même temps, le roi renonçait à un cinquième de sa liste civile. Mais il semble que le mal parût incurable. Alors le Portugal recourut à l'expédient suprême des pays à finances avariées : la banqueroute d'État. Un décret du 13 juin 1892 fit savoir aux créanciers du Portugal qu'ils ne toucheraient à l'avenir que le tiers des intérêts qui leur étaient dus. Les gouvernements étrangers protestèrent au nom de leurs nationaux, créanciers du Portugal. M. Dias Fereira donna sa démission, et eut pour successeur M. Hintze Ribeiro, procureur général à la Cour suprême (22 février 1893). Le nouveau premier ministre tenta, à son tour, l'œuvre ingrate à laquelle s'étaient usés ses prédécesseurs. Il réalisa quelques économies, en particulier en diminuant de dix mille hommes l'effectif de l'armée, en sorte qu'il put offrir aux créan-

M. José Luciano de Castro,
président du conseil en 1886 et en 1897.

ciers étrangers un traitement un peu moins défavorable que celui auquel ils avaient été réduits par le précédent ministère. Seulement, les demi-mesures et les réformes dedétail ne suffisaient plus. Le cabinet Hintze Ribeiro se décida donc, lui aussi, à présenter aux Cortès un plan général de réformes : comme l'industrie, le commerce et la propriété foncière étaient atteints par les projets du gouvernement, le ministre des Finances se heurta partout à une vive résistance, en sorte qu'il se retira (4 septembre 1894). M. Hintze Ribeiro ne voulut pas abandonner les projets de son collègue démissionnaire ; il ajourna, puis finit par dissoudre les Cortès qui y étaient hostiles. Mais il eut beau obtenir une majorité aux nouvelles élections, l'œuvre de réparation entreprise dépassait ses forces, et, lorsque, le 7 février 1897, son ministère fit place à un cabinet libéral présidé de nouveau par M. Luciano de Castro, le problème financier attendait encore sa solution.

Entre temps, M. Hintze Ribeiro avait eu à réprimer, dans la colonie de Mozambique, une insurrection assez sérieuse fomentée par le chef cafre Gungunhana. On put craindre même un moment que les difficultés financières ne fussent sur le point de se compliquer de difficultés coloniales. Heureusement, un officier de valeur, Mousinho de Albuquerque, parvint, sans qu'il en coutât trop de sacrifices, à étouffer la révolte.

M. Luciano de Castro, en arrivant au pouvoir, a procédé comme tous ses prédécesseurs, c'est-à-dire qu'il a élaboré des projets financiers. Il a mis beaucoup de conscience à faire la lumière sur la situation véritable du pays, qu'on n'avait pas toujours eu le courage de montrer sous son vrai jour. C'était donc une œuvre méritoire.

Telle a été, résumée dans ses grandes lignes, la politique du Portugal depuis le début de l'ère constitutionnelle. Certes, les résultats obtenus ne sont pas brillants, et, en présence de cet affaissement de tout un pays, on éprouve une grande difficulté à s'en expliquer les causes. D'autres pays ont dû passer par les mêmes orages ; ils en ont même vu de plus terribles encore. Et pourtant, ils en sont sortis moins meurtris que le Portugal. Ce dernier, mieux partagé que l'Espagne, par exemple, n'a pas été dévasté durant de longues années par des guerres civiles répétées, comme celles qu'a déchaînées le parti carliste, car ni les troubles de l'époque miguéliste, ni les coups d'État du règne de Maria II da Gloria, ne furent jamais rien de comparable, quelque tristes qu'en fussent les effets, aux profondes commotions qui bouleversèrent la monarchie voisine. Il n'a pas eu non plus, bien qu'il ait été, à différentes reprises, obligé de rétablir l'ordre dans ses possessions d'outre-mer, à soutenir des guerres coloniales aussi longues et aussi acharnées que celles de l'Espagne à Cuba et aux Philippines, guerres qui devaient finir par se compliquer d'un redoutable conflit armé avec une puissance étrangère. Mieux partagé aussi que l'Italie, le Portugal n'a pas eu à livrer des luttes difficiles pour se constituer en État unitaire et pour conquérir son indépendance contre un empire puissant. Et pourtant, ni l'Espagne ni l'Italie ne sont tombées aussi bas que le Portugal. Car, il ne faut pas se le dissimuler, la banqueroute d'État, si elle frappe moins l'imagination des foules qu'une guerre étrangère malheureuse ou que des troubles civils sanglants, jette cependant sur le pays qui ne craint pas d'y avoir recours un discrédit beaucoup plus grand. Or, ni l'Espagne, ni l'Italie, malgré les difficultés énormes contre lesquelles elles ont eu à lutter sur le terrain financier, n'ont consenti à manquer à leurs engagements.

Est-ce à dire qu'il faille désespérer de l'avenir du Portugal? Nous ne le croyons pas. Sa richesse naturelle n'est pas épuisée, malgré les apparences, et c'est uniquement à une mauvaise administration qu'il faut attribuer ses maux présents. Sans doute, il est plus difficile aujourd'hui de les guérir qu'il ne l'eût été de les prévenir. Mais on semble enfin avoir compris que le salut du pays dépend de réformes radicales, et les différents ministères, à quelque parti qu'ils appartiennent, se mettent à l'œuvre courageusement. Peut-être n'est-il pas encore trop tard pour le relever des ruines qui sont amoncelées devant nous. Ce relèvement, les amis du Portugal le souhaitent vivement. C'est pourquoi, au risque d'être accusés de trop de sévérité, ils estiment qu'il est de leur devoir de signaler sans ménagements les fautes qui ont été commises.

L'EXPANSION COLONIALE
AU XVIe SIÈCLE

Par Z. CONSIGLIERI PEDROSO

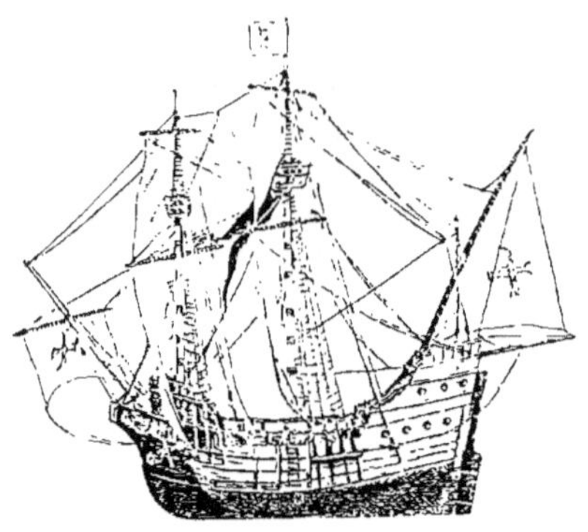

La caravelle *San Gabriel*,
à bord de laquelle Vasco de Gama
exécuta son premier voyage aux Indes.
D'après un modèle conservé au musée de la Marine,
à Lisbonne.

L'histoire du Portugal, depuis le milieu du xve siècle jusqu'à la fin de la première moitié du xvie, représente véritablement l'histoire de la civilisation européenne dans ses meilleures espérances et dans ses résultats les plus élevés. C'est pendant ces cent ans que se font les découvertes les plus merveilleuses : Porto-Santo, dans les brumes de l'Atlantique, Malacca, les Moluques et le mystérieux Zimpango, dans les mers orientales ; le Portugal, porte-étendard du monde civilisé, va, comme un dernier croisé dans la suprême bataille contre les superstitions du moyen âge, parcourant les mers, prenant, au nom de l'Occident, possession des continents, ouvrant de nouveaux chemins au commerce universel, se distinguant dans des luttes homériques contre le grand et traditionnel ennemi de la chrétienté, le musulman, qu'il écrase dans les mers de l'Inde et de Perse en tant de rencontres mémorables.

Jamais la vie d'une nation ne s'est plus intimement confondue avec les destinées mêmes du monde que durant cette lumineuse période des découvertes portugaises, auxquelles est principalement due la révolution profonde que les conquêtes d'outre-mer ont opérée dans les habitudes et dans l'économie des nations modernes.

Les découvertes des Espagnols, les seules qui puissent, par leur étendue, être comparées à celles des Portugais, sont loin cependant d'avoir la même signification et une égale importance. Non seulement Colomb a emprunté des Portugais l'idée

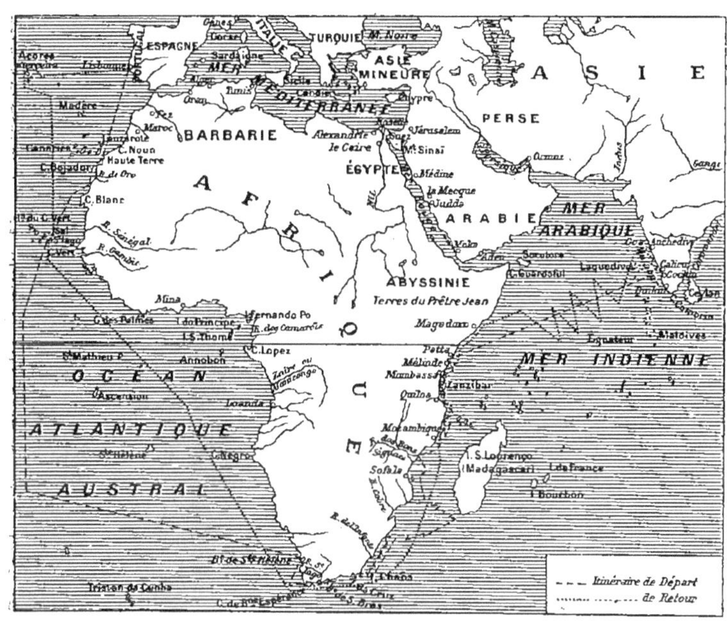

Route suivie par Vasco de Gama lors de son premier voyage aux Indes.

de rencontrer les Indes en naviguant toujours dans la direction de l'ouest, mais quand il s'est aventuré sur sa caravelle, déjà l'Océan n'était plus peuplé de fantômes ni parsemé des abîmes dangereux contre lesquels avaient lutté les marins sortis de Lisbonne à la recherche des mystères de la mer australe.

L'illustre Génois est seul, isolé dans sa grandeur épique, tandis que Vasco de Gama est le dernier d'une pléiade de cent héros, depuis Vaz Teixeira et Gonsalvez Zarco jusqu'à Barthélemeu Dias, sans parler de l'infant dom Henrique.

L'œuvre géographique du Portugal lui fut dictée par la logique même des choses : la mer était le seul chemin ouvert à l'activité virile de la nation, puisque du côté des royaumes chrétiens l'espace lui manquait pour étendre ses frontières.

Toute l'histoire portugaise durant la première dynastie peut se diviser en deux périodes : celle qui va d'Alfonse Henriques à Alfonse III, mort en 1279, fut entièrement occupée par les luttes avec la monarchie léonaise pour obtenir l'indépendance, et par les guerres avec les Maures pour conquérir le territoire jusqu'à l'acquisition de l'Algarve. La seconde période, qui s'étend jusqu'à l'avènement au trône de la dynastie des Aviz, en 1385, est l'époque de préparation dans laquelle se coordonnent et se renforcent les éléments qui, dans la période suivante, vont donner une nouvelle orienta-

L'Infant Dom Henrique, dit *le Navigateur*.

tion à la politique portugaise. Dom Diniz ou Denys jeta les premiers fondements d'une marine de guerre, engageant à cet effet le célèbre Génois Pezagno, auquel il conférait, avec le titre d'amiral, le commandement de l'escadre qu'il avait organisée (1317).

Durant le règne de dom Affonso IV ou Alphonse IV (1325-1357), il paraît bien qu'on organisa une première expédition aux îles Canaries, aux *Afortunadas*, comme on les appelait alors.

Cependant le règne le plus fécond pour la politique maritime du Portugal fut celui de dom Fernando ou Ferdinand Ier (1345-1373). Malgré des préoccupations de tout ordre, ce monarque continua de donner une grande impulsion au commerce et à la navigation, par la création des bourses et des assurances maritimes, ainsi que par les avantages qu'il accordait aux armateurs.

Pour ces motifs, le règne de dom Fernando, bien que de nombreuses taches en fassent une des pages les plus sombres de l'histoire du Portugal, doit être considéré comme une introduction préparatoire à l'âge d'or des découvertes. Sans la législation due à ce roi, on comprendrait mal l'impulsion que reçut tout à coup la politique maritime du Portugal au commencement de la dynastie d'Aviz. L'héroïsme des fils de dom João Ier ou Jean Ier n'est pas suffisant pour l'expliquer, bien qu'il soit certain que sans ce groupe de princes unique dans l'histoire, principalement sans la volonté de fer de dom Henrique et sans la vaste science géographique de l'infant dom Pedro, les découvertes portugaises n'auraient pas pris un développement aussi extraordinaire.

Les agitations qui signalèrent les derniers règnes de la première dynastie suspendirent pendant un certain temps les voyages maritimes, notamment au temps d'Alfonse IV.

Vasco de Gama,
statue par Simões d'Almeida.

Avec la seconde dynastie, le mouvement s'accentua et prit immédiatement de vastes proportions. Jean Ier s'empara de Ceuta en 1415. Ce fut alors que deux de ses fils se mirent à la tête d'entreprises nouvelles. Une place honorablerevient sans doute au roi philosophe, dom Duarte ou Édouard, et au martyr qui sacrifia sa vie à la cause de la patrie, dom Fernando (Ferdinand), mais les deux grands promoteurs des découvertes furent l'infant dom Pedro et l'infant dom Henrique.

L'infant dom Pedro ou Pierre, second fils de Jean Ier, fut un savant et l'un des plus grands humanistes de son temps; la majeure partie de sa vie se passa en voyages d'étude; il parcourut presque toute l'Europe; il alla en Égypte, aux lieux saints; il visita la cour du Grand Turc. Venise, connaissant son goût pour les choses géographiques, lui offrit un exemplaire de Marco Polo. De retour en Portugal, dom Pedro utilisa les énormes matériaux d'expériences et d'investigations qu'il avait récoltés pour exercer une influence prépondérante dans l'orientation des expéditions d'outre-mer que projetait son frère. Ses conseils contribuèrent beaucoup au succès des premières tentatives. Le jour où l'infant dom Henrique méprisa ses prudents avis, il en fut puni par ce désastre de Tanger qui faillit compromettre l'avenir de la navigation portugaise.

Portrait de Vasco de Gama et vue de Calicut.
Fac-similé d'une ancienne gravure.

L'infant dom Henrique ou Henri le Navigateur, troisième fils de Jean Ier, né à Porto en 1394, fut un véritable halluciné, sacrifiant tout ce qui pouvait s'opposer à la réalisation de son idéal; sa vie est le meilleur exemple de ce que peuvent la ténacité et la persistance mises au service d'une idée. Ce rêveur fanatique devenait terrible quand il s'agissait de la réalisation de ses desseins.

Pour ne pas perdre Ceuta, base du futur empire colonial, il s'opposa au rachat de son frère, Ferdinand, dit le prince constant, tombé entre les mains des Maures; plus tard, il abandonna à Alfarrobeira son autre frère, le régent, le grand infant dom Pedro, le dévoué conseiller de ses premières entreprises, soit parce que celui-ci ne pouvait plus lui être utile, soit parce qu'il lui avait fait une certaine opposition dans l'exécution de certains projets téméraires. Il fut inflexible envers tout le monde, même envers lui, et l'on peut dire qu'il fut la première victime sacrifiée en holocauste à la victoire de ses grandes idées, mais il donna au Portugal l'empire de nouveaux pays et à l'Europe la domination incontestée de l'Océan.

Ce fut très probablement en 1418 ou 1419 que l'infant dom Henrique se fixa à Sagrès, près du cap Saint-Vincent, pointe extrême de l'Europe. Dans ce point il installa une école nautique et un observatoire; ce fut aussi à cette époque que commencèrent les premières découvertes. En 1418, Gonsalvez Zarco et Tristam Vaz Teixeira furent rejetés par une tempête sur l'île de Porto-Santo, près de Madère. En 1419, ils débarquèrent à l'île de Madère ou de Lenhame, nom qui lui fut donné à cause des énormes forêts qui la couvraient. La colonisation de ces îles commença immédiatement et prospéra vite, le climat étant semblable à celui du Portugal. En 1422, les Portugais doublèrent le cap Não, le *Noun* des géographes arabes, ainsi nommé en souvenir de la légende du moyen âge d'après laquelle le peuple s'imaginait que ce cap marquait l'extrême limite de la terre. En 1432, Gonsalvez Velho Cabral arrive à l'île de Santa-Maria qui appartient au groupe des Açores, île qui semble déjà avoir été découverte par les Portugais pendant le règne d'Alphonse IV. En 1434, Gil Eannes double le cap Bojador, la deuxième et la plus forte barrière que la superstition populaire élevait devant les navigateurs lusitaniens. Au delà de ce cap commençaient, selon la croyance même des plus éminents cosmographes, les dangers et les abîmes de la mer Ténébreuse; là encore commençait la zone torride, avec toutes les horreurs dont on trouve l'expression dans Ptolémée; de l'autre côté de la mer Ténébreuse se trouvait la *Terra Antichthona*, mais cette mer était pleine d'horribles mystères.

Ces légendes absurdes, qui paralysèrent pendant des siècles l'action maritime des nations européennes, Gil Eannes les effaça

par sa traversée audacieuse. Dorénavant la mer australe était
libre, les navigateurs pouvaient y continuer leur route dans la direction de l'Inde, considérée comme le but suprême à atteindre.

En 1436, Al-
phonse Gonsalvez
Baldaya découvre
le Rio do Ouro.
La même année
eut lieu la désas-
treuse tentative
faite contre Tan-
ger par don Henri
qui laissa aux
mains des Maures
son frère don Fer-
nand. En 1441,
Nuno Tristam ar-
rive au cap Blanc,
et, en 1445, jus-
qu'à la Sénégam-
bie. Puis, on dé-
couvre les îles du
Cap-Vert, la côte
de Mina, les îles
de San Thomé et
du Prince. Les
explorations por-
tugaises sur la
côte d'Afrique et
dans les îles océa-
niques s'étaient
ainsi étendues
plus ou moins
jusqu'au 12° de

Vasco de Gama.

l'ac-similé d'un portrait conservé dans la famille des
comtes de Vidigueira, descendants du navigateur.

latitude nord, lorsque l'infant dom Henrique mourut, en 1460.
L'année précédente, il avait reçu la magnifique mappemonde
de Fra Mauro, éditée à Venise et où se trouvait indiquée, pour
la première fois, la véritable situation de l'Abyssinie. Ce fut
une vision du légendaire empire du Preste João (Prêtre Jean),
qui lui apparut à la dernière heure comme un rayonnement de
cette Inde prête à surgir des eaux pour récompenser le courage
et la ténacité des marins portugais.

Même après la mort de l'infant les découvertes continuèrent

grâce à l'impulsion qu'elles avaient reçue de ce grand initiateur.

En 1471, Jean de Santarem et Pedro de Escobar passèrent l'équateur et s'avancèrent jusqu'au cap Sainte-Catherine. Pour la première fois les Portugais pénétrèrent dans l'hémisphère austral. Jusqu'alors les voyages des Portugais n'avaient été, pour ainsi dire, que de simples reconnaissances, malgré la conquête de la mer Ténébreuse. En 1481 monta sur le trône Jean II, le plus grand roi de la seconde dynastie et peut-être le plus grand du Portugal. Les études nautiques acquièrent une nouvelle vigueur; il se forme un comité spécial duquel font partie deux juifs, maître Joseph et maître Rodrigue, médecins du roi, ainsi que le célèbre cosmographe de Nuremberg, Martin Béhaim ou de Bohémia, élève du savant mathématicien Regiomontanus.

Ce comité devait s'occuper de tous les problèmes scientifiques relatifs aux entreprises que projetait Jean II; il s'occupa également de trouver des procédés scientifiques propres à orienter les navigateurs, par exemple le moyen de mesurer la hauteur du méridien du soleil au-dessus de l'horizon et la construction d'appareils convenables à de longs voyages.

Les résultats de cette activité ne se firent pas attendre. Diogo Cam et Diogo d'Azambuja explorèrent minutieusement toute la côte africaine et découvrirent la Guinée, l'Angola, et le Benguéla. Pierre de Covilham et Alphonse de Paiva partirent pour l'Égypte, afin d'y chercher des éclaircissements sur l'Abyssinie, que l'on disait gouvernée par le mystérieux Prêtre Jean et pour s'informer du chemin à suivre pour parvenir dans l'Inde. En 1487, Barthélemy Diaz atteignit le point extrême de l'Afrique, le légendaire cap des Tourmentes, auquel on donna depuis, par euphémisme, le nom de Bonne-Espérance, parce que, doublé ce cap, s'étendait désormais libre et sans obstacle le chemin de l'Inde, que Jean II, le grand continuateur de l'infant dom Henrique, ne put jamais saluer, puisqu'il mourut en 1495. Son successeur dom Manuel, le *Fortuné*, cueillit les lauriers préparés par les grands travaux du règne antérieur : il n'eut qu'à donner l'ordre du départ au chef désigné de l'expédition, Vasco da Gama.

Vasco da Gama partit le 7 juin 1497. Il fit relâche à Sainte-Hélène, doubla le cap en novembre et, le jour de Noël, s'arrêta à un point de la côte auquel il donna le nom de Natal. La flottille monta vers le nord, fut assaillie par la tempête, passa au large sans voir Sofala, et put relâcher à l'embouchure du Zambèze. Vasco da Gama fut accueilli avec défiance à Mozambique et à Mombaza, puis, étant parti de Mélinde le 12 avril 1498, il aborda le 20 mai à Calicut.

Le premier voyage de ce grand marin, qui fut en même temps un guerrier et un habile diplomate, constitue la page la plus dramatique de l'histoire des découvertes. Rien ne manqua pour élever la première traversée de l'Inde à la hauteur d'un succès vraiment épique. Tout conspire contre Gama, les hommes et les éléments. Aux dangers du passage du cap des Tourmentes s'ajoutent les tempêtes qui assaillent les vaisseaux et les courants du canal de Mozambique, et non seulement l'équipage est indiscipliné, mais encore le navigateur doit triompher de la trahison des Maures de Mombaza, des intrigues du Zamorin, nom qu'on donnait au radja de Calicut, et de la guerre d'abord sourde, puis ouverte, des Arabes de cette ville.

Mais il est victorieux! Le chemin maritime de l'Inde est découvert : Calicut, Cananor et les autres places des côtes de Malabar tombent toutes entre les mains des escadres portugaises. Le retour dans le royaume, en septembre 1499, fut une véritable entrée triomphale, attristée par la mort du frère du héros, Paul, le compagnon dévoué et le conseiller de tous ses voyages. Le roi Manuel nomma Vasco da Gama amiral de la mer des Indes, en lui conférant le droit de faire du commerce pour son compte dans les parages découverts par lui.

Entre le premier et le deuxième voyage de Gama se place la découverte du Brésil, en 1500, par l'escadre d'Alvarez Cabral. On a émis l'opinion que cette découverte était due au hasard : les navires de Cabral auraient été jetés sur la côte brésilienne par les courants océaniques, ou bien une tempête violente lança les galères qui croyaient voguer vers les Indes sur l'hémisphère sud-américain. La vérité est que la découverte des terres de Santa-Cruz, comme Cabral les nomma, fut le résultat d'un plan mûrement réfléchi par le roi Manuel et par ses conseillers. Cabral était parti de Lisbonne en prenant ostensiblement une autre direction pour ne pas se mettre en contradiction avec le traité de Tordesillas conclu en 1494 sous la médiation du pape Alexandre VI et aux termes duquel il avait été convenu que tous les pays découverts au delà d'une ligne tracée à 370 lieues à l'ouest des îles du Cap-Vert appartiendraient à l'Espagne, tout ce qui était à l'est de cette ligne devant former le lot du Portugal. Le traité solennel existant entre les deux pays fut ainsi tourné; de là la fameuse légende des courants océaniques et des tempêtes.

L'escadre de Cabral eut encore le temps d'aller aux Indes châtier le Zamorin et d'incendier une flotte de Maures. Ce fut le prologue de l'établissement de la première factorerie commerciale sur les côtes de Malabar. A partir de ce moment les expéditions aux Indes se succédèrent régulièrement, chaque fois plus importantes.

Le second voyage de Vasco da Gama fut déjà une expédition militaire en forme. L'amiral partit avec quinze vaisseaux en février 1502; son neveu, Estevam da Gama, suivit en avril avec cinq autres navires. Les chefs indigènes furent obligés de reconnaître l'hégémonie du Portugal; les navires marchands des Arabes, arrêtés par les navires portugais; les escadres maures de la mer Rouge, du golfe de Perse, de la mer des Indes, pris et détruits. Un fort élevé près de Cochin fut le premier noyau militaire de l'empire que la bravoure d'Édouard Pacheco, de François d'Almeida et surtout d'Alphonse d'Albuquerque allait

Albuquerque.

édifier en quelques années, à l'étonnement du monde. Il n'y a pas, en effet, dans l'histoire d'exemple de si rapides agrandissements. Et il est à noter que le grand empire commercial des Portugais dans la première moitié du xvie siècle représente une triple victoire, remportée en même temps sur la mer, sur la résistance des princes indiens, perses et malais, dans le territoire desquels il fut indispensable d'établir des places fortifiées, finalement contre la formidable coalition des musulmans, des marchands arabes et des républiques italiennes, Venise en tête, dont les intérêts étaient menacés, et qui firent une guerre sans trêve d'abord aux établissements, puis à la consolidation de la domination portugaise dans les mers orientales. Alphonse d'Al-

buquerque fut le véritable fondateur de l'empire d'outre-
mer.

Les délégués du roi Manuel, dans l'Inde, avaient dû déjà
combattre les musulmans. Dom François d'Almeida, durant les
trois années de son gouvernement, dut fortifier Quiloa, Mombaza
et les îles Angedivas; il termina sa glorieuse administration par
la grande bataille de Diu, en février 1509, qui assura définitivement la prépondérance des Portugais aux Indes.

Le plan d'Albuquerque fut très osé et le résultat vint con-
firmer l'exactitude de ses prévisions. Pour consolider la domination portugaise sur les Indes et sur les mers orientales, il était
indispensable d'occuper les points stratégiques qui étaient les
portes naturelles de ces mers. Albuquerque n'hésita pas: il se
tourna vers l'occident pour prendre à l'iman de Mascate l'île de
Socotora, clef du passage de Bab-el-Mandeb, et au roi de Perse
même la ville d'Ormuz. Puis il se dirigea vers l'orient, fit le
siège de Malacca, la sentinelle du détroit par où passait tout le
commerce des Moluques et de la mer de la Sonde.

Avec la ville de Goa au centre, d'un côté Ormuz et de l'autre
côté Malacca, l'empire d'outre-mer des Portugais était définitivement fondé. Mais les voyages d'exploration continuèrent avec
une nouvelle vigueur, jusqu'au moment où il ne resta plus rien
à découvrir dans les mers lointaines. Du côté de l'Amérique, des
Indes orientales, comme on disait, les Portugais explorèrent les
côtes du Brésil, prenant par le fait possession de vastes territoires
où, depuis, ils fondèrent la plus prospère de leurs colonies. En
1500, Cortereal découvrit Terre-Neuve et la partie méridionale
du Groenland. Du côté de l'Asie occidentale, les Portugais explorèrent en 1530 le golfe Persique, et en 1541, avec Estevam da
Gama et Jean de Castro, la mer Rouge.

En Afrique, ils explorèrent la côte orientale, pénétrant sur
une distance d'une cinquantaine de lieues vers l'ouest de Sofala,
et arrivant jusqu'aux terres de Manica, dont ils découvrirent les
mines d'or dont parle Jean de Barros. Peu satisfait du voyage de
Pierre de Covilham en 1486, le roi de Portugal envoya, en 1520,
de nouveaux ambassadeurs chez le Négus. La description du
pays, publiée plus tard par un des ambassadeurs, fit connaître
pour la première fois l'Abyssinie à l'Europe et donna en même
temps des informations sur le fameux Prêtre Jean. Mais les
découvertes continuèrent surtout avec une grande activité dans
l'extrême Orient.

En 1511, après la prise de Malacca par Alphonse d'Albuquerque, François Serrão et Antoine d'Abreu partirent avec trois

navires pour explorer les Moluques ; ils découvrirent Java, Banda, Amboine et Madura.

En 1526, Georges de Menezes découvrit la Nouvelle-Guinée. Puis ce fut le tour de Sumatra, de Bornéo et des îles de la Sonde ; enfin les Portugais s'avancèrent jusqu'à l'Australie, dont l'existence nous est connue depuis cette époque. En 1517, Perez d'Andrade arriva aux îles de Poulo-Condor. En 1520 et 1521, après avoir touché à Canton, des ambassadeurs furent envoyés à Nankin et à Pékin ; les Portugais se fixèrent quelques années plus tard à Macao.

En 1542, le voyageur et aventurier Fernan Mendez Pinto découvre l'archipel du Japon, qui est visité en 1549 par l'apôtre des Indes, saint François-Xavier. En 1520, Fernão de Magalhães (Magellan) arrive au détroit qui porte aujourd'hui son nom, sur le point méridional de l'Amérique, et la Terre de Feu est dépassée ; il ne put effectuer complètement ce premier voyage de circumnavigation, car il fut assassiné dans l'île de Cébu, une des Philippines.

L'époque des découvertes était close, et avec elle l'une des pages les plus brillantes de l'histoire universelle. Pendant les cent ans qui vont de la moitié du xve siècle jusqu'à la moitié du xvie, le Portugal, infatigable ouvrier du progrès, s'est couvert de gloire, non pas tant pour avoir vaincu dans mille combats sanglants contre les hommes, mais pour avoir triomphé des éléments de la nature, et fait entrer les richesses de l'extrême Orient dans la circulation universelle.

LES COLONIES

Par ERNESTO DE VASCONCELLOS

Après avoir occupé au xvie siècle une situation coloniale prépondérante et subi depuis, à cet égard, des vicissitudes diverses, le Portugal se trouve réduit aujourd'hui au rang de quatrième puissance coloniale. Cependant, il possède encore, en Afrique principalement, des territoires d'une grande étendue dans lesquels les exploitations agricoles peuvent surtout devenir florissantes. Les Portugais font d'ailleurs de sérieux efforts et s'imposent de grands sacrifices pour mettre en valeur leur domaine colonial.

La superficie du domaine portugais en Afrique, en Asie et en Océanie atteint le chiffre de 2 075 040 kilomètres carrés, avec une population de 8 millions d'habitants entièrement soumis à la métropole (1).

Les possessions en Afrique comprennent : 1º à l'ouest : l'archipel du Cap-Vert, une partie de la Guinée, les îles San-Thomé et Principe, le fort de Saint-Jean-Bap'iste-d'Ajuda au Dahomey (2), et Angola ; — 2º à l'est : la province de Mozambique, située en face de Madagascar.

Les territoires portugais d'Asie se réduisent à Goa, sur la côte de Malabar; Damao et Diu, sur le golfe de Cambaye ; Macao et les îles voisines de Taipa et de Coloane, sur la côte S.-E. de la Chine.

Enfin, le Portugal possède, en Océanie, une partie de l'île Timor, avec Poulo-Cambing.

---

(1) Les cartes qui figurent dans cet article sont extraites du *Novo Atlas universal,* par A.-O. d'Azevedo May. (Guillard, Aillaud et Cie, Paris-Lisbonne.)

(2) Ajuda ou Ouidah a perdu toute importance depuis que le Portugal a renoncé au protectorat du Dahomey.

ARCHIPEL DU CAP-VERT.

Cet archipel, situé dans l'Atlantique-Nord, entre 12° 13' et 14° 47' lat. N., 22° 45' et 26° 22' long. E. Gr., comprend quatorze îles ou îlots, formant deux groupes qui, en raison du vent dominant (alisé N.-E.), prennent les noms d'îles Au-Vent et d'îles Sous-le-Vent.

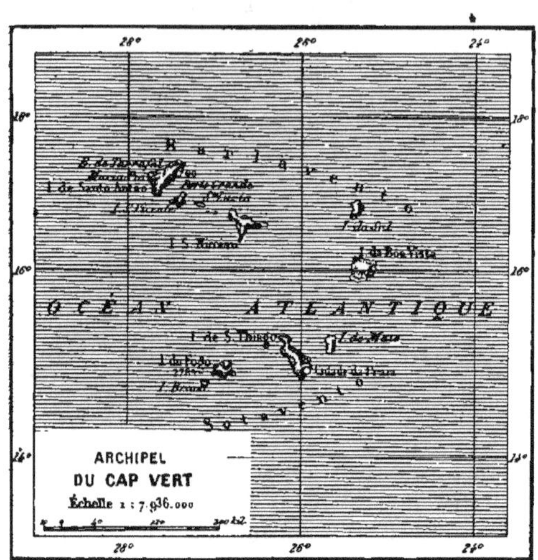

Le premier groupe se compose des îles Saint-Antoine, Saint-Vincent, Santa-Luzia, îlots Branco et Razo, Saint-Nicolas, Boavista et Sal. Sauf cette dernière île, le groupe forme une ligne droite s'orientant de l'O.-N.-O. à l'E.-S.-E.

Le deuxième groupe comprend les îles São Thiago, Maio, Fogo et Brava, cette dernière accompagnée au nord d'îlots inhabités dont les principaux sont Rombo et Grande. Ce groupe constitue aussi une droite orientée de l'E.-N.-E. à l'O.-S.-O.

Entre Saint-Antoine et Saint-Vincent, îles Au-Vent, se trouve un passage très fréquenté par les navires qui font route d'Europe aux mers du Sud. Sur ce passage est le port de Saint-Vincent, station excellente pour le ravitaillement en charbon, et cette circonstance fait de l'île du même nom un point stratégique de premier ordre.

Les îles du Cap-Vert ont, dans leur ensemble, une superficie de 3 822 kilomètres carrés; la plus vaste, São Thiago, a 928 kilomètres carrés. La population de l'archipel s'élève à 114 127 habitants, dont 45 500 pour São Thiago, qui est l'île la plus peuplée.

L'archipel du Cap-Vert, d'aspect aride, n'offre pas au navigateur qui l'approche cette coloration verte caractéristique de la flore tropicale. Mais dans les terres, le long d'innombrables ruisseaux, l'aspect change complètement : les cultures paraissent dans toute leur splendeur, notamment pendant les années pluvieuses.

Le littoral des îles, avec ses nombreuses indentations, forme des ports, plages et abris qui facilitent le trafic non seulement des faibles embarcations de cabotage, dites *lambotes*, mais aussi des navires d'un plus fort tonnage.

L'archipel du Cap-Vert appartient à une période de formation volcanique qui paraît être antérieure à celle des Canaries et des Açores. Toutes les îles portent des cratères et sont formées de roches éruptives. Saint-Antoine et Fogo sont exclusivement composées de cendres et de laves.

A Fogo, l'activité volcanique n'a pas encore disparu de nos jours : la dernière éruption a eu lieu en 1857. Cette île est constituée par un grand volcan dont le cratère le plus élevé atteint l'altitude de 3 220 mètres.

Les îles dont le relief orographique est le plus accentué sont : Saint-Antoine, Fogo et São Thiago. Dans la première on remarque le pic de la Couronne, cratère qui se dresse à plus de 2 300 mètres d'altitude ; dans la seconde, le pic d'Antonia (1 485 mètres).

Dans l'archipel, il n'y a pas de fleuves, mais des ruisseaux et des torrents dont les rives sont couvertes de cultures.

Le climat du Cap-Vert est meilleur que celui du continent voisin. Cette différence tient au régime des vents, car l'archipel se trouve en pleine zone de l'alisé N.-E., qui vient rafraîchir l'atmosphère de novembre à juillet. Cette époque de l'année, dite *saison des brises*, est la plus salubre. En août, septembre et octobre, on a les pluies ou *saison des eaux*, la plus chaude et la moins salubre. Janvier et février sont sujets aux *lestadas*, vents chauds provenant du Sahara.

La faune des îles du Cap-Vert présente un caractère méditerranéen. Il n'y a pas de mammifères indigènes ; ceux qui s'y trouvent paraissent avoir été importés par les colons portugais. Très peu d'oiseaux se rattachent à la faune éthiopienne. Comme reptiles, on cite seulement un grand lézard, voisin des scinques, sur l'îlot de Branco. Les coléoptères ont un facies européen. Les mers voisines sont très poissonneuses.

La flore du Cap-Vert ressemble à celle de la zone tempérée et offre un aspect plus septentrional qu'on ne pourrait le supposer, eu égard à la latitude.

La population caboverdienne est presque entièrement composée d'hommes de couleur. Les premiers colons ont été des
Portugais libres et des Africains esclaves. Le peuplement s'est
fait surtout par le mélange de l'élément africain avec les blancs
venus en qualité de fonctionnaires ou de maîtres. En général,
les Caboverdiens ont les traits réguliers, le nez droit, les cheveux
légèrement crépus et l'angle facial très ouvert.

Les îles du Cap-Vert ont été découvertes en 1460 par deux

Observatoire et résidence du gouverneur, à Praia (île de Sao Thiago).

voyageurs au service de Henri le Navigateur, le Portugais Diogo
Gomes et le Génois Antonio de Noli.

L'administration de ce groupe laissa pendant longtemps à
désirer. Sur soixante-neuf gouverneurs qui se succédèrent de
1592 à 1842, une vingtaine périrent, tombèrent devant des ré-
voltes, ou durent être ramenés en Portugal. La situation s'est
beaucoup améliorée depuis.

On a pris comme division administrative la division naturelle
en deux groupes : îles Au-Vent (Barlavento) et îles Sous-le-
Vent (Sotavento). Le premier groupe comprend cinq municipalités (concelhos); le second, quatre municipalités.

Des troupes coloniales, en partie indigènes, sont chargées de
maintenir la police et de pourvoir à la défense.

Les recettes budgétaires de l'archipel se sont élevées en 1895
à 1 466 902 francs, les dépenses à 1 504 184 francs.

La même année, l'importation s'est chiffrée par 1 425 320 fr.; l'exportation, par 1 358 400 francs.

Le sol et le climat des îles du Cap-Vert se prêtent à la fois à la culture des produits du midi de l'Europe et de ceux des tropiques.

Le café, principalement récolté à Saint-Antoine, Sâo Thiago et Fogo, est d'excellente qualité. Le pignon d'Inde (*jatropha curcas*) vient dans tout l'archipel. On cultive aussi la canne à sucre, le coton, le maïs, le ricin, enfin certains fruits. Malheu-

Hôtel de ville de Praia (île de Sâo Thiago).

reusement, de grandes et fréquentes sécheresses diminuent souvent la production agricole dans l'archipel.

Deux éléments importants de richesse sont la pêche du corail et la pêche pour la préparation du poisson sec. Il faut y ajouter la production du sel dans les îles de Boavista, Sal et Maio. Il existe aussi du bétail en grande quantité, ce qui donne lieu à l'exportation des cuirs et peaux.

L'exportation de l'archipel se fait presque toute sur les marchés de la métropole, sauf pour le corail, qui est envoyé en Italie, et pour l'eau-de-vie et le poisson sec, expédiés dans les possessions portugaises de l'Afrique occidentale. Les principaux produits exportés se classent ainsi d'après leur valeur : café, pignons d'Inde, céréales et poisson sec.

Saint-Vincent est le premier port portugais au point de vue du mouvement maritime; c'est la meilleure et la plus vaste escale en plein Atlantique, et c'est aussi l'une des plus importantes stations charbonnières du monde entier.

GUINÉE.

La Guinée portugaise est enclavée dans les possessions françaises de Sénégambie. Ses limites ont été fixées par une convention avec la France en date du 12 mai 1886. Elle est bornée au nord par une ligne qui commence au cap Roxo. La frontière passe entre le fleuve *Casamance* et le rio *Cacheo* jusqu'au parallèle 12° 40′ N., se confond avec ce parallèle jusqu'à son intersection avec le méridien 13°40′ O. de Greenwich (16ᵉ degré O. de Paris) et suit ce dernier en descendant vers le sud à la recherche du parallèle 11°40′N.; la frontière suit ce parallèle vers l'ouest et se continue par la ligne de partage entre le rio Grande et le Compony, puis elle se maintient à égale distance du Compony et du rio Cacine jusqu'à la côte. La surface territoriale de cette colonie est de 11 384 kilomètres carrés, et sa population d'environ 67 000 habitants.

Le littoral de la Guinée est formé par des terres basses et coupé par d'innombrables cours d'eau ou bras de mer qui forment entre eux des îles et des îlots nombreux. Les plus importantes sont les îles Bijagos, dont la plus grande est celle d'*Orango*. La côte est en grande partie constituée par des falaises d'argile rouge ferrugineuse (latérite) et couverte d'arbres touffus. Le sol n'offre pas un relief considérable.

Les fleuves de la Guinée portugaise sont navigables pour la plupart. Les plus importants sont le rio *Cacheo*, le rio *Géba*, le rio *Grande* et le *Cacine*, sur les bords desquels on trouve des essences précieuses comme l'acajou et le cybe. Il se produit sur le Géba une sorte de mascaret.

Le climat de la Guinée est généralement mauvais pour les Européens, surtout pendant la saison pluvieuse, d'avril à novembre. Pendant cette période de l'année la température moyenne est de 32º centigrades. Les tornados sont fréquents et les orages terribles. Pendant la saison sèche, qui comprend les mois de décembre, janvier, février et le commencement du mois de mars, règnent des vents chauds de l'est, coupés par la brise de la mer, qui adoucit la température.

Les tribus qui habitent la Guinée portugaise présentent d'assez grandes différences entre elles, ce qui est le résultat des migrations et des guerres. Barros a distingué jusqu'à neuf peuples différents par la langue, l'histoire et les mœurs.

Trois d'entre eux vivent exclusivement sur le territoire de la Guinée portugaise, ce sont les Bijagos, les Papeeis et les Biafadas. Les premiers habitent l'archipel de Bijagos. Les Papeeis sont cantonnés dans la péninsule formée par le Cacheo et le Géba; ce sont des fétichistes obstinés. Les Biafadas peuplent la région côtière au sud de l'estuaire du Géba.

D'autres peuples appartiennent à la fois à la Guinée portugaise et à la Guinée française et même au Sénégal. De ce nombre sont les Féloup, les Bagnoun et les Balantas, au nord ; les Nalous, au sud. Les Balantas sont un peuple très courageux. Les Nalous, au sud des Biafadas, sont en grande partie convertis à l'islamisme.

Les Mandingues qui ont jadis conquis une partie du sol, sont peu nombreux sur le territoire portugais. Quant aux Foulahs qui envahissent cette région de l'Afrique en rechassant les Maldingues, ils se sont très étendus dans la partie orientale de la Guinée.

Il y a quelques métis que l'on appelle notamment des *grumetes* ou habitants chrétiens qui vivaient en dehors des *presidios* et étaient employés au service des embarcations.

La côte de la Guinée portugaise a été découverte en 1447, par Nuno Tristão et Alvaro Fernandez. L'île de Bolama fut cédée aux Portugais en 1607 par le roi de Guinala.

Les Anglais ayant émis des prétentions sur cette île en vertu d'une cession qui leur aurait été faite en 1792, un protocole fut signé à Lisbonne le 13 janvier 1868, qui nomma le président des États-Unis arbitre entre le Portugal et l'Angleterre. Le 21 avril 1870 la question fut décidée en faveur du Portugal.

Avant la convention du 12 mai 1886, ratifiéele 31 août 1887, les comptoirs portugais et français étaient disséminés pêle-mêle le long de la côte, ce qui était l'origine de nombreuses difficultés. A cette époque, Ziguinchor et son territoire, sur la Casamance, furent cédés à la France et chaque puissance eut dès lors des territoires bien distincts. La délimitation définitive fut faite par une commission mixte où le capitaine de corvette Costa-Oliveira représentait le Portugal, et le capitaine Brosselard-Faidherbe représentait la France.

Le gouvernement portugais n'administrait guère d'une façon effective que la population des îles et des bords des estuaires, mais à présent son domaine se consolide partout. La capitale, Boulam ou Bolama, est dans une petite île, au sud de l'estuaire du Géba. Le pays pourrait être assez riche, et cependant la colonie n'est pas très prospère. On en a donné pour raison les guerres constantes entre les tribus indigènes. L'importation s'élevait en 1894-1895 à 152 000 francs ; l'exportation à 68 800 francs.

La Guinée, n'offrant point les conditions voulues pour l'acclimatation des Européens, peut être considérée comme une colonie de plantation et de commerce. La zone du littoral est fertile et produit du riz en abondance et du maïs : ces deux céréales sont la base de l'alimentation des indigènes, qui, à l'exception de quelques tribus guerrières et nomades, s'adonnent aux travaux agricoles. Les productions les plus précieuses de la Guinée sont l'arachide, le caoutchouc, la cire, le tabac, l'indigo et le coton. L'arbre à colle (*sterculia acuminata*) se rencontre à Géba, à Farim, et dans quelques autres localités. Le caféier, le dattier, le palmier et les légumineuses prospèrent dans cette province.

Quant à la faune, il faut mentionner les bœufs, le mouton, la chèvre et le porc, plusieurs variétés d'antilopes, l'éléphant, la panthère et une grande quantité de singes. Les termites sont une véritable plaie ; ils construisent des nids gigantesques de forme pyramidale.

ILES SAINT-THOMAS ET DU PRINCE.

Ces deux îles sont situées sur une ligne orientée nord-est — sud-ouest, dans le prolongement du mont Cameroun. Deux autres îles, qui occupent les extrémités de cette ligne, appartiennent à l'Espagne : ce sont Fernando-Pó et Annobon (*Anno Bom*).

1° *Ile Saint-Thomas.* — L'île de Saint-Thomas (São-Thomé), au sud de celle du Prince, est à 240 kilomètres du cap Lopo Gon-

çalves. Sa surface est de 825 kilomètres carrés, sa population de
22 000 habitants. La zone du littoral, couverte d'une épaisse
végétation tropicale, présente des formations orographiques variées, parmi lesquelles se détachent des pics remarquables
d'origine volcanique à l'ouest, au sud et au sud-est de l'île.

Le profil de la côte est interrompu par quelques baies, mais
le seul port commercial est celui de Anna de Chaves, au fond
duquel se trouve la ville de São-Thomé.

Le pic Saint-Thomas, qui forme le faîte orographique de l'île,
a 2140 mètres d'al-
titude. A 5 kilo-
mètres de dis-
tance, on voit un
autre pic de
1450 mètres d'al-
titude, Sainte-Ma-
rie, et un troisième
au sud de celui-ci.
Ces trois pics re-
liés entre eux par
leurs cols consti-
tuent le massif
principal de l'île.
Plus au sud, un
autre groupe de
montagnes, mesu-
rant 1 000 mètres
au plus d'altitude,
a pour sommets

principaux les pics *Anna de Chaves*, *Cabombey* et *Maria Pires*.

Saint-Thomas est sillonnée par un grand nombre de rivières
et de ruisseaux dont quelques-uns se précipitent en cascades,
se frayant un passage à travers les masses de basalte. Souvent
les roches forment des espèces de viaducs naturels, que les habitants appellent : *pontes que Deus fez* (ponts que Dieu a construits).

La saison sèche dure de juin à septembre ; c'est la meilleure
époque de l'année. La température dans la zone basse varie
alors de 19° à 27° centigrades, et dans la moyenne elle tombe
entre 14° et 20°. La saison pluvieuse embrasse les mois de
septembre à juin. Pendant cette saison la température est plus
élevée et varie de 21° à 32° dans la zone basse et de 18° à 27°
dans la moyenne. De décembre à mai règnent les orages, qui
sont accompagnés de pluies abondantes.

2º *Ile du Prince.* — Cette petite île, située à 150 kilomètres au nord-est de la précédente, a 114 kilomètres carrés de surface et une population de 2 700 habitants.

Le sol est couvert d'une végétation extraordinaire, plus abondante que celle de Saint-Thomas et non caractérisée par la présence d'espèces propres aux grandes altitudes, parce que le point culminant de l'île n'atteint que 828 mètres au-dessus du niveau de la mer.

La ligne du littoral est sinueuse et boisée ; mais elle n'a que deux ports importants : la baie de *Santo-Antonio*, qui est le port commercial, à l'extrémité nord de la côte orientale de l'île et la baie de l'ouest ou *das Agulhas* (des Aiguilles), sur la côte ouest.

Cette île possède de l'eau en grande abondance. Le principal cours d'eau, le *Papagaio*, prend sa source près du mont du même nom, se dirige vers le nord, et va se jeter au fond de la baie Saint-Antoine, en baignant la ville.

Le climat de l'île du Prince est semblable à celui de Saint-Thomas, mais plus chaud et plus pluvieux. Comme les altitudes ne sont pas aussi grandes qu'à Saint-Thomas, on ne jouit pas, dans les campagnes, d'une température aussi douce que dans cette île.

Les nègres de Saint-Thomas sont issus du mélange d'individus provenant de tous les points de la côte occidentale d'Afrique, introduits pour la plupart comme esclaves, et qui sont restés dans l'île après l'abolition de l'esclavage. On y trouve aussi des nègres d'Angola provenant d'un bâtiment négrier qui échoua sur les bords de l'île en 1520 ; ils ont conservé assez intact aujourd'hui encore leur dialecte bantou. On les appelle les *angolares*. La population de l'île du Prince est aussi composée presque exclusivement de noirs, se disant Portugais et catholiques.

L'archipel dont font partie les îles Saint-Thomas et du Prince a été découvert par les navigateurs portugais Jean de Santarem et Pierre de Escobar, de 1470 à 1471. Les îles Fernando-Pó et Annobon furent cédées à l'Espagne en 1778.

Saint-Thomas et le Prince forment une province divisée en deux districts, composé chacun de l'une de ces îles. A Saint-Thomas réside le gouverneur de la province. Il y a un sous-gouverneur à Saint-Antoine, dans l'île du Prince.

C'est de cette province que dépendait la factorerie de Saint-Jean-Baptiste d'Ajudá, ou Ouidah, aujourd'hui presque délaissée par les Portugais, qui y conservent un détachement de troupes.

Il y a maintenant de nombreux planteurs dans les îles de Saint-Thomas et du Prince, qui contribuent à la prospérité de cette colonie qui est la plus belle colonie de plantation de toute la côte occidentale, ce que l'on démontre par ces chiffres : importation, 1 167 contos de reïs ; exportation, 2 159 contos de reïs, d'après la statistique de 1895.

Les productions des îles Saint-Thomas et du Prince. — Les deux îles fournissent surtout trois produits d'une haute valeur, qui constituent la richesse de cette colonie : le café, le cacao et le quinquina, dont chacun a son champ naturel de production selon l'altitude. Ainsi, le cacaoyer croît depuis le littoral jusqu'à 500 mètres d'altitude ; le café croît aussi dans cette zone, mais il prospère mieux entre 300 et 800 mètres d'altitude ; et au-dessus de cette altitude vient le quinquina.

Il y a en outre à Saint-Thomas des forêts magnifiques, qui produisent des essences excellentes. Les arbres fruitiers y prospèrent : orangers, pommiers, citronniers, figuiers et autres espèces des tropiques. On y cultive avec succès la vanille, le baumier, le caoutchouc et la cannelle.

Les villes principales de la province sont : Saint-Thomas, siège du gouvernement, et Saint-Antoine, dans l'île du Prince. Elles ont matériellement peu de valeur, surtout la dernière, quoiqu'on y ait construit des quais et divers édifices publics. Saint-Thomas et le Prince sont reliées à la métropole par un câble télégraphique sous-marin. Les navires peuvent faire du charbon et de l'eau à Saint-Thomas, et s'y ravitailler aussi bien qu'à l'île du Prince.

ANGOLA.

La province d'Angola embrasse une ligne de côtes de 1 625 kilomètres de long, du Congo à l'embouchure du Cunéné. La superficie de cette colonie est de 1 255 775 kilomètres. La population est d'environ 4 200 000 habitants.

La côte d'Angola, au nord, est généralement basse. Près d'Ambriz elle s'élève graduellement, et près de la barre du Dandé il y a quelques pointes de roches dont le sommet est en plate-forme taillée brusquement à pic sur l'Océan. De Loanda à Benguela, la ligne du littoral, sans offrir de grandes élévations, présente quelques reliefs caractéristiques, tels que les deux monts de forme ronde *As Mammas* (les Deux Tétons). Les grandes altitudes de la côte existent au sud de Benguela, où les falaises sont escarpées. Lorsqu'on aperçoit Mossamédès, les altitudes diminuent, les monts basaltiques apparaissent, suivis de dunes élevées et fort étendues.

Il y a sur cette côte plusieurs ports, dont les plus importants
sont : Loanda, Lobito, Benguela, Mossamédès, Port-Alexandre
et la baie des Tigres.

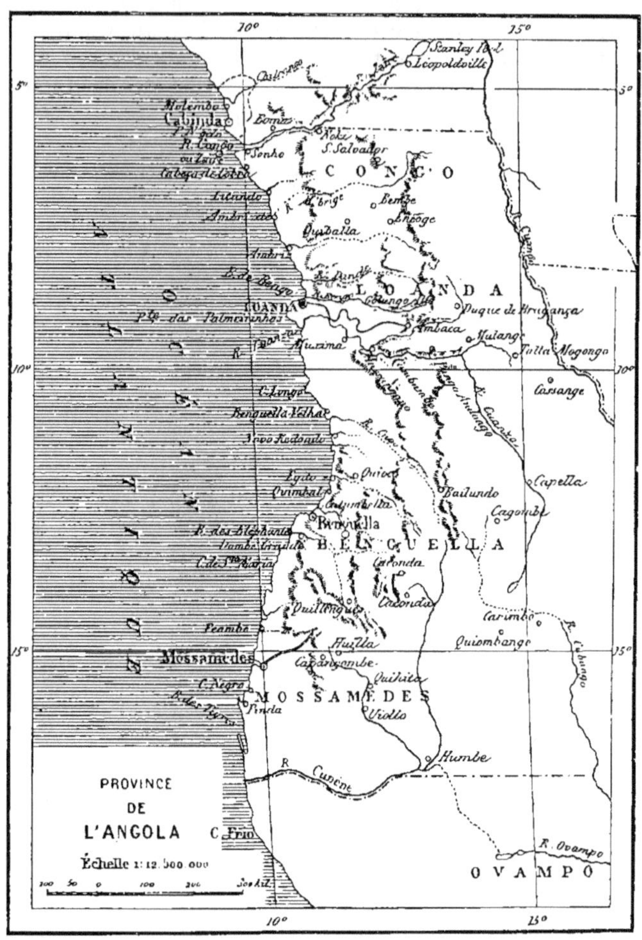

Le port de Loanda, sur lequel est bâtie la ville de Saint-
Paul de l'Assomption de Loanda, est un véritable dock que
met à l'abri de la mer une étroite langue de sable appelée île

de Loanda. Les plus grands navires peuvent y entrer; il a une superficie d'ancrage de 887 hectares; sa profondeur varie de 7 à 27 mètres.

Le port de Lobito, un peu au nord de Benguela, a une orientation semblable à celle de Loanda. Il est destiné à servir de tête de ligne au chemin de fer qui doit se diriger vers la région de Caconda, sur le plateau sud d'Angola, où pourront être formés de vrais centres de colonisation.

Le port de Benguela, quoique formé par une baie ouverte, est, par son mouvement commercial, le second de la province.

Ensuite vient celui de Mossamédès, au fond duquel se trouve la jolie petite ville de même nom, la plus saine des villes maritimes d'Angola.

La partie de la baie de Mossamédès propre au mouillage se trouve entre la pointe de Noronha et le bas-fond de l'embouchure du Bero, dans l'enfoncement sud de la baie. C'est un des meilleurs ports de la côte portugaise, principalement à cause de la fraîcheur et de l'aménité du climat.

Port-Alexandre et la baie des Tigres sont aussi deux excellents mouillages. La pêche, très abondante dans cette partie de la côte, constitue un revenu important à cause de l'exportation du poisson séché, qui est un aliment très apprécié des indigènes employés dans les factoreries et les plantations de la côte.

La baie des Tigres a une superficie d'environ 33165 hectares; aussi peut-elle servir d'abri à un nombre considérable de navires.

Le territoire d'Angola est formé par de grandes lignes de montagnes qui suivent généralement les inflexions de la côte. La cordillère la plus importante des districts du nord s'étend des sources du Kassaï et du Kouango à la zone des cataractes du Congo; au sud de cette ligne orographique commence le plateau méridional d'Angola, terminé du côté de l'Océan par un véritable degré, qui se partage depuis le Bihé jusqu'à Huilla, où il reçoit le nom de chaîne de Chella. Entre cette énorme escarpe et la cordillère précédente se trouve le bassin hydrographique du Cuanza.

La province d'Angola est sillonnée par de nombreux fleuves, dont plusieurs navigables sur une partie de leur cours. Elle comprend cinq grands bassins hydrographiques: celui du Congo, qui baigne les districts du nord, le Loanda et tout le Lounda; celui du Cuanza, entièrement compris dans le territoire de la province; celui de Cunéné, au sud, qui traverse une grande partie des plateaux sains des deux districts de Benguela et Mossamédès; celui de Koubango, tout intérieur, mais seulement

Jeunes indigènes faisant l'exercice militaire, à Mossamédès (province d'Angola).

jusqu'à la frontière allemande ; et celui du Zambèze, jusqu'aux rapides de Katima Moriro, qui embrasse toute la zone sud-est du territoire angolais. Enfin, une partie importante du bassin de Chiloango se trouve au nord dans l'enclavement de Cabinda.

Le plus remarquable de tous les fleuves d'Angola est le Congo. A son arrivée à *Matadi*, il commence à être navigable ; de *Noqui* à la côte, il sert de limite au territoire d'Angola. Les bateaux à vapeur peuvent remonter jusqu'à Matadi, où ils déposent les marchandises, que le chemin de fer belge transporte jusqu'à *Dolo*, qui en est le point terminus sur le Stanley-Pool.

Entre le Congo et l'Orange, le fleuve *Cuanza* est le seul accessible aux petits vapeurs, qui peuvent y naviguer sur une étendue de 180 kilomètres à partir de l'embouchure. Le Cuanza prend sa source dans la région du plateau, au sud du Bihé. Son bassin couvre une superficie de 169 412 kilomètres carrés. La cataracte de *Condo* limite la partie de son cours connue sous le nom de *haut Cuanza*.

Après le Cuanza, le cours d'eau le plus important est le *Cunéné*, dont le parcours est de 875 kilomètres depuis sa source située entre Sambo et Huambo, à 1 784 mètres d'altitude, jusqu'à son embouchure presque toujours obstruée par les sables et qui se trouve au sud de la baie des Tigres.

Le *Koubango*, sans issue dans la mer, va se perdre dans les sables, au nord du désert de Kalahari, dans le lac N'gami et dans le Macaricari. Comment ce fleuve se perd-il dans les plaines sablonneuses qui le relient au *Cunéné* et peut-être au Zambèze par le Chobe ? Ce problème n'a pas encore été résolu.

Les tributaires du haut Zambèze sont le *Lungué-Bungo* et le *Kouando* et quelques autres de moindre importance. Ils traversent des plaines fort étendues pour aller se jeter dans le Zambèze, sur la rive droite.

Le climat, à en juger par la latitude, devrait être plus ardent qu'il ne l'est en réalité : il en est ainsi à cause du courant maritime qui longe la côte et provient de l'océan Austral et à cause de la fraîche brise qui vient de la mer et qui n'est autre que l'alizé du sud-ouest attiré par l'influence de la terre. A cette fraîche brise s'oppose le vent de terre, qui souffle entre l'est-nord-est et le sud-sud-est et entraîne jusqu'à la côte les émanations paludéennes.

Les terrains bas de la côte et ceux qui bordent les fleuves sont, sous l'action des pluies, sujets aux inondations. Il s'y forme des marais qui produisent des émanations délétères que le feuillage épais des arbres arrête et conserve, rendant ainsi ces lieux inhabitables pour l'Européen. Ces terrains sont les plus propres à la culture du *manioc*, du *sorgho* et du *massango* (*Pennisetum typhoideum*); c'est là que prospèrent le palmier et le baobab. Sur les terrains élevés, au delà de 1 000 mètres d'altitude,

Femme de l'Afrique
portugaise occidentale
(province d'Angola).

Jeune fille de l'Afrique portugaise
occidentale
(province d'Angola).

et surtout au sud de la province, les pluies et la malaria diminuent successivement.

Le climat du Congo est rendu malsain par les brusques variations de la température. Il n'y a que deux saisons : celle des pluies et celle du *cacimbo* ou de la sécheresse. La première commence au mois d'octobre pour ne finir qu'en avril ; c'est l'époque des crues et la saison des grandes chaleurs et des orages. Au mois de juin, commence le cacimbo, qui dure jusqu'au mois de septembre. Le matin, il se produit des brouillards épais que le soleil traverse difficilement ; et la chaleur est alors plus supportable. C'est la bonne saison pour les Européens et la mauvaise pour les indigènes.

A Loanda, la température moyenne est de 23° 6; les vents venant de la mer, soufflant directement sur la ville, en font une des plus saines de la côte occidentale de l'Afrique.

Mossamédès est plus saine encore : elle le doit à la constitution sablonneuse du terrain sur lequel la ville est bâtie et à la forte ventilation venant de la mer.

Sur le plateau, les conditions climatologiques sont favorables à l'Européen. La température est, en moyenne, de 20°; mais elle peut s'abaisser davantage, et par exemple sur le territoire de Huilla, elle varie de + 5° à — 7° pendant le cacimbo.

La province d'Angola offre toutes les productions naturelles de la zone intertropicale. Parmi les arbres, nous citerons l'imbondeiro (*adansonia digitata*), qui croît dans la région du littoral et ne se rencontre pas au delà de 1 000 mètres d'altitude. Entre Ambriz et le Bembé on le trouve mêlé aux euphorbes et à l'aloès. Ailleurs viennent le palmier, le manglier, l'acajou. Au sud, la végétation participe, sur le littoral, des caractères de la zone du désert; on y trouve l'aubépin (*acacia albida*) et le mopane (*copaifera mopane*). Dans toutes ces zones, l'indigène cultive des plantes qui, à l'exception du sorgho et de quelques autres, ont été importées par les Portugais ou par les Arabes.

De ce nombre sont le tabac, le maïs, le manioc, le bananier, la patate, le haricot, la canne à sucre, le sésame, le piment, etc., et, parmi les arbres, le manglier et l'acajou.

Au sud d'Angola, les céréales sont la base de l'alimentation populaire; au Congo, elles sont remplacées par les plantes féculentes comme le manioc, dont la culture occupe le premier rang.

Dans la faune angolaise, il faut citer l'éléphant, le buffle, le lion, l'hyène, le léopard et la panthère. Sur les plateaux de Mossamédès et de Benguela, on trouve en grand nombre des girafes, des zèbres, des antilopes.

A l'intérieur de Mossamédès, il y a de nombreux bestiaux, surtout des bœufs; c'est là un élément de richesse qui pourrait rendre Mossamédès aussi florissante que les pays de La Plata si on y organisait des établissements à saler la viande (*saladeros*). Malheureusement, la peste bovine, ou *rinder-pest*, décime le bétail et ruine un grand nombre d'éleveurs.

Le crocodile, le caïman et l'hippopotame peuplent tous les fleuves. Les singes se rencontrent sur la côte et à l'intérieur; le chimpanzé et le gorille habitent le Congo moyen et le nord du Chiloango. On trouve aussi des serpents, dont trois espèces seulement sont venimeuses.

Parmi les oiseaux, citons l'autruche qu'on trouve sur les bords du Kouito, tributairê du Koubango, et sur d'autres points du Sud. La province est très abondante en gallinacés. Les perroquets habitent la région du Congo et ne dépassent point le parallèle de Mallangé. Il y a également une grande variété d'oiseaux aux riches couleurs.

Le poisson abonde assez près de la côte. Si l'industrie de la pêche n'est pas plus développée, c'est à cause du manque de salines pour conserver le poisson destiné à l'exportation. La compagnie de Mossamédès va bientôt eu construire près de Port-Alexandre.

Dans le règne minéral, il faut mentionner des gisements de cuivre dans le Bembé. Le fer a été largement exploité dans les mines d'Oeiras sur la rive droite du Loukalla, affluent du Cuanza. Au Dande, on trouve sur le plateau de Libongo du pétrole et du charbon. Il y a du soufre au Dombé; et dans la région de Quissanga il existe du sel minéral. Dans quelques régions, on trouve de l'or dans les alluvions, et à Cassinga, on a découvert des sables aurifères et quelques filons de quartz contenant de l'or.

La canne à sucre et le coton sont répandus sur la zone du littoral et dans les vallées depuis l'Ambriz jusqu'au Coroca. Le caféier, qui croît spontanément sur plusieurs points de la province, à Maiumba, Encoge, Cazengo et Golungo Alto, fut primitivement planté et cultivé dans les plantations dites de Cuanza, qui exportent actuellement du café sur une large échelle par la douane de Loanda.

Le plateau de Benguela et de Mossamédès, où des colonies agricoles ont été établies, produit des plantes européennes, telles que le blé, l'orge, le seigle, des haricots, des fèves et des pommes de terre. Parmi les arbres fruitiers, on y voit le mûrier, l'olivier, l'oranger, le pêcher, le pommier et le poirier. La vigne sauvage prospère à Caconda.

Les nombreux peuples indigènes qui habitent la province d'Angola appartiennent, pour la majeure partie, surtout dans le Nord, à la race conquérante des Bantous.

Sur le littoral, on trouve, au nord, les Bafyots, qui jadis fondèrent un royaume du Congo en s'alliant aux Portugais. Les Quissamas vivent près de l'estuaire du Cuanza; ils sont petits et malpropres. Les Selis, jadis cannibales, habitent la côte dans les environs de Novo Rodondo. Les Mondombés peuplent le district au sud de Benguela; ce sont des pasteurs nomades et indépendants, mais non farouches. Plus au sud sont les Bakouandos et

les Bakouissés, qui sont peut-être d'origine antérieure aux
Bantous.

A l'intérieur du pays, sur le versant occidental du plateau
qui s'étend le long du littoral, vivent divers peuples fétichistes.
Sur la surface du plateau habitent les Boundas; entre le Cuanza
et le Kouango, les Songos. Plus au sud sont les Amboellas,
peuple bantou. Le bassin du Cunene est peuplé au nord par les
Houambas et les Bakancalas.
Les Gangouellas vivent au sud-
ouest des Boundas, dans les
hautes vallées du Koubango et
du Kouïto.

Dans les bassins du Kouango
et du Kassaï vivait une nation
très importante; celle des Ka-
loundas, gouvernée par le Mouata
Yamvo; c'était un des États
nègres les plus étendus de l'A-
frique centrale, aujourd'hui décimé par les Guiocos. Les indigènes de cette région sont plus
grands et plus forts que ceux de
l'Angola occidental et ils ont le
teint plus clair.

C'est vers la fin du xve siècle
que les Portugais visitèrent la
côte d'Angola. En 1485, Diogo

Indigène du Benguela.

Cao, obéissant aux ordres du roi D. João II, éleva sur cette
côte des colonnes aux armes de Portugal. En 1559, Paulo Dias
de Novaes partit de Lisbonne et alla traiter avec le roi d'Angola. La ville de Loanda fut fondée en 1576. Les Hollandais s'emparèrent d'Angola vers 1641, mais Salvador Correia de Sáe Benevides le leur reprit en 1648.

Les Portugais, maîtres de l'Angola par droit de conquête, ont
eu à réprimer plusieurs soulèvements, notamment celui de 1583.
Au xviie siècle, ils rencontrèrent aussi la résistance de la célèbre
Anna de Souza qui, devenue reine, reprit les armes; les Portugais
néanmoins détruisirent son armée en 1627.

La domination du Portugal sur l'Angola était solidement
établie bien avant le xixe siècle. Elle fut reconnue par l'Angleterre dans un traité de 1817.

La région de l'Angola a été surtout explorée au xixe siècle.
Livingstone est arrivé à Saint-Paul de Loanda en 1854, venant

de Seshéké. Le Hongrois Ladislaüs Magyar, ancien officier de la marine autrichienne, se fixa dans le pays et épousa la fille du roi du Bihé. Plusieurs naturalistes allemands ont fait dans les mêmes régions des explorations scientifiques : mais notamment les officiers portugais Capello, Serpa Pinto e Ivens ont exploré le nord et le sud de la province et tous ont fait la traversée du continent africain. Les voyages de Silva Porto, un pionnier antérieur à Livingstone, sont très notables, surtout ceux au bassin du Cassaï et au pays du Barotsé. Les récits de tous ces voyages se trouvent à la Société de géographie de Lisbonne.

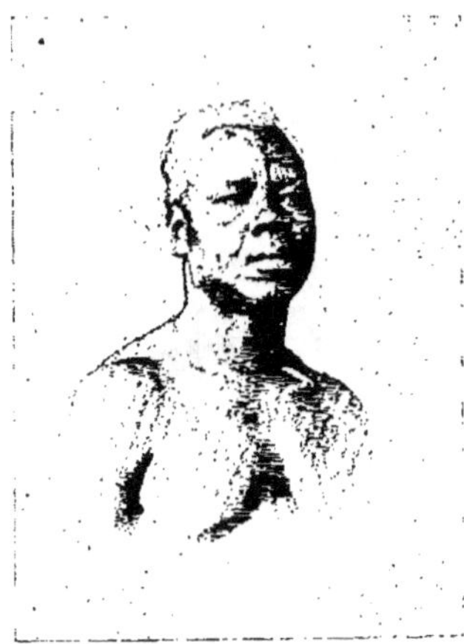

Indigène d'Angola.

Une expédition importante a été faite aussi, de 1884 à 1887, dans le royaume du Mouata Yamvo par des voyageurs portugais, le major Henrique Dias de Carvalho, le capitaine Almeida Aguiar et le pharmacien-major Sisenando Marques. De nombreuses stations commerciales avaient été fondées par eux sur la route de Malangé au pays du Mouata Yamvo.

Les prétentions du Portugal sur la côte occidentale d'Afrique s'étendaient du pays des Damaras au sud jusqu'au voisinage du cap Lopo Gonçalves au nord, c'est-à-dire au delà de l'embouchure du Congo, mais l'occupation effective du Portugal n'avait jamais dépassé la partie du littoral comprise entre le cap Iris au sud et le port d'Ambriz, en ayant réservé les droits d'occupation jusqu'au parallèle 5° 12′ latitude sud. Au moment où, en 1883, l'Association internationale représentée par le roi des Belges et la France entrait en négociations au sujet des territoires du Congo, l'Angleterre s'était hâtée, par un arrangement avec le Portugal, en date du 26 février 1884, d'assurer à cette puissance les deux rives de l'embouchure du grand fleuve en reportant la frontière nord de l'Angola au parallèle 5° 12′ S. Mais ce traité n'a pas été ratifié par les Cortès.

C'est alors que s'ouvrit la conférence de 1884-85, à Berlin, Les prétentions du Portugal à la possession exclusive du cours inférieur du Congo furent rejetées, mais il obtint la rive méridionale sur laquelle il avait anciennement créé des établissements importants. Il conserva aussi le territoire de Cabinda Malembo et Massabi qu'il avait réclamé comme lui appartenant par droit historique.

La frontière du côté de l'État du Congo fut fixée par les conventions du 12 mai 1886 et du 25 mai 1891. La frontière sud orientale du côté de la Zambézie britannique a été l'objet d'une première convention de délimitation en date du 20 août 1890 ; le traité du 11 juin 1891, qui a réglé définitivement toutes les questions pendantes en Afrique, entre l'Angleterre et le Portugal, a reproduit les principales dispositions de la convention précédente. Un arrangement subséquent a, en 1896, fixé comme frontière des possessions réciproques, du côté du territoire des Barotsé, le haut Zambèze et le Kabompo, affluent de ce fleuve. Enfin la frontière méridionale, du côté du territoire allemand, a été établie par le traité du 30 décembre 1886.

Indigène de Cabinda.

La colonie est divisée en quatre districts : Congo, Loanda, Benguela et Mossamédès.

La capitale est Saint-Paul de Loanda où réside le gouverneur général qui est le chef de l'administration civile et militaire. Dans chacun des autres districts réside un sous-gouverneur. Chaque district se subdivise en un certain nombre de « concelhos ».

Il y avait, en 1896, dans l'Angola, 300 kilomètres de chemins de fer en exploitation et 370 en construction, et 1 080 kilomètres de télégraphes.

Le chemin de fer de Loanda à Ambaca a beaucoup contribué au développement économique de la province, qui prendra de bien plus larges proportions lorsque celui de Lobito à Caconda aura été construit.

Le commerce d'Angola se fait presque exclusivement sous pavillon portugais. La navigation étrangère n'apporte aux marchés de la province que quelques produits d'importation dont la valeur est très inférieure par rapport à la navigation nationale ; toute l'exportation se fait sous pavillon national.

Le café, le caoutchouc et la cire sont les denrées qui y figurent en première ligne. La province exporte, en outre, des huiles végétales, des noix de coco, de l'eau-de-vie, de l'ivoire, du coton, de l'orseille, des bœufs, du poisson salé, etc. Le Congo exporte de l'huile de palme, du caoutchouc, du café, des noix de coco, de l'ivoire, de la gomme copal et des graines oléagineuses. En 1895, le mouvement commercial de l'Angola a été de 11 648 contos de reïs dont 6 163 pour l'exportation des denrées coloniales, qui toutes viennent à la métropole.

MOZAMBIQUE.

La province de Mozambique embrasse tout le territoire de la côte orientale d'Afrique, du cap Delgado au parallèle 26°,52′ S., sur une longueur de 2 300 kilomètres. Le domaine portugais a une superficie de 780 000 kilomètres carrés, dont la population est d'environ 3 120 000 habitants.

La partie septentrionale de la côte de Mozambique, entre le cap Delgado et la pointe Bajona, se dirige sensiblement du nord au sud. Elle forme plusieurs baies séparées par des pointes de terre dentelées, qui semblent se prolonger au loin sous la forme d'îles éparses, présentant les principaux caractères des formations corallifères.

A partir de Bajona, la côte prend la direction du sud-ouest vers Sofala, et continue, basse et sans ports remarquables ; elle est entrecoupée de plusieurs fleuves formant généralement des deltas, et dont le plus important est le Zambèze. De nombreux récifs y forment des brisants. Les dunes y abondent, comme à Angoche, et dans le voisinage du Zambèze. La côte, toujours sablonneuse, offre entre ces dunes quelque végétation. De Sofala, elle se dirige sensiblement par le sud-est jusqu'au cap Saint-Sébastien, toujours basse et sablonneuse, surtout aux îles de Bazarouto. Du cap Saint-Sébastien au cap Correntes, la côte prend la direction sud, puis sud-est, jusqu'à Lourenço-Marques. Les dunes sont toujours plus ou moins fréquentes.

Les ports de la côte de Mozambique sont nombreux.

La baie de Lourenço-Marques est, sans contredit, le meilleur port de la côte sud-est de l'Afrique. Il constitue l'entrée naturelle du Transvaal et du Souaziland. La largeur maxima de la baie entre l'embouchure du fleuve *Espirito Santo* et l'île *Elefante* est

de 29 kilomètres, et sa longueur entre la pointe *Xefina* et le sud
de la baie est de 51 kilomètres. Cette baie contient des bas-fonds
dangereux ; on va achever un système de balisage et d'éclairage
qui permettra d'entrer à toute heure dans le port. Sur la rive

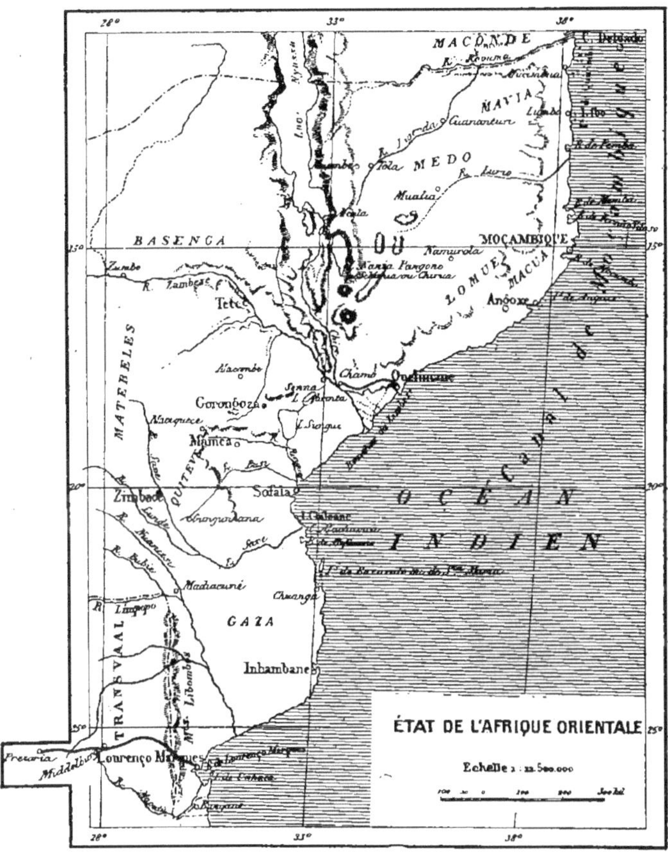

droite et à l'embouchure de l'*Espirito Santo* s'élève la ville de
Lourenço-Marques, qui se fait remarquer par ses constructions et
ses larges avenues.

La ligne de chemin de fer dirigée vers Prétoria fera de ce
port un concurrent redoutable pour ceux de Natal, East-London,

Elisabeth, etc., comme étant la plus courte distance entre la
côte et les contrées métallifères du Transvaal.

Le port d'Inhambane est formé par une baie sûre et très
vaste, ouverte dans la direction du nord. Un avenir prospère lui

Le colonel Mousinho de Albuquerque,
Commissaire royal de Mozambique.

est réservé par suite du développement que prennent les plantations sur le territoire d'Inhambane, depuis la défaite du
Gungunhana.

Le port de Beira, dans la baie de Mazanzani et sur la rive
gauche du Pongoué, constitue le meilleur accès aux régions aurifères du Manica et du Machonaland. Un chemin de fer à voie

étroite le relie déjà à la frontière portugaise près de Massi-Kessé,
et se prolongera bientôt jusqu'à Salisbury, capitale du Machonaland. Le plateau salubre situé dans le centre de l'Afrique, au sud
du Zambèze, se trouvera ainsi à peu d'heures de distance de
l'océan Indien.

Le port de Chinde est actuellement l'unique entrée du Zam-

Une rue de Mozambique.

bèze. Aux termes du traité du 11 juin 1891, un petit terrain a
été accordé à l'Angleterre, dans ce port, pour lui servir d'entrepôt
commercial destiné à desservir la région de Blantyre. L'importance de Chinde décroîtra dès que le chemin de fer de Quelimane
à Ruo aura été construit.

Quelimane est un port intérieur sur la rivière des Bons-
Indices (*Bons Signaes*), à 23 kilomètres de son embouchure.

Le port de Mozambique est entièrement abrité et l'un des
plus accessibles de toute la province. On sait que l'île de Mozambique n'est qu'une langue de terre étroite, disposée dans le sens
N.-E.-S.-O., et qui sert de brise-lames à la baie de Mossuril. Son
importance, comme port de commerce, décroîtra au fur et à

Soldats indigènes, à Quelimane (Afrique orientale).

mesure que la compagnie du Nyassa, concessionnaire des territoires au nord, s'étendra à l'intérieur et fera son débouché de la
magnifique baie de Pemba, qui est un des meilleurs ports du
monde.

La zone basse du littoral de la province de Mozambique est
mauvaise pour l'Européen; mais, à l'intérieur, on trouve des

Une rue de Quelimane.

montagnes et des plateaux d'altitudes diverses, où l'on jouit d'un
climat sain.

Au nord, sur les terres hautes de la côte orientale du lac
Nyassa, jusqu'au Loudjenda, les altitudes excèdent 1 000 mètres
et vont jusqu'à 3 000 mètres. De Loudjenda à la côte, le pays,
sans perdre son caractère montagneux, est moins élevé, et souvent formé par des monts isolés.

Le groupe orographique le plus important de la région mon-
tagneuse située entre le Zambèze et le Lourio est celui des
monts Namouli. C'est dans ce massif que prennent leur source
le Licungo, la Ligonya et divers affluents du Lourio. Les pics du
Namouli s'élèvent à 2 700 mètres au-dessus du niveau de la

mer. La végétation qui couvre ces montagnes est vraiment luxuriante. Le climat est tempéré et sain ; l'eau y abonde partout.

Les monts Milandji, d'où jaillissent les sources du Ruo, sont au sud du lac Chiroua et forment un beau territoire pour l'établissement de colonies et de plantations de café. Une partie de ces monts se trouve comprise dans la sphère anglaise.

A proximité du Zambèze et du Chiré s'élève un massif granitique de 1 220 mètres d'altitude, qui contient des sources thermales. C'est le mont Morumbala qui commande, par sa position, la vallée du Chiré et du Zambèze, et constitue un point stratégique de premier ordre. Au sud, et plus près du Zambèze, se trouve le mont Chamoara.

Vers le sud du Zambèze, à l'E.-N.-E. du Manica, on voit la chaîne du Gorongosa, avec ses remarquables pics de granit, connus sous le nom de Miranga (2 000 m.), Enhatete (1 850 m.) et Gôgogo (1 800 m.). Des versants de cette chaîne descendent des torrents qui fertilisent les terrains d'alentour et les rendent propres à la culture du café et d'autres plantes de rapport.

Le massif du Manica, d'où s'élèvent les monts Dôe (2 400 m.), Panga (2 320 m.) et autres, donne naissance à des fleuves tributaires du Pongoué, et renferme des filons aurifères qui ont excité les convoitises anglaises. Au sud et jusqu'au Sabi se trouve toute une série de hautes montagnes qui s'étend jusqu'au Mussurice, région profondément creusée, où le Bousi a ses sources. C'est au Mussurice que Gungunhana eut pendant longtemps son kraal. Le pays est abondant en eau et en bons pâturages, et propre à l'établissement de colonies européennes. Au sud du Sabi, jusqu'à Inhambane, ce n'est plus qu'une vaste plaine plus ou moins aride avec des lagunes. Les seules élévations à mentionner sont les monts Libombos, à la frontière du Transvaal, formant comme le premier degré du plateau qui s'étend entre elles et le Drakensberg.

L'Afrique orientale portugaise est sillonnée par un grand nombre de fleuves, dont le plus considérable est le Zambèze, qui traverse la partie centrale du territoire et baigne Zumbo, Tête, Sena et Chinde. Le Zambèze est navigable depuis la barre de Chinde jusqu'aux rapides de Kebrabassa, et ensuite en amont, jusqu'au delà de la frontière ; mais la navigation est parfois difficile à cause du grand nombre de bancs et d'îles qui émergent de son lit. Sa largeur entre Tete et la Loupata varie de 250 à 800 mètres. La Loupata coule d'abord dans une gorge étroite, puis le fleuve élargit de nouveau son lit et, à l'époque des pluies, envahit les bords, qui sont extrêmement plats. A Maganja les bords commencent à s'élever, et à l'endroit où l'on traverse le Chiré, son affluent principal, on voit la chaîne de Chamoara. Le Zambèze commence alors à se ramifier avant de se jeter dans l'Océan par plusieurs embouchures; celle de *Chinde* sert d'entrée au fleuve.

Plusieurs rivières navigables pour des bateaux construits exprès se jettent dans la baie de Lourenço-Marques; la plus importante est l'*Incomati*, navigable jusqu'au delà de Magul.

Le Limpopo, qui traverse une partie du pays de Gaza, coule depuis l'embouchure du Pafuri en territoire portugais; il est navigable jusqu'à son confluent avec le Lipalule pour des bateaux dont le tirant d'eau n'excède pas $0^m,16$; mais il a des sections plus profondes près de l'embouchure.

Le Pongoué, sur la côte de Sofala, est un des fleuves navi-- gables de cette province qui a le plus servi aux Portugais pour l'occupation des territoires entre le Zambèze et le Sabi. Il perd actuellement de son importance comme ligne de pénétration par suite de la construction du chemin de fer de Beira à Manica, mais il est encore considéré comme le meilleur accès à la région de Gorongosa.

Au nord du Zambèze, il y a aussi quelques fleuves navigables. Celui *Dos Bons Signaes* (Des Bons-Signes), qui baigne Quelimane, est navigable jusqu'à Mogurumba; avant qu'on ait créé d'autres facilités de transport sur le Zambèze et sur la côte, c'était la meilleure entrée pour atteindre l'intérieur de la Zambézie et du Chiré.

Le Chiré, qui relie le Nyassa au Zambèze, est navigable depuis le lac jusqu'à Matope. Là, la navigation est interrompue par des cataractes et des rapides jusqu'à proximité de Katunga. A partir de cet endroit et en descendant jusqu'au Zambèze, les petits bateaux à vapeur le parcourent sans difficulté.

Au nord de Quelimane, les cours d'eau, assez nombreux, sont moins importants et, la plupart, mal explorés; ils sont utilisés pour la navigation de petits caboteurs qui desservent le trafic de diverses plantations avec les principales maisons de commerce de Mozambique et de l'Ibo.

Le Rovouma, au nord de la colonie, forme sur presque tout son parcours la ligne de séparation de la sphère d'influence entre le Portugal et l'Allemagne.

Le climat de Mozambique est intertropical dans la région de la côte et a un caractère paludéen. Il en est de même tout le long des fleuves qui inondent leurs bords et y laissent des marécages dont les émanations sont délétères. Le climat est meilleur dans les régions élevées.

Au nord du Zambèze, et pendant la moitié fraîche de l'année, c'est-à-dire d'avril à novembre, les moussons du sud-ouest sont plus sensibles, mais leur marche dévie un peu vers le nord. D'octobre à mars, les vents dominants soufflent alors du nord-ouest. La quantité de pluie qui tombe est plus abondante au nord, et va en décroissant jusqu'au Zambèze.

Le climat de la province de Mozambique n'est pas uniforme en raison de l'étendue du territoire. Les districts du sud sont plus salubres dans la zone basse que ceux du centre. La température moyenne de la capitale (Mozambique) est de 28°,3 centigrades pendant les mois de mai à octobre. On peut distinguer trois saisons : celle des pluies, celle du temps frais et celle de la chaleur sans pluie. La première, de décembre à mars, est caractérisée par de violents orages et de grandes pluies accompagnées de chaleur et d'humidité : c'est alors qu'ont lieu les ouragans, surtout après la mi-février. La saison fraîche comprend les mois de mai à septembre, après lequel la chaleur commence à revenir. La saison des chaleurs sans pluies règne de septembre à novembre.

A Beira, capitale des territoires de la Compagnie de Mozambique, les mois de juillet, août et septembre sont les plus frais de l'année. A Lourenço-Marques, la température minima atteint 9°,6 pendant les mois de juin et juillet.

Les indigènes qui forment la population de la province de Mozambique sont, pour la plupart, des représentants des divers groupes de la race cafre ou bantou de la branche orientale.

Les Macuas occupent la région qui s'étend du lac Chiroua et du Rovouma aux confins du district d'Angoche. Leur territoire se divise en *Macuana inférieure*, *Lomue*, *Mana* et *Médo*.

Entre le Nyassa, Rovouma et la Lujenda vivent les Yaus ou Ajaus qui se sont répandus jusqu'au Chiré. Dans l'ancien district de Gete habitent les Maraves, les Sengas, les Muzimbes, les Favalas et les Muzuzuros.

Les tribus du sud de la province sont principalement les Vatuas parsemés dans le pays de Gaza ; les Batouga, les Landins, les Ma-buingéla, les Ma-chope et les Ma-pouto.

Sept ans après que Vasco de Gama, dans son voyage vers les Indes, eut débarqué à Mozambique, commença la colonisation portugaise de cette partie de l'Afrique par la fondation de la capitainerie de Sofala en 1505. Plus tard, Vasco Gomes d'Abreu, déjà capitaine de Sofala et de Mozambique, commença à bâtir un fort à l'île de Mozambique, mais la forteresse que l'on y voit à présent date de 1558. En 1544, une factorerie fut établie par le navigateur Lourenço Marques dans une baie à laquelle fut donnée son nom. A la même époque, on commença à explorer le Zambèze à l'embouchure duquel fut créée la factorerie de Quelimane. François Barreto et Vasco Fernandes Komem pénétrèrent dans les États du souverain du Monomotapa en 1569 ; ils conclurent avec lui un traité ouvrant aux négociants portugais les marchés de l'intérieur. Pendant les siècles qui suivirent, les Portugais pénétrèrent plus avant et complétèrent leurs explorations précédentes.

La frontière septentrionale de la province de Mozambique a été une première fois établie par la convention du 30 décembre 1886 entre le Portugal et l'Allemagne. Elle a été légèrement modifiée par la délimitation luso-allemande de 1894, qui a enlevé au Portugal une petite portion de territoire entre le cap Delgado et l'embouchure du Rovouma.

C'est du côté de l'Angleterre que les Portugais devaient rencontrer le plus de difficultés. Les Anglais avaient disputé d'abord aux Portugais la possession de la baie de Delagoa. Le différend fut soumis à l'appréciation du président de la République fran-

Indigène de Quelimane
(Mozambique).

çaise, alors le maréchal de Mac-Mahon, qui, par son jugement arbitral du 24 juillet 1875, confirma les droits du Portugal sur la baie de Delagoa.

Le Portugal avait projeté de joindre ses établissements d'Angola, sur l'océan Atlantique, à ceux du Mozambique, sur l'océan Indien. Il cherchait aussi à mettre en valeur les vastes territoires du Nyassa et du bassin du Zambèze. Depuis 1886, le lieutenant Cardozo et le major Serpa Pinto avaient passé des traités avec un certain nombre de chefs riverains du Chiré et du lac Nyassa ; le district d'Oumzila avait été visité par une expédition portugaise.

Mais, dans ces projets d'extension, le Portugal allait se heurter à l'Angleterre. Celle-ci, à l'étroit au Cap, convoitait les richesses du pays des Matebelé et des Machona et s'efforçait d'établir des jalons lui permettant de s'établir quelque jour du Cap jusqu'à l'équateur.

Malgré les protestations anglaises, le Portugal réorganisa tout le Gazaland et les régions voisines, avec les districts d'Oumzila et de Manica. La Compagnie anglaise sud-africaine regarda cet acte du Portugal comme une atteinte portée à ses droits.

Le conflit éclata bientôt entre le Portugal et l'Angleterre sur le haut Chiré, dans le Nyassa. Le major portugais Serpa Pinto, parti en mars 1889 pour le haut Zambèze et la région du Chiré, s'était vu barrer la route par la tribu des Makololos, qui avaient arboré des drapeaux anglais. Serpa Pinto passa de vive force, fit enlever les drapeaux anglais, leur fit rendre les honneurs militaires et les renvoya à Quelimane au consul anglais. L'Angleterre réclama le rappel de Serpa Pinto et l'évacuation des territoires en litige.

En présence d'une rupture imminente avec la Grande-Bretagne, le Portugal céda, mais en faisant réserve de ses droits, et des négociations furent engagées.

Une première convention de délimitation anglo-portugaise fut conclue le 20 août 1890; le gouvernement portugais acceptait comme limites de la colonie de Mozambique, au nord, le cours du Ruo et du Chiré; à l'est, le Machonaland et il abandonnait à l'Angleterre le royaume des Barotsés. On inséra, dans cette convention, un acte de navigation du Zambèze, analogue à celui du Niger.

La publication de ce traité provoqua en Portugal un mouvement presque révolutionnaire; les Cortès ne l'ayant pas ratifié, il devint caduc, et on lui substitua un *modus vivendi* de six mois. Le traité ne faisait pas d'allusion au pays du Manica, qui était administré par un gouverneur portugais. Ce pays, qui possédait des champs d'or très riches, fut envahi par M. Colquhoun, administrateur du Machonaland, qui expulsa le gouverneur portugais. Malgré les protestations du gouvernement de Lisbonne, la Chartered Company refusa d'évacuer ce territoire.

Ce fut enfin le traité du 11 juin 1891 qui régla définitivement toutes les questions pendantes en Afrique, entre l'Angleterre et le Portugal. Il ne faisait subir que peu de modifications à la convention du 20 août précédent, mais le Manicaland restait à la Compagnie anglaise de l'Afrique du Sud. En échange, le Portugal recevait un vaste territoire de 80 000 kilomètres carrés entre le Chiré et Zumbo. Il s'engageait à construire une ligne télégraphique et un chemin de fer dans la vallée du Pongoué jusqu'à la frontière du Machonaland. Le Portugal prenait aussi

l'engagement de promulguer un décret pour ouvrir le Zambèze
à la libre navigation. Les deux parties s'attribuaient un droit de
préemption réciproque, en cas d'aliénation.

Par le décret du 30 septembre 1891, l'ancienne colonie de
Mozambique a été érigée en « État d'Afrique orientale » (Estado
da Africa oriental). Ce décret la
partageait en
deux provinces :
Mozambique au
nord, Lourenço-
Marques au sud ;
mais le décret du
27 avril 1893 a divisé la province en
trois districts, que
d'autres décrets
ultérieurs ont
porté au nombre
de cinq : Mozambique, Zambézie,
Inhambane, Gaza
et Lourenço-Marques.

La province est
administrée par
un gouverneur
général résidant
à Lourenço-Marques.

Le colonel Musinho de Albuquerque, commissaire royal de
Mozambique, a eu

Une visite au roi Pachirr'Ali, à Mozambique.

à réprimer, en 1895, une sérieuse insurrection qui avait éclaté
parmi les Cafres de Lourenço-Marques. Ces indigènes, ayant
à leur tête un chef entreprenant, Gungunhana, ont pendant
plus d'une année tenu en échec les forces portugaises et il
a fallu de nombreux envois de troupes et des sacrifices
considérables pour en venir à bout. Les Portugais ont enfin
occupé, le 11 novembre 1895, Manjacazé, qui était le kraal,
ou position fortifiée de Gungunhana. Le kraal a été dé-

truit et brûlé; le chef cafre a été amené prisonnier à Lisbonne.

Au nord et dans le district de Cabo Delgado, actuellement administré par la Compagnie privilégiée du Nyassa, les populations se bornent à cultiver du maïs et du riz, et récoltent les productions spontanées du pays, qu'elles échangent contre des armes, des spiritueux et de la quincaillerie. Les produits de la flore indigène consistent principalement en gomme copal, caoutchouc, cire, miel, café, tabac, coton, orseille et ébène. Parmi les produits d'origine animale, il faut citer l'ivoire. Les forêts possèdent des essences précieuses, telles que le santal et le bois noir. Il y a abondance de fruits très variés; on obtient avec quelques-uns des boissons fermentées et de l'huile. On trouve du charbon dans la région comprise entre les fleuves Rovouma, Loudjenda et M'Salu; il existe aussi de l'or, du fer, et du cuivre sur d'autres points.

Le commerce, dans la région de Mozambique et d'Agoche, est fait par de grandes caravanes. Les produits de cette région sont : l'arachide, le sésame, l'orseílle, la gomme copal, l'ivoire et les

Gungunhana, chef des Cafres du district de Lourenço-Marques.
Phot. Biel.

cauris. Les indigènes de l'intérieur de Macuana travaillent le fer et exportent des pioches dans les districts du Sud. Les terres hautes de Macuana se prêtent aux plantations de café et de quinquina, et les vallées des fleuves à celle de la canne à sucre.

Le palmier, qui croît fort bien sur la zone littorale, peut être exploité pour l'exportation des noix de coco.

La Zambézie est la région de la province où l'agriculture s'est le plus développée. Ces territoires exportent de l'arachide, du sésame, du caoutchouc, de la cire, de l'ivoire et des peaux, et produisent du riz, du maïs, des haricots. La culture du café a pris un grand développement sur les terres hautes du district de la Zambézie. On trouve de la houille d'excellente qualité à Tête et à Zumbo; et sur les hauteurs de Macanga ou de Maravia, il y a des terrains aurifères exploités.

Dans la zone littorale du district d'Inhambane, où se trouve la capitale, on exploite l'arachide, le maïs, le riz, les haricots, le café et la canne à sucre. Les industries les plus importantes sont la fabrication de l'eau-de-vie, des nattes, des écuelles en bois, de la poterie, des huiles. Le commerce consiste principalement dans l'échange de marchandises contre du caoutchouc, de la cire, des peaux, de l'arachide, du maïs et de la noix de coco.

Quelques distilleries d'alcool et sucreries ont été montées dans le district de Lourenço-Marques qui, sillonné par des fleuves importants, se prête à de vastes plantations de cannes à sucre ; l'eau-de-vie et le sucre s'exportent au Transvaal.

Enfin, les territoires de Manica et Sofala, exploités par la Compagnie de Mozambique, sont également favorables à l'agriculture, mais on s'y préoccupe surtout, pour le moment, de l'exploitation aurifère.

L'ensemble du mouvement commercial a augmenté progressivement, quoiqu'il ait diminué dans quelques ports, comme à Mozambique, ou qu'il soit resté stationnaire dans d'autres, comme à Quelimane. La diminution à Mozambique s'explique par le commerce direct que ce port fait actuellement avec les autres ports de la province. Quant à Quelimane, le stationnement doit surtout être attribué au régime d'internationalité du Zambèze, adopté en 1891. Contrairement à ce qui a lieu pour Angola, le commerce de Mozambique est presque tout étranger. Quoique l'importation des produits portugais ait augmenté depuis 1891, époque du différend du Portugal avec l'Angleterre, elle est encore insignifiante.

Les seuls territoires que les Portugais aient conservés de leur immense empire des Indes sont les districts de Goa, Daman et Diu.

Goa. — Le littoral du territoire portugais de Goa est compris entre la côte du Kanará au sud et la forteresse de Tiracol au nord, située à l'embouchure du fleuve de ce nom, sur la rive droite. A peu près au milieu, entre ces deux points, se trouvent Goa et quelques autres îles, et les péninsules de Salsette et de Bardez.

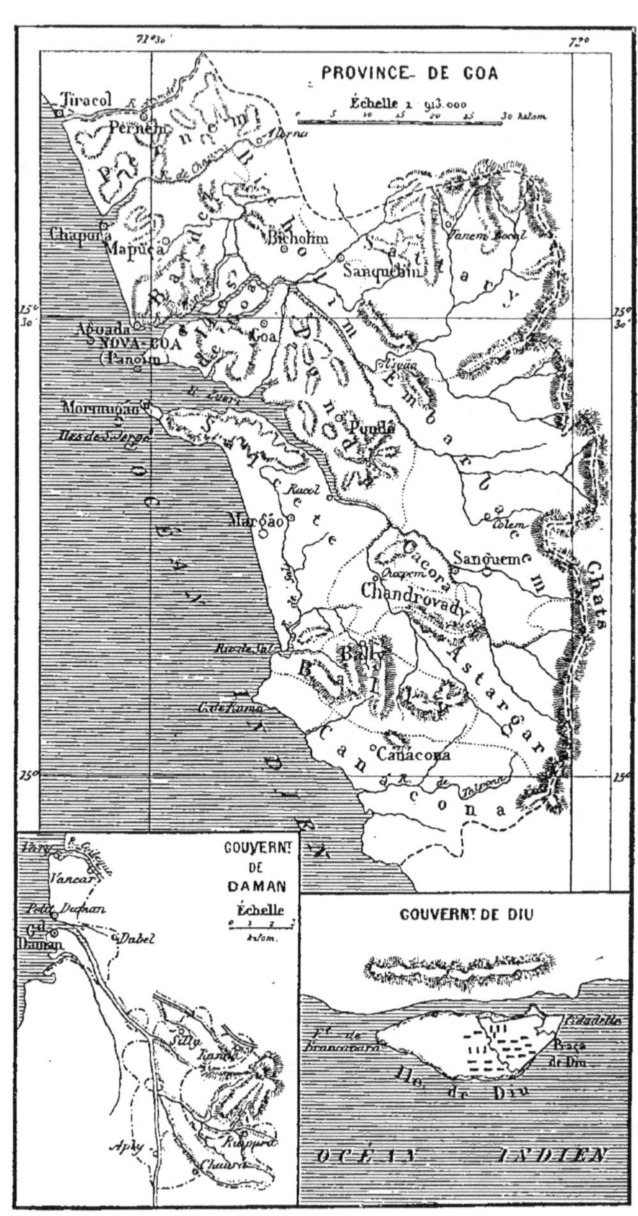

PROVINCE DE GOA
Échelle 1 : 913.000
5 10 15 20 25 30 kilom.

Tiracol
Pernem
Chapora
Mapuça
Bicholim
Tanem Bocal
Sanquelim
Aguada
NOVA-GOA
(Panarm)
Goa
Mormugáo
Iles de S. Jorge
Punda
Embarbe
Racol
Margáo
Colem
Dacora
Sanguem
Chandrovady
Ghats
Astargar
Bally
Canacona
C. de Rama
GOUVERN.t
DE
DAMAN
Échelle
kilom.
Vary
Vancar
Petit Daman
G.d Daman
Dabel
Tilly
Kanul
Apty
Rompura
Chuari
GOUVERN.t DE DIU
Ft. de
Brancovara
Ilo de Diu
Citadelle
Praça
de Diu
OCÉAN INDIEN

Le territoire de Goa a une superficie de 3 600 kilomètres ; il est coupé en différents endroits par d'étroits bras de mer, avec quelques îles au milieu. Sur le littoral, on voit d'anciennes forteresses qui autrefois défendaient l'entrée des ports. Au centre, la côte est basse et n'offre que deux ports accessibles aux grands

Nobles mahrattes (province de Goa).

vaisseaux : Goa et Mormugão. Le port de Goa, à l'embouchure du fleuve Mandovi, est défendu par les forteresses de Aguada et le fort des Rois-Mages sur la rive droite, et le fort de Gaspar-Dias sur la rive gauche ; l'entrée du port est difficile en cas de tempêtes venant du sud-ouest, surtout de fin mai à fin septembre ; pendant cette époque, les vaisseaux sont obligés de chercher un abri à Mormugão, dans l'embouchure du fleuve Zuari, près de la péninsule de Salsette. Le port de Mormugao sert de tête de ligne au chemin de fer qui traverse le territoire dans la direction de Castle-Rock, dans les Ghats.

La zone littorale de Goa appartient aux terrains d'alluvion, entourés par des gneiss, des schistes et des roches métamorphiques ; son aspect général rappelle les fjords de Norvège. C'est du côté de Satary qu'il y a les montagnes les plus élevées, comme celle de Sansogor.

La plupart des fleuves du territoire de Goa sont navigables ; les deux principaux sont le Mandovi et le Zuari, que sépare l'île de Goa. Les autres fleuves sont le Tiracol, le Chapora et le Betul.

Le climat est relativement sain, surtout aux « Nouvelles-Conquêtes » et à Salsette ; l'été, ou temps sec, va d'octobre à mars, et l'hiver, ou temps des pluies, d'avril à septembre ; c'est le temps sec qui est la meilleure saison de l'année. La température moyenne est de 26° centigrades ; les mois les moins chauds sont décembre, janvier et février, et les plus chauds, août, juillet et juin.

Daman. — Le district de Daman se compose de trois parties : 1° le grand et le petit Daman, limité au nord par le fleuve Coileque et au sud par le fleuve Calem ; 2° Dadrá, territoire enclavé dans les possessions anglaises ; 3° le territoire de **Pragana Nagar-Avely**, qui est le plus étendu, est également enclavé dans les possessions britanniques et confine à l'est avec les États du rajah de Darampur. L'ensemble des territoires de Daman représente une superficie de 384 kilomètres carrés.

Le port de Daman, défendu d'un côté par le fort São Jeronymo et de l'autre par la place forte de Daman, se trouve à l'embouchure du fleuve Damongangá, qui sépare le grand Daman du petit Daman.

Dans les embouchures des fleuves Calem et Coileque peuvent entrer les petits bateaux de cabotage. Le terrain est peu accidenté, le climat est à peu près celui de Goa, mais un peu plus doux.

Diu. — Le siège du gouvernement de Diu est situé dans l'île de même nom, à l'extrémité méridionale de Kathiavar, province de l'ancien royaume de Cambaye, sur la côte sud du Guzerate.

Le territoire comprend : 1° l'île de Diu, séparée du continent par un bras de mer qui forme le port avec ses deux entrées, dont la principale fait face à la forteresse, et l'autre du côté opposé, à Brancavará ; 2° un isthme, appelé Gogolá, défendu du côté de la terre par une enceinte fortifiée ; 3° un petit territoire dans la baie de Simbor, à 25 kilomètres de Diu, où se trouve le fort de Panni-Kotta, construit dans une petite île.

La place forte de Diu est à l'extrémité de l'île ; la résidence
du gouverneur se trouve dans une petite péninsule liée à l'île
par un isthme étroit. La superficie du territoire de Diu est de
52 kilomètres carrés.

La population indigène des Indes portugaises se compose
d'une grande variété de races et de castes, mais la race qui
domine est la race hindoue. Les Hindous se divisent en trois
castes principales : les brahmanes, dépositaires du pouvoir

Ancienne forteresse de Diu (Indes portugaises).

sacerdotal, les charodos, qui représentent le pouvoir militaire,
et les sudras ou caste plébéienne.

Les Portugais ont eu jadis dans les Indes un empire considérable, qu'ils ont perdu au xviie siècle. Ils y furent supplantés
par les Hollandais, et plus tard la suprématie passa à l'Angleterre.

Ce fut en 1520 qu'Albuquerque conquit Goa. Diu fut fondé
en 1534. Les Portugais se rendirent maîtres en 1543 des provinces de Bardez et de Salsette, et en 1559 de la ville de Daman.

A ce domaine s'ajoutèrent : en 1763, la province de Canácana,
en 1778 celle de Pernem et en 1782 celles de Bicholin et de
Satary. Elles ont formé avec quelques autres ce qu'on a appelé

Nova Goa (Indes portugaises). — Phot. communiquée par M. Alberto Osorio de Casort.

les « Nouvelles Conquêtes »; elles forment une zone qui entoure les « Anciennes Conquêtes ».

La province est administrée par un gouverneur général qui est en même temps gouverneur du district de Goa. Les autres districts sont administrés par des sous-gouverneurs. Les districts sont au nombre de trois : Goa, Daman et Diu.

Le commerce et l'industrie ont beaucoup décrû dans les Indes portugaises. Les produits de l'agriculture entretiennent seuls un courant d'affaires qui est assez faible.

Le sol des Indes portugaises est essentiellement favorable à l'agriculture, mais les habitants se servent encore de procédés arriérés. Le principal produit, qui est la base de l'alimentation du peuple, est le riz. Un autre produit important est la noix

Snamy ou Jagadgourhou,
supérieur des Brahmanes smarths.

de coco; on en extrait du sucre, du vin, du vinaigre, de l'huile, de l'eau, du lait, du bois et des filaments.

Parmi les palmiers des Indes portugaises, on trouve le cocotier, qui est le plus répandu, l'aréquier, le dattier et quelques autres; leur sève sert à faire des boissons spiritueuses et du sucre.

On cultive encore le manguier, le bananier, la canne à sucre

Les forêts, très importantes, fournissent beaucoup de bois pour les constructions navales ; le teck prédomine dans le district de Pragana-Nagar-Avely.

Les troupeaux sont nombreux, surtout les buffles, qui rendent de grands services à l'agriculture, pour le labour et l'attelage. Parmi les animaux dangereux, on cite les tigres et les serpents.

Une des industries les plus importantes est celle du sel ; on s'en sert pour la préparation du poisson et pour fumer la terre où l'on cultive les palmiers.

Bayadère de la pagode de Bandora
(province de Ponda).

MACAO.

Les Portugais donnent le nom de Macao à la petite péninsule qui termine l'île Hiang-Chang, sise à l'embouchure de la rivière de Canton, en face de Hong-Kong. La province de Macao se compose seulement de la péninsule de *Ngaomen* et des deux îles de Taipa et Coloane. La ville de Macao est située dans la péninsule, qui a 4 400 mètres de longueur sur 1 680 de largeur. Avec les deux îles, la superficie totale de la colonie est de 10 kilomètres carrés. La côte orientale de Macao est très irrégulière et la mer y est presque toujours mauvaise, ce qui rend difficile l'abordage des vaisseaux. Le port intérieur est, à l'ouest, séparé de l'île de Lapa par un petit canal. Au nord-est s'ouvre la grande baie de Dona Maria II et au sud-ouest s'aperçoit une courbe gracieuse où est située la Praia Grande.

La péninsule de Macao est formée de granit, quelquefois entrecoupée par des couches de spath ou de quartz. Les élévations granitiques que produisent les talus isolés sont au nombre de huit. En haut de ces collines, on voit les fortins qui défendent la ville.

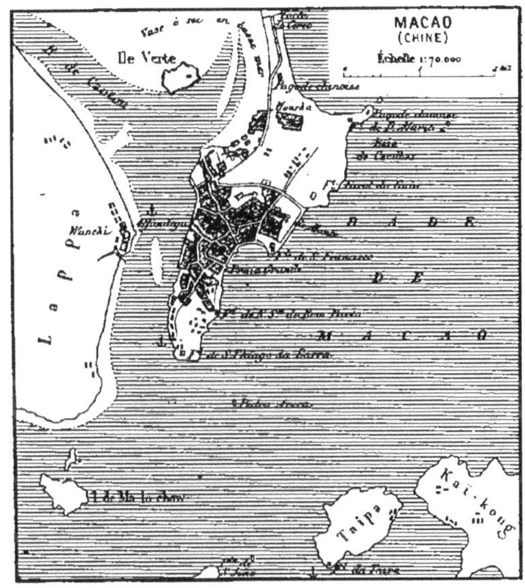

On peut diviser ainsi les saisons de l'année : le printemps, du mois d'avril à mai ; l'été, du mois de juin à septembre ; l'automne, pendant le mois d'octobre et novembre, et l'hiver, de décembre à mars. Le climat est généralement humide. La température moyenne est de 23°,3. Les typhons de la mer de Chine causent beaucoup de désastres à Macao. Un des plus violents cyclones qui se soit abattu sur Macao est celui de 1874 ; il a détruit presque la moitié de Praia Grande.

La population de Macao est de 78 627 habitants. Les Chinois y dominent.

Ce fut en 1557 que les Portugais obtinrent de l'empereur de Chine, la concession de la péninsule de Macao, en reconnaissance

Petit corps expéditionnaire portugais lors de l'insurrection de Goa (1895-1896).

des services qu'ils lui avaient rendus en exterminant des pirates qui infestaient ces côtes.

Macao formait une même province avec l'île de Timor. Le gouverneur réside à Macao, qui est la capitale de la province.

Macao, qui a été jadis le grand entrepôt du commerce de la Chine avec l'étranger, a été détrôné par Hong-Kong. Le commerce est surtout aux mains des Chinois.

. Le territoire de Macao étant presque entièrement occupé par la ville, il n'y existe pas d'industrie agricole; presque tous ses habitants sont des commerçants. L'industrie s'y développe beaucoup, grâce au bon marché de la main-d'œuvre chinoise. Une branche importante du commerce de Macao est l'opium. La fabrication de la soie augmente de plus en plus.

On y fabrique également des paillassons, des feux d'arti-

Brahmane dans son intérieur (Goa).

fice chinois et d'autres objets de moindre importance. La pêche y est prospère, elle emploie environ 900 bateaux. Les 8 700 pêcheurs de Macao habitent la ville et les îles de Taipa et Coloane; ils vendent leur poisson sur les marchés de Hong-Kong et dans d'autres ports de la Chine.

TIMOR.

L'île de Timor appartient en partie au Portugal, en partie aux Pays-Bas.

La colonie portugaise de Timor, aujourd'hui indépendante de Macao, a une superficie de 19 300 kilomètres carrés, contre 13 050 kilomètres carrés de territoire hollandais; le port principal est Dilly.

La structure géologique de Timor est en partie madréporique

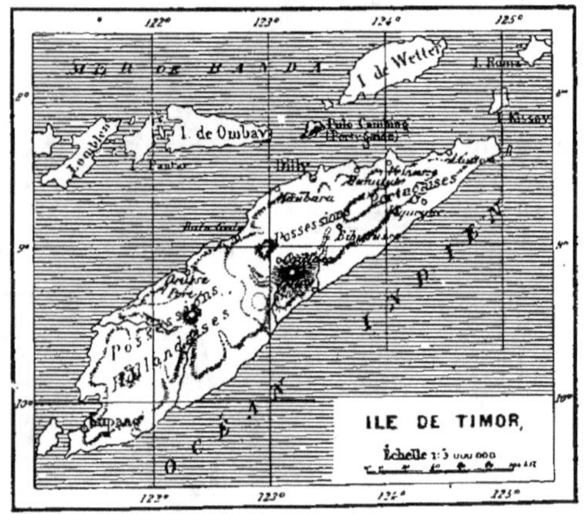

et schisteuse; on trouve près des côtes des récifs de corail. Au centre de l'île, il y a une ligne de montagnes schisteuses. Contrairement à ce qu'on a cru jadis, il n'y a pas de volcans; les éruptions périodiques étaient dues à la décomposition gazeuse du pétrole ou à la présence d'hydrogène phosphoré. Il n'y a pas de fleuves importants; le plus grand est celui de Lois et il n'est pas navigable. Le climat du littoral, notamment celui de Dilly, n'est pas favorable aux Européens, tandis qu'à l'intérieur, dans les régions de Baucau, Faturá et Matarufa, les conditions du climat se prêtent fort bien à l'établissement de colonies européennes.

Il y a à Timor deux saisons caractéristiques, celle des tempêtes et celle des vents modérés et sans pluie. La faune et la flore sont semblables à celles du nord de l'Australie.

A Timor est rattaché l'îlot de Cambing, situé à 20 kilomètres au nord, et dont la population est d'environ 2 000 habitants.

La population de la colonie est évaluée à 2 millions d'habitants, c'est-à-dire 103,5 habitants par kilomètre carré. Il existe un certain nombre de tribus de race malaise, gouvernées par des chefs indigènes, qui reconnaissent la suprématie du Portugal.

Tombeau, en argent et pierreries, de saint François-Xavier,
OEuvre florentine du xviie siècle, conservée à Goa (Indes portugaises).

Ce fut Magellan qui découvrit Timor en 1522. En 1640, les Hollandais s'emparèrent à leur tour d'une partie de l'île.

Le traité signé à Lisbonne le 20 avril 1859 et ratifié le 18 août 1860, a fixé les limites des possessions portugaises et hollandaises dans l'île de Timor. Les Portugais occupent la partie orientale, dite région de Bellos, et la Hollande a pris le Serviao, où les Portugais ont conservé aussi les territoires d'Ocussy,

Ambeno et Naimutte. Timor est le dernier débris du domaine que le Portugal a possédé dans les îles de la Sonde, les Célèbes et les Moluques.

L'île de Timor faisait partie de la même province que Macao dont elle formait un district; maintenant elle est autonome et son gouverneur réside à Dilly.

Le terrain se prête à la culture du café, du cacao, de la muscade, du poivre et des palmiers. Les forêts de Timor contiennent d'excellents bois de construction, bois de rose, de santal, de bambou et de cannelle. On trouve des minerais de cuivre, de fer et du quartz aurifère à Turiscain, Tutuluro et Orlaquiri. Parmi les richesses du sol il faut citer aussi les gisements de pétrole de Laclubar, qui sont très importants.

Timor importe principalement du coton (fil et tissus), du riz, des boissons alcooliques et des denrées alimentaires. Il exporte du café, de la cire, du santal, des peaux de buffle, des épices, des fruits et du bois jaune.

LA CARICATURE

Par JOHN GRAND-CARTERET

Pas de caricature portugaise à proprement parler — Anciennes satires illustrées
parues à l'étranger. — La caricature prend naissance avec le journal à images.
— Caricatures actuelles.

Il est des pays qui ont ou qui eurent des caricatures nationales — tels la France, l'Angleterre, l'Allemagne, l'Italie, la
Hollande — alors que d'autres se servent simplement de la caricature comme d'un moyen pour donner, par le crayon, la satire
des hommes et des choses.

C'est pourquoi, si l'on rencontre, en Portugal, des caricatures et des caricaturistes, il n'y a pas, à proprement parler, de
caricature portugaise, pas plus au point de vue de la conception
générale qu'au point de vue d'une formule esthétique quelconque.

Cela devait être dit avant tout, afin que l'on ne crût pas à
l'existence d'une école de caricature que l'on chercherait vainement, soit à Lisbonne, soit à Porto.

Ce qui a fait naître la satire illustrée dans le royaume des Bragance, c'est le journal, ce sont les luttes de parti, ce sont les
discussions politiques. Le trait, on le sait, est plus mordant que
la plume, surtout d'un mordant qui, plus facilement, saute aux
yeux.

Quand le Portugal s'est ouvert aux idées libérales modernes,
il a vu surgir, lui aussi, la charge, et je ne crois pas me tromper
en donnant à ce genre, pour premier organe, une feuille publiée
en 1863 : *O Distribuidor de Carapuças*, ainsi qu'il ressort d'un
minutieux examen de la précieuse bibliographie de M. Silva
Pereira, *O Jornalismo Portuguez*.

La caricature aurait donc, en Portugal, trente-cinq ans
d'existence, et serait ainsi, avec la caricature grecque, celle du
nouveau royaume de Grèce, une des plus jeunes en notre vieille
Europe.

Il existe, il est vrai, des estampes du siècle dernier sur les-

quelles on voit apparaître Pombal, le Richelieu portugais, qui
fit tant pour relever l'influence de son pays. Mais ces pièces
ne furent point gravées à Lisbonne : venant d'Espagne, de
France, d'Angleterre même, elles ne sauraient, quoique portugaises de sujet, être considérées comme appartenant en propre au Portugal, et par conséquent figureraient sans raison ici.

La Révolution française qui, partout, arma si facilement les burins, ne semble pas avoir laissé trace dans l'imagerie du pays, et cela se conçoit, puisqu'elle n'exercera aucune influence sur la dynastie de Bragance. Plus tard, lorsque la lutte soutenue par Napoléon contre l'Europe coalisée mit en cause l'existence même du petit royaume, de Lisbonne et de Porto partirent quelques pam-

DOM LUIZ Ier, ROI DE PORTUGAL.

Portrait-charge de Raphaël Bordallo-Pinheiro pour
Album das Glorias (Lisbonne, 1880-1883).

phlets, quelques images grossièrement gravées, mais, là encore,
ces caricatures n'étaient que de vulgaires copies des estampes
anglaises ou hollandaises, arrangées aux besoins du jour.
Monsieur Nicolas, le grand Diable rouge, quelques autres
Napoléon ayant fait depuis Londres le tour du monde, pa-

rurent avec légendes portugaises, très probablement gravés et tirés en Angleterre même, le grand centre d'où les satires antinapoléoniennes se déversaient sur l'Europe entière.

En vérité, images accommodées à la sauce portugaise, mais point encore portugaises.

Les luttes, les révolutions intérieures de la première moitié du siècle, elles non plus, ne produisirent rien, en sorte que, en réalité, c'est bien avec le premier journal que l'image a pris naissance, sur le sol même du pays.

De quel côté s'est-elle plus particulièrement portée, quels types furent, par elle, créés ? C'est ce que nous allons rechercher.

Comme partout, cette caricature a eu en vue la politique, les mœurs, les ridicules, les personnages et les actualités du jour, en tous les domaines.

La politique, ce fut l'éternelle lutte entre les idées progressistes et les idées conservatrices, entre le libéralisme et le jésuitisme. De 1863 à 1870, les images servent la cause du parti fusionniste

LE GÉNÉRAL AUGUSTO DE ALMEIDA MACEDO *.

Portrait-charge de Raphaël Bordallo-Pinheiro pour *Album das Glorias* (Lisbonne, 1880-1883).

* Aujourd'hui décédé, le général Macedo fut une des personnalités militaires le plus en vue du Portugal. Si la visière de son képi est ici en forme d'abat-jour, c'est par pure modestie, pour ne pas éblouir le soleil d'Austerlitz et d'Aljubarrota (bourg de Portugal, célèbre par la victoire qu'y remporta Jean Ier de Portugal sur Jean Ier de Castille, en 1385).

ou du parti anti-fusionniste. De 1870 à ce jour, c'est un long défilé de groupes, de qualificatifs dont l'intérêt, suivant l'usage, reste purement local : *regenerador, autonomista, progressista, socialista, historico, popular, democratico, constituinte, particular, opposicionnista, republicano* et même *republicano federal*, autant

L'EXPULSION DES JÉSUITES.

Ze Povinho déguisé en marquis de Pombal. — Ce que j'aurais fait si j'étais le marquis de Pombal (1).

Application aux choses du moment d'un ancien tableau historique conservé à Lisbonne.

(Caricature de Raphaël Bordallo-Pinheiro, *O Antonio Maria*, 11 mai 1882.)

de partis, à moins encore que ces groupes divers ne prennent le nom du chef en lequel ils s'incarnent. Choses de politiquerie qui partout se trouvent être les mêmes.

Ce qui est caractéristique, au plus haut point, c'est la lutte constante des crayons contre l'influence anglaise, contre les pré-tentions grandissantes de la puissance britan-nique, contre les ten-dances dominatrices du clergé — qu'on le veuille ou non, il y a toujours une pointe de jésuitisme dans l'air — contre tout abaisse-ment de la souverai-neté nationale, contre l'exploitation du pau-vre contribuable. Et c'est ainsi que la cari-cature semble avoir rempli, au Portugal, un rôle tout particuliè-rement noble et élevé, donnant en quelque sorte au pouvoir des leçons de dignité, d'indépendance, à la fois nettement anti-anglaise et nettement anti-bismarckienne. Que de poings fermés, que de pieds de nez, que de menaces à l'adresse de John Bull, « ogre britannique », « avaleur breveté de

La Liberté. — Tu n'as pas d'amour de la patrie !
Ze Povinho. — Comment donc ! Que dis-tu là ?

Allusion au fronton de l'Hôtel de ville de Lisbonne : l'*Amour de la Patrie*, figure peu vêtue qui a fait quelque bruit dans le clan des vieilles prudes. Si bien que cela est devenu pour les habitants de Lisbonne quelque chose comme le *Manneken-Pis* de Bruxelles.

(*O Antonio Maria*, 28 septembre 1882.)

colonies », lui aussi pratiquant la maxime : *la force prime le droit*. Comme jadis dans l'Allemagne anti-prussienne, alors que les deux sauvages de l'écusson prussien étaient accommodés à toutes sauces, les armoiries portugaises et anglaises se virent torturées sous mille formes. De même les noms, les illustrations du pays; de même les monuments. Jamais, je crois, statue ne subit plus d'outrages carnavalesques, que la belle statue de

Joseph Ier, tombée en quenouille, des machines à coudre enlacées dans la queue du cheval auquel nous font assister depuis vingt ans les crayons portugais. Véritable mardi gras des monuments.

Très violente, à certains moments, contre la monarchie elle-même, cette caricature a, sans cesse, poursuivi de ses sarcasmes, de ses traits les plus acérés, les courtisans, les ministres, le militarisme, ce dernier, presque toujours, figuré en la personne du général Almeida Macedo, petit bonhomme flanqué d'un grand sabre. Si, dans toutes ces images, les personnalités tiennent une grande place — comment concevoir une caricature absolument impersonnelle, alors que la satire graphique vise surtout les gens, — cependant, sous le crayon d'un artiste de talent, Raphaël Bordallo - Pinheiro, très certainement le premier caricaturiste du pays, un autre élément a

CONTRASTES.

En Espagne, à la suite du rapt des Carolines, le roi lui-même a jeté au loin l'uniforme prussien qu'on lui avait octroyé

On nous a volé le Congo et le peuple ne jette pas le bât en l'air, et encore moins l'uniforme.

(*Pontos nos Ii*, 27 août 1885.)

pris naissance, le peuple, le peuple toujours taillable et corvéable, le peuple succombant sous le poids des impôts, le peuple réduit peu à peu à l'état de véritable squelette.

Le peuple, c'est **Ze Povinho**, et je ne crois pas qu'en aucun pays ait été jamais créée une image plus saisissante des souffrances, des misères, de la patience vraiment angélique de ce pauvre martyr éternellement sacrifié, qui s'appelle en Allemagne **Michel**, et qui, chez nous, répond au nom historique de Jacques Ronhomme.

Ze Povinho, un personnage bien typique, bien local, commis-

RETOUR DE LA REINE.

Le Président du conseil des ministres au Ze Povinho : « Comment, c'est en squelette que tu vas recevoir la Reine ?
— Hélas ! je n'ai plus même de peau. »

(*Pontos nos Ii*, 22 novembre 1888. — Caricature de Raphaël Bordallo-Pinheiro.)

sionnaire du port à Lisbonne, qui tient un peu de notre Auvergnat, qui en a l'honnêteté et la ruse, en réalité à la fois ouvrier et paysan, *Ze Povinho* qui, partout, apparaît, se livrant à d'amères réflexions, sans cesse portant le bât, — et pour qu'on ne s'y trompe point, Bordallo Pinheiro a pris soin, en mainte circonstance, de dessiner à ses côtés une selle gigantesque. Songez

donc que de choses et de gens ne lui faut-il point supporter :
liste civile, charges et impositions multiples, toute une cour
avec ses courtisans. Un instant, sous le crayon de l'artiste,
plein d'un fébrile amour pour la liberté, on put croire qu'en

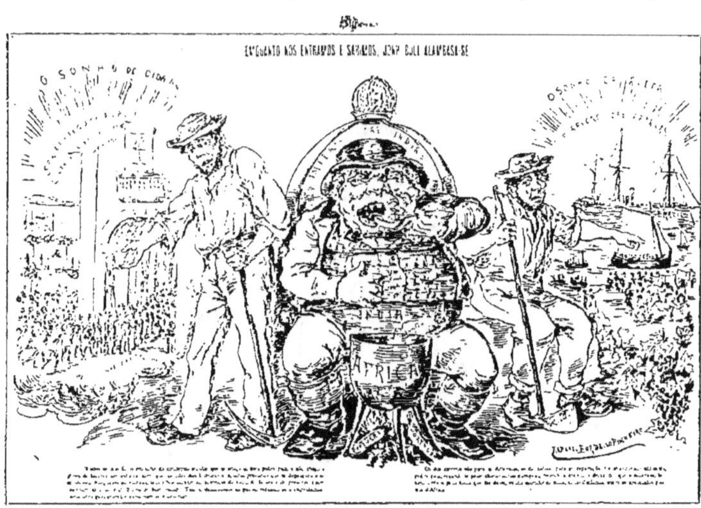

Tandis que nous entrons et sortons, John Bull, lui, avale gloutonnement.
Caricature de Raphaël Bordallo Pinheiro.

(*Pontos nos Ii*, 26 décembre 1889.)

Caricature dirigée contre les prétentions toujours plus absorbantes de l'Angleterre dans les Indes. De chaque côté de John Bull, Ze Povinho montrant : à gauche, le rêve du Portugais des villes, « tout le monde employé de l'État, sans aller au bureau »; à droite, le rêve du Portugais des champs, émigrer au Brésil. « Tous les jours on parle de la catalepsie séculaire qui te tue, mon pauvre pays de Portugal et tu ne fais pas le plus petit effort pour sortir de cette [apathie profonde. Bourgeois et plébéiens, tous tes enfants te laissent indifférents, également de l'avenir et du présent. Tous, ne croyant plus en la Patrie, se refusent à entreprendre une œuvre durable, s'expatrient ou désertent; ceux des champs en Amérique; ceux des villes pour les bureaux de l'État. Et c'est ainsi que tu te trouves abandonné, pauvre peuple, à plat ventre devant les chancelleries européennes, vivotant à crédit en attendant que le misérable Anglais, déjà gorgé avec les Indes que tu lui avais données, vienne encore étendre ses doigts crochus sur les plaines si convoitées de l'Afrique. »

cette atmosphère surchauffée quelque révolte allait surgir. Heureusement pour le pays, il n'en fut rien; tout se calma, tout rentra dans l'ordre; assagi, et peu encouragé par l'exemple des charges encore plus lourdes que lui donnait notre République — ceci est à retenir, car rarement se vit — *Ze Povinho* conclut que la meilleure des républiques c'était encore la monarchie libérale. Et, paisiblement, il reprit son bât. Mais cet état d'es-

Le nouveau monument du Terreiro do Paço.

Caricature de Raphaël Bordallo-Pinheiro.

(*Pontos nos ii*, 11 septembre 1890.)

Au-dessous de cette amusante satire graphique transformant en une statue de la reine
Victoria le monument historique du roi Joseph Ier, place du Commerce, à Lisbonne, se
lit la longue légende explicative dont voici la traduction :

« L'histoire du Portugal compte aujourd'hui deux tremblements de terre, celui de 1755
et celui du 20 août 1890 (allusion au traité signé avec l'Angleterre). Le marquis de Pombal a
fait reconstruire une ville nouvelle sur les ruines de l'ancienne Lisbonne. Aujourd'hui, il
faudrait refaire la même chose parce que, depuis le 20 août 1890, la capitale portugaise
est devenue ville anglaise. Il importe donc de transformer la vieille terre lusitanienne en
une terre britannique, et, dans ce but, nous offrons au gouvernement un nouveau projet de
monument pour le Terreiro do Paço, sans modifier en rien les lignes générales du monument primitif qui a encore l'audace d'affirmer que nous fûmes un peuple digne et respecté.
Le traité nous a laissé une Afrique portugaise gouvernée par des Anglais, mais notre
projet a pour but de doter Lisbonne d'un monument entièrement anglais qui arrive à
nous donner l'illusion qu'il est portugais. »

Pour que l'illusion soit complète, l'artiste a placé au premier plan de cette amusante
caricature un policeman et un soldat anglais.

prit, qui devait aboutir à la suppression momentanée du vaillant journal *O Antonio Maria*, n'en était pas moins curieux à enregistrer.

Qui voudra connaître par le menu la politique du Portugal depuis trente-cinq ans n'aura qu'à parcourir la collection des journaux à images dont les noms suivent en la liste ici reproduite.

CARNAVAL DE CETTE ANNÉE : BAL NATIONAL.
Ze Povinho devant un domino en assignats.

Critique de la situation désespérée des finances portugaises.

Caricature de Raphaël Bordallo-Pinheiro.
(*O Antonio Maria*, 26 février 1892.)

De même que les grands hommes du pays — et même les grandes femmes — défilent dans la collection si caractéristique de Raphaël Bordallo Pinheiro, *Album das Glorias*, un pendant satirique au recueil *Glorias de Portugal*, publié en 1864, de même, tout ce qui touche aux modes, aux mœurs, aux fêtes, aux particularités typiques, à la vie nationale en un mot, se rencontre dans les journaux de ces vingt dernières années. En ouvrant *O Antonio Maria* ou *Pontos nos Ii* on voit immédiatement quelle place considérable le théâtre tient en la vie de ce peuple; on assiste à toutes ses grandes fêtes : en 1880, le troisième centenaire de Camoëns ; en 1882, le centenaire du marquis de Pombal ; en 1887, la cérémonie commémorative de l'inauguration des chemins de fer à Lisbonne, ces chemins de fer dont la lenteur a été célébrée en mainte image ; en 1898, la célébration du troisième centenaire de la découverte des Indes.

Album das Glorias, plus de cinquante personnages en pied et en reproductions chromolithographiques, procédant en droite ligne de la célèbre *Vanity Fair*, des Anglais, mais avec un coloris très particulier, avec plus de fantaisie, plus de variété, avec un sens plus raffiné de la charge individuelle. Une galerie humoristique que l'on parcourt avec le plus grand attrait, et dont nombre de personnages se laissent voir avec cette prodigieuse obésité devenue en quelque sorte la caractéristique de tout Portugais qui se respecte. L'obésité des députés et des personnages politiques, des boules de graisse que l'on fait rouler. Souvenir des embonpoints débordants popularisés au commencement du siècle, par l'école de Rowlandson ?

Ailleurs, semées de tous côtés, des vignettes nous font pénétrer plus intimement dans les mille particularités de la vie locale ; les voitures de gala qui, dans la réalité, conduisent pompeusement les morts à leur dernière demeure, conduisent de même le deuil des ministères. Ici, ce sont, mauvais calembours français, des *porcs tout gais* exécutant quelque pas national ; là de véritables sarabandes

Le Portugal devant les étrangers.
Il n'y a pas de petits peuples, il n'y a que de petits hommes.
(D'après Victor Hugo.)
(*O Antonio Maria,* 6 février 1896.)
(Caricature de Manoël Gustavo Bordallo-Pinheiro.)

de *papier-monnaie ;* ailleurs, des *pompes, en perpétuel mouvement,* charge d'un spectacle assez commun à Porto ; ou encore des groupes de gens aux talons éperonnés qui, suivant la légende, n'ont jamais mis le pied dans un étrier. Mais en ce pays de mœurs antiques l'éperon est encore considéré comme un restant de chevalerie et c'est pourquoi la caricature a cru devoir s'élever contre le ridicule d'un usage suranné.

Et, au milieu de tout cela, une particularité qui vaut d'être retenue pour qui connaît la vieille antipathie toujours vivace entre Portugais et Espagnols ; pas la plus petite trace graphique de cette haine invétérée. Le crayon se refusant à enregistrer ce

Reproduction du titre de la quatrième année
du journal *Pontos nos Ii* [*].

Dessin de Raphaël Bordallo-Pinheiro.

[*] La tête ici représentée est celle de *Ze Povinho*, le Jacques
Bonhomme portugais.

qui se montre ouvertement en tant de polémiques de presse.

Bien mieux, dans le duel terrible qui a eu lieu entre les découvreurs de l'Amérique et ses actuels possesseurs l'imagerie a fait choix avec l'Espagne contre les États-Unis.

Peu nombreux, en vérité, les caricaturistes, d'autant que plusieurs déjà émigrèrent au Brésil, tels Julião Machado et

ALMA MATER : LA MÈRE DES BACHELIERS *.
(L'Université de Coïmbre.)
* Elle est revêtue, dans l'esprit du dessinateur, de tous les attributs de la toilette universitaire.
Caricature de Raphaël Bordallo-Pinheiro
pour *Album das Glorias* (1882).

Celso Herminio, mais leurs noms ne sauraient être passés sous silence.

Après Raphaël Bordallo Pinheiro, le maître incontesté du crayon national, c'est le jeune Manoël Gustavo, son fils, puis

Léal Camora, qui fit paraître la *Marsel'heza*, une *Marseillaise portuguifiée*, et Jorge Colaço, qui n'est point un inconnu à Paris, puisqu'il exposa ici, il y a quelques années, la *Passion de notre seigneur Drumont*. Colaço, élève distingué de Cormon, a opéré au Portugal la dernière révolution graphique en créant avec le *Secolo Illustrado* le supplément illustré du journal quotidien·

Une véritable revue par l'image des événements de la semaine à laquelle se trouve joint régulièrement le portrait-charge de l'homme du jour traité un peu dans la manière de Luque, ce qui permettrait d'établir sur le terrain artistique certains rapprochements entre Espagnols et Portugais.

Et maintenant je ne serai pas injuste : j'en passe et des meilleurs, si quelques noms sont omis, c'est qu'ils ne parviennent pas jusqu'à moi.

Quoique brèves, ces notes serviront à conserver le souvenir de la caricature et des caricaturistes en un pays qui a tenu souvent à honneur de rappeler le mot si juste de Victor Hugo : « Il n'y a pas de petits peuples, il n'y a que de petits hommes. »

APPENDICE

Esquisse géographique.

Situé entre le 36° 58′ et le 42° 8′ latitude nord, le Portugal a pour limites l'Espagne au nord et à l'est, et l'Atlantique au sud et à l'ouest ; il se développe sur une longueur de 572 kilomètres et sur une largeur variant de 126 à 222 kilomètres. Superficie : 89 625 kilomètres carrés, et 92 346 avec les Açores et Madère. Population : 5 050 000 habitants.

Tempéré par les vents océaniques, le climat de l'ancienne Lusitanie

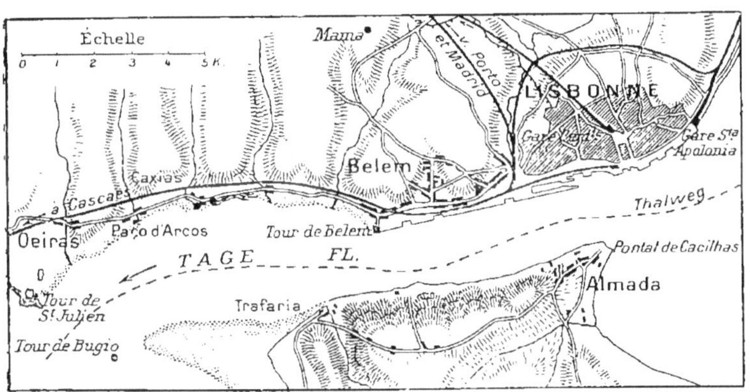

ne connaît des froids quelque peu rigoureux que sur les plateaux des provinces septentrionales, et des chaleurs intenses que dans la zone méridionale, l'Algarve, dont la végétation est à demi africaine. La température moyenne oscille en hiver entre 10° et 11° ; en été, elle s'élève jusqu'à 21°. Le printemps commence en janvier ; la moisson se fait en juin ; un deuxième printemps apparaît en automne. Des pluies abondantes, créées par les brumes océaniques, se déversent au printemps et en hiver sur les escarpements des massifs montagneux du nord et du centre ; dans cette zone, la tranche annuelle de pluie a une hauteur de 5 mètres. Ainsi le Portugal absorbe des masses d'eau qui ne peuvent parvenir jusqu'au plateau des deux Castilles.

Affectant dans son ensemble la configuration d'un rectangle presque régulier, sauf l'échancrure de l'angle sud-ouest, le Portugal est un pays essentiellement maritime; c'est le versant de la péninsule ibérique sur l'Atlantique. Aucune frontière naturelle ne le sépare de l'Espagne : même ossature alpestre, chaînes, plateaux et terrasses; mêmes bassins fluviaux, entre lesquels s'insinuent quelques petits fleuves côtiers. Dans la région septentrionale, entre l'embouchure du Minho et le cap da Roca, le littoral portugais ne possède aucune de ces baies, si heureusement découpées, qui se succèdent sur le littoral de la Galice. Sa courbe très allongée, du nord-est au sud-ouest, ne présente que de petits havres à l'embouchure des fleuves, et une seule saillie, le cap Carvoeiro. Toute cette côte, basse, sablonneuse et marécageuse, bordée de dunes ou coupée de canaux, ressemble au littoral des landes gasconnes, et la lagune d'Aveiro correspond au bassin d'Arcachon. Après s'être relevée au cap Carvoeiro et au cap Roca, elle décrit vers l'est jusqu'au cap Espichel un vaste demi-cercle, la baie de Cascães, dans laquelle s'ouvre l'estuaire du Tage, arrière-baie (la mer de Paille) d'une étendue de 30 kilomètres. Par delà le cap Espichel, promontoire de la petite serra d'Arrabida, le littoral s'affaisse de nouveau, décrit la baie anguleuse de Sétubal, projette sur l'Atlantique le cap Sines et aboutit au cap Saint-Vincent, suivi du cap Sagres. De ce point, la côte s'incurve et forme la baie de Lagos sur le golfe de Cadix; elle descend au sud-est jusqu'au cap Santa-Maria (en avant de Faro); puis, bordée d'un chapelet d'îlots ou barres, elle court au nord-est jusqu'à l'embouchure de la Guadiana.

Les systèmes orographique et hydrographique du Portugal s'interprètent mutuellement : exposer le premier, c'est faire connaître le second. Le Minho, originaire de la Galice; le Douro, qui descend de la Vieille-Castille; le Mondego, rivière toute portugaise, issue des pentes de l'Estrella; le Tage, le cours d'eau le plus long de la péninsule, torrent qui s'élargit et devient navigable au seuil du Portugal; le Sado, rivière paresseuse, coulant en sens inverse, des monts de l'Algarve dans la baie de Sétubal; enfin, la Guadiana, fleuve espagnol, qui, après avoir franchi les rapides de la sierra Morena, infléchit son cours vers le golfe de Cadix, telles sont les principales artères fluviales du sol lusitanien. Il n'y a que trois grandes plaines, riveraines de l'Atlantique, sur tout le territoire : les « campos » de Coïmbre (bassin du Mondego), les « lezirias » du Tage et celles du Sado (Alemtejo). Incliné du nord-est au sud-ouest, le plateau lusitanien n'abaisse sensiblement ses éperons que sur l'ourlet de la lisière maritime. Au nord, il prolonge les Pyrénées Cantabriques; à l'est, il continue les pentes du plateau des Castilles; au sud-est, il s'adosse aux ramifications occidentales de la sierra Morena.

Dans la zone septentrionale et sur le bourrelet oriental, cette vaste toiture de montagnes enchevêtrées, plutôt des massifs que des arêtes, se sectionne en un échiquier de croupes, de mamelons et de contreforts enlacés. Entre les lignes de cette mosaïque alpestre serpentent les gorges profondes que les rivières et les torrents, leurs tributaires, ont taillées à la base de ses escarpements. Les cimes ou *serras* les plus élevées s'échelonnent entre le Minho et le Douro : Outeiro maior (2 403 m.); Ge-

Avenue de la Liberté, à Lisbonne.

rez (1 580 m.), Mairros (1 288 m.), Cabreira (1 279 m.), Coroâ (1 270 m.).
Nogueira (1 396 m.), Barroso (1 278 m.), Marâo (1 422 m.), Bornes (1 202),
Mogadouro (1 008 m.). Entre les vallées du Douro et du Mondego se succèdent en longues rampes des serras d'une altitude encore remarquable,
entre autres les serras de Montemuro (1 389 m.) et de Caramulo (1 076 m.).

Entre le cours du Mondego et la vallée du Tage, le relief du sol se
déprime en plaines, mais seulement dans la Beira maritime ; c'est même
dans cette zone centrale que déploie ses ressauts la plus haute chaîne lui

Tour de Belem, à l'entrée de Lisbonne.

sitanienne, la serra d'Estrella (1 993 m.), qui se rattache, à l'est, par les
Mezas, à la sierra espagnole de Gata et que continue, au sud-ouest, la
serra de Louzâo (1 202 m.). Un affluent septentrional du Tage, le Zezere,
draine les pentes méridionales de ce double massif, trait caractéristique
de l'orographie du Portugal. La voussure de l'Estrella reste neigeuse
pendant trois mois de l'année : sur la rive méridionale du Zezere et sur
la rive septentrionale du Tage s'étendent les serras d'Alvellos (1 224 m.)
et de Melrica, prolongements de la serra de Guardunha, le sommet culminant des Mezas, au nord-est. Vers le sud-ouest (Lisbonne), la serra de
Louzâo détache un long bourrelet de hautes collines dont les plus sail-
lantes sont le mont Junto (666 m.) et la serra de Cintra (488 m.), à l'est
du cap Roca.

Entre les baies de Lisbonne et de Sétubal, la serra de Arrabida (493 m.) se tient isolée. Sur la frontière orientale, dans l'Alemtejo, à la source des tributaires de la rive gauche du Tage, de la rive droite de la Guadiana et de la rive droite du Sado, deux massifs s'alignent en demi-cercle : la serra de San Mamede ou de Portalegre (1 205 m.) et la serra granitique d'Ossa (696 m.). Cette dernière se relie par une succession de terrasses aux petits massifs ou chaînons de l'Algarve (Al-Gharb), la serra do Malhâo (575 m.) au centre, la serra de Monchique (903 m.), à l'ouest, et le mont Figo (465 m.), à l'est. Un chapelet de hauteurs, soudées au Malhâo et au Monchique, se développe sur le littoral, au sud-ouest.

Église de l'Étoile, à Lisbonne.

Villes principales.

Lisbonne (Lisboa), capitale du royaume de Portugal, chef-lieu de district (province d'Estrémadure); siège de la cour suprême, d'une cour d'appel et d'un patriarcat ayant juridiction sur les évêchés du Portugal et sur ceux d'Angra (Açores), de Funchal (Madère), du Cap-Vert, de San Thomé et d'Angola (Afrique occidentale); située sur la rive droite du Tage, par 38° 42° lat. N. et 9° 11 long. O., à 364 kilomètres S.-S.-O. de Porto et à 1 896 kilomètres S.-O. de Paris, par chemin de fer. Population : 302 000 habitants, parmi lesquels 30 000 Gallegos (Galiciens) et nombre de mulâtres et créoles. Climat salubre, très chaud en été, tempéré en hiver; le printemps et l'automne sont les saisons les plus agréables.

Un canal maritime, le *Foz do Tejo* (longueur 7 kilomètres, largeur 3 kilomètres, profondeur moyenne 30 mètres) précède, du côté du large, la baie ou rade de Lisbonne; un banc de rochers sous-marins, large de 600 mètres, la *Dente do Cachopo*, divise en deux pertuis ce canal, défendu à son entrée par le fort Sâo Juliâo (rive droite) et par le fort Bugio ou San Lourenço (sur le Cachopo); un phare s'élève sur chacun de ces points. En amont, vers le milieu du chenal, sur le terre-plein de

Gare centrale du Rocio, à Lisbonne.

la Tour de Belem, est établie une batterie casematée. Du côté de terre, Lisbonne attend encore une enceinte fortifiée qui la protège contre une armée d'invasion arrivant du nord. Cependant, quelques forts armés d'une puissante artillerie ont été construits depuis 1885 à Serra da Monsanto, Caxias et Ameixoeira. Le lazaret et la quarantaine sont installés sur la rive méridionale. Un aqueduc comptant cent vingt-sept arches amène du nord-ouest les eaux de deux torrents (Bellas et Alviella), dont les sources sont captées à la distance de 8 à 30 kilomètres. Cette magnifique construction, appelée l'aqueduc d'Alcantara ou d'*Aguas livres*, aboutit à un château d'eau, le *Mãe d'Agua*, qui approvisionne d'eaux limpides et abondantes les places, avenues, promenades et jardins publics de la métropole portugaise. Cette œuvre d'art si remarquable est un legs du xviiie siècle. Lisbonne présente un plan orienté du nord-ouest au sud-ouest, dont le circuit mesure 18 kilomètres. Sur la rive méridionale

de la baie, à Barreiro, un chemin de fer la relie à Beja et à Faro (Algarve) ;
une ligne bien moins importante la rattache à Cascâes, en vedette sur
l'Atlantique ; deux autres lignes, d'intérêt général, raccordées dans la banlieue nord par un embranchement, la mettent en communication, l'une
avec Coïmbre, Porto et Salamanque, l'autre avec Cintra et Figueira do
Foz ; cette dernière part de la gare centrale du Rocio ; les deux voies se
réunissent à Alfarellos, en avant de Coïmbre, et se prolongent sur Paris
et sur Madrid.

L'estuaire du Tage (longueur 30 kilomètres, largeur 11 kilomètres),
cuvette creusée entre la ligne sinueuse des collines verdoyantes de la rive

Place du Commerce, à Lisbonne.

sud-orientale et la plage de la rive droite, entaillée de bassins, docks et
avant-ports sur un développement de 7 kilomètres, forme une des plus
belles rades du monde ; la multitude de navires et d'embarcations qui se
croisent sur sa nappe azurée, navires arborant tous les pavillons européens ; les tours et les flèches aériennes des églises et des anciens cloîtres qui surgissent des sept collines sur les flancs desquelles s'étend en
double éventail la reine du Tage aux édifices semi-orientaux ; le ciel
splendide qui recouvre de teintes dorées ou opalines ses palais et ses
maisons, celles-ci aux toits incurvés à la chinoise, aux fenêtres garnies
de miradores, aux façades incrustées de faïences multicolores ; ses
parcs et ses jardins odoriférants où les palmiers et les plantes tropicales
poussent en plein air, — ce tableau vivant, fascinateur, féerique, vu du
milieu de la baie, à l'aube ou de nuit, évoque le souvenir des rives du
Bosphore.

Les sept collines, hautes de 100 mètres en moyenne, dont les croupes

et les intervalles représentent l'aire occupée par la cité centrale et par
les quartiers périphériques qui la prolongent ou la complètent à l'est, au
nord et à l'ouest, sont les ultimes mamelons de la serra de Cintra. Leurs
gradins, parfois très abrupts, ont rendu nécessaire du côté nord (*Bairro
Alto*) la construction de terrasses, de rampes, d'escaliers vertigineux,
même d'un long tunnel pour le chemin de fer partant du Rocio. Ce terrain ondulé descend jusqu'à la plage du quartier du Centre (quais des
Colonnes et du Vingt-quatre-Juillet). Les rues de la capitale portugaise,
jadis renommées pour leur insécurité et leur malpropreté, ont pris en

Praça de Touros, à Lisbonne.

général une physionomie avenante : elles sont bordées de trottoirs en
mosaïque, éclairées au gaz et à l'électricité ; des tramways électriques les
parcourent. Le va-et-vient des paysannes portant droit sur leur tête des
corbeilles surchargées de denrées, des ânes et des mules, des Gallegos,
marchands d'eau, des mendiants très polis, mais trop nombreux; des
chats groupés par demi-douzaines et maîtres du pavé ou du macadam,
comme les chiens à Constantinople, toutes ces scènes journalières ani-
ment la voie publique.

Le quartier oriental (*Alfama*) déroule un dédale de rues et de ruelles
en lacet ou en spirale qui contournent l'escarpement du château São
Jorge ou dos Mauros (ancien Alcazar), encore adossé à trois tours mau-
resques, et l'éminence de N. S. da Graça. Des coupoles signalent la
cathédrale, *Sé patriarcal*, érigée au sud-ouest du château São Jorge. Ce
même quartier, le plus vieux de la ville, enclôt dans son périmètre d'au-

tres basiliques dignes d'attention, soit par leur architecture, soit par leur
ancienneté : N. S. da Penha, N. S. do Monte, N. S. da Conceicào Velha,
N. S da Graça (tombeau d'Albuquerque), São Vicente da Fora, Santa
Engracia, église inachevée, servant de dépôt au matériel de l'armée. Les
théâtres do Principe Real, Colyseu et dos Condes, le Marché (*Praça da
Figueira*), l'asile Maria Pia, l'hospice São José, l'hôpital Estephania,
l'Académie militaire, l'Arsenal de l'armée et le Musée d'artillerie alternent avec les édifices religieux dans cette zone orientale.

Le quartier du Centre, la ville basse ou *Rocio*, forme la circonscription

Course de taureaux, à Lisbonne.

la moins étendue de la métropole; c'est la nouvelle Lisbonne, assise sur
la berge du fleuve, mais allongeant vers le nord et vers l'ouest ses avenues
ombragées et spacieuses, ses grappes de maisons et d'édifices modernes;
c'est le quartier découpé en rues parallèles et en places rectangulaires,
que décorent des obélisques, des arcs, des statues; c'est le centre du
monde élégant (rues Garrett de Ouro et Augusta), des magasins somptueux, des grandes administrations publiques, des instituts scientifiques;
c'est la cité créée au xviiie siècle, celle qu'un ministre énergique, le
marquis de Pombal, fit surgir des ruines accumulées par le désastre
de 1755. La Douane, la Bourse, l'Arsenal de marine, les ministères encadrent la place du Commerce, sur le quai des Colonnes; au centre de
cette belle place, entourée de portiques, se dresse un monument colossal,
la statue équestre en bronze de José Ier; plus au nord, par delà l'échiquier des rues symétriques, se déploie la place du Rocio ou de dom

Pedro IV : la statue de ce prince occupe le centre de ce quadrilatère, que la Gare centrale sépare de la place des Restauradores. De cette dernière part, s'infléchissant vers le nord-ouest, la longue avenue de la Liberdade, promenade dont les ombrages et les pelouses font songer à l'avenue des Champs-Élysées de Paris ou aux Cascines de Florence. Elle se confond avec la place du marquis de Pombal et aboutit au vaste parc de la Liberdade, voisin du Pénitencier central.

A l'ouest de ce grand axe se développe sur un vaste espace, dont le sol se relève çà et là en monticules, la partie de la ville qui fut épargnée (mais point intégralement) par la catastrophe de 1755. Ici, tantôt groupés, tantôt disséminés, se présentent les édifices religieux et civils, les palais, les jardins publics, les places qui s'imposent à l'attention, soit par les souvenirs historiques qu'ils rappellent, soit par leur architecture : Hôtel de ville, Monnaie, Bibliothèque nationale (ancien couvent), riche de 400 000 volumes, de 73 000 manuscrits et de 83 000 médailles ; Musée national des beaux-arts (palais du marquis de Pombal) ; Académie des sciences, possédant une bibliothèque de 60 000 volumes et le plus beau jardin botanique de l'Europe ; palais des Cortès et Archives nationales (83 000 documents relatifs aux affaires de l'Inde), occupant le couvent de São Bento ; Tribunal suprême ; églises São Roque, do Carmo (Musée archéologique), Coração de Jésus, São Domingos ; couvent des Paolistas ; Casa de la Miséricordia ; Casa da Moeda ; École polytechnique, ayant pour dépendances un jardin botanique et un musée d'histoire naturelle ; Institut industriel et commercial ; Conservatoire de musique ; théâtres Normal, São Carlos, Trindade, Gymnasio ; les *praças*, *largos*, *passeios*, *alamedas*, *aterros* (places, promenades, jardins publics) do Principe Real, São Pedro d'Alcantara, São Paulo, da Estrella, Camoês, Sá da Bandeira ; enfin, sur la lisière du quartier occidental, le palais des Necessidades, résidence actuelle du roi : ce château (du xviiie siècle), remarquable par ses jardins aux eaux jaillissantes, a moins la physionomie d'un palais que d'une villa princière.

Le quartier sud-ouest, la banlieue favorite de Lisbonne, est un Saint-Cloud ou un Versailles, moins éloigné de la capitale. C'est dans ce district suburbain et à proximité du palais des Necessidades, au delà du faubourg Alcantara, que sont situés le palais d'Ajuda et son beau jardin botanique, sur le plateau d'Ajuda ; le palais de Belem (du xvie siècle), ancien cloître des Hiéronymites, édifice de style composite, le joyau de l'architecture portugaise ; la richesse de ses jardins rehausse la beauté de ce cloître (deux galeries superposées) et de son église, qui abrite plusieurs tombes royales. Un orphelinat et une Exposition permanente ont pu trouver place dans l'enceinte de ce monastère. Plus loin, sur le Tage, se profile la tour de Belem, de style gothique et hindou.

Comme établissements d'instruction, instituts de bienfaisance, sociétés de prévoyance et de crédit, Lisbonne possède tous les rouages et organes nécessaires à la vie intellectuelle, économique et sociale d'une grande capitale. Nombre de ces institutions et œuvres d'intérêt public figurent déjà, à leur place respective, dans l'esquisse qui précède ; pour être complet, il suffit de mentionner ici de nombreuses écoles primaires et secondaires, deux écoles normales (instituteurs et institutrices), un lycée central, une école navale, une académie des Beaux-Arts, un institut agronomique et vétérinaire, un jardin zoologique et d'acclimatation, un athénée (cours publics de littérature et d'histoire), un observatoire astronomique, un observatoire météorologique, une imprimerie nationale, un musée agricole et forestier, un musée colonial et ethnographique, une société de géographie, une société des sciences médicales, plusieurs bibliothèques municipales, les hôpitaux d'Arroyos et de Desterro, un asile d'aliénés, un asile d'aveugles, un hôpital militaire, un autre pour la marine, un hôtel d'invalides, plusieurs banques, compagnies d'assurances, de navigation et de chemins de fer, une tauromachie.

L'industrie a pris un développement assez considérable dans la capitale e 1dans ses faubourgs : la filature et le tissage du coton, du chanvre, de la laine et de la soie, la fabrication des filigranes d'or et d'argent, la chapellerie, la faïencerie, la stéarinerie, la savonnerie, la fabrication du tabac, des cigarettes, des bouchons, du verre, du papier, des armes, des outils et machines, des eaux-de-vie et de la bière, des conserves alimentaires, la fonderie du fer, la charpenterie, la menuiserie, la taille des pierres sont les principales branches de travail. Quant au commerce extérieur, qui appelle dans le port de Lisbonne 2 300 navires par an, jaugeant ensemble 3 millions de tonnes, il comprend, à l'exportation, les objets manufacturés, les pommes de terre, l'huile d'olive, le liège, le bétail, les fruits de la Péninsule, le vin, le sel et les minerais ; et à l'importation, les cotonnades françaises et anglaises, le sucre, la morue, le coton, la houille, le bois de construction et de chauffage, le tabac, le café, le pétrole, le cacao, la gomme.

A l'origine, Lisbonne fut un entrepôt phénicien (*Alis ubbo*, la Baie délicieuse), bien qu'une tradition inexacte en attribue la fondation à Ulysse ; les Romains donnèrent le nom de *Felicitas Julia* à cette bourgade dont les Maures rétablirent, mais en l'altérant, le nom primitif (*Ulisippo* ou *Olisippo*). Après l'expulsion des Arabes, Alphonse Ier l'agrandit. En 1290, elle devint le siège d'une Université (transférée à Coïmbre en 1308). Diverses calamités l'éprouvèrent au xive siècle : tremblement de terre en 1344, peste en 1348, incendie en 1373, quand elle fut saccagée par Henri II, roi de Castille. Cependant elle n'avait cessé de prendre de l'importance, et sa prospérité reçut un merveilleux accroissement, du xive au xvie siècle, par suite des découvertes et des conquêtes des grands navigateurs qui ont illustré le Portugal. Presque anéantie par le mémorable tremblement de terre de 1755, elle dut au marquis de Pombal une prompte résurrection. L'armée française l'occupa de 1807 à 1808.

G.-Br.

Porto (*O Porto*, le Port), ancienne capitale et deuxième ville en importance du Portugal, chef-lieu de district (ancienne province Entre-Minho-et-Douro) ; évêché, cour d'appel, division militaire, préfecture, chambre de commerce, consulats ; située sur la rive droite du Douro, à 5 kilomètres de son embouchure, et à 364 kilomètres nord-nord-est de Lisbonne par chemin de fer. Population : 139 000 habitants ; climat très doux.

Vue de Porto.

Vue de Porto, prise du côté de Villa Nova de Gaia.

Une barre de sable et un banc de rochers sous-marins rendant dan-
gereuse la navigation à l'entrée du Douro, dont la profondeur n'est que
de 3 mètres; on a dû créer (en 1890) un port artificiel à Leixoes (à 10 kilomètres au nord); ce port, d'une superficie de 400 hectares et d'une
profondeur de 10 mètres, est pourvu de deux grandes jetées et d'un
phare; une voie ferrée le rattache à Porto.

Sur la rive méridionale du Douro, vis-à-vis de Porto, est assise une
ville de 9 000 âmes, *Villa Nova de Gaia*, élevée sur l'emplacement de
l'ancien *Portus Gallorum* ou *Portus Cale*, d'où dérive le nom de *Portugal*. Gaia fait partie intégrante de la commune de Porto; le pont Dom

Hôpital de la Miséricorde, à Porto.

Luiz réunit les deux rives du fleuve, et plus haut le pont Dona-Maria,
remarquable par son énorme arcade en fer et d'une portée de 354 mètres,
livre passage au chemin de fer de Lisbonne-Salamanque-Bayonne. De
cette ligne, à l'est de la ville, se détachent deux embranchements, passant sur une partie de leur trajet en tunnel; l'un aboutit à la gare centrale, l'autre se termine à la douane, sur le quai du sud-ouest. Une autre
gare, située dans le quartier nord-ouest, sur la place Rotunda de Boa-
Vista, dessert la ligne de Povoa. La citadelle se trouve sur la rive méridionale du Douro; c'est l'ancien cloître del Pilar.

Vue de la tour des Signaux, du coté de Gaia, la ville de Porto offre
un site pittoresque, un décor grandiose : la cité, entourée sur sa péri-
phérie de vignobles et de jardins en terrasse, s'étend en amphithéâtre
sur deux collines de granit, qui la partagent en deux sections (*Bairro
oriental* et *Bairro occidental*), et dans les vallons excavés entre ces hau-

teurs (alt. 180 m.). Elle a six faubourgs, entre autres *Bomfin* au nord-
ouest et *Bicálho* au sud-ouest. La torre dos Clerigos (75 m.), peu
distante du fleuve (500 m.), tour élégante, domine toute la ville. Les
cloîtres et les châteaux occupent tous les sommets. Les vieux quartiers
sont des labyrinthes de rues escarpées, mais les quartiers neufs (centre
de la ville) alignent des rues larges, éclairées au gaz et à l'électricité :
les plus belles sont les rues des Anglais, São João, das Flores (orfèvres
et joailliers). Des avenues ombragées, des jardins publics : Campo dos
Martyres, Passeios das Virtudes et das Fontainhas, square São Lazaro,
Jardin botanique, parc du Palais de Cristal, Alameda de Massarellos

Cathédrale de Lamego.

(ces derniers à l'ouest), les places Dom Pedro IV (statue équestre de ce
prince) et São Ovidio sont autant d'oasis verdoyantes dans une ville ali-
mentée en abondance d'eau pure et englobant des centaines de jardins
privés.

Par ses monuments, ses édifices, ses instituts d'enseignement, ses
établissements de bienfaisance, Porto tient avec honneur le deuxième
rang parmi les cités du Portugal ; il convient de mentionner la *Sé*, cathédrale (du XIe siècle), surmontée de petites coupoles et ayant une tour
carrée à chacun de ses angles ; São Martinho, la plus ancienne église du
royaume ; São Francisco (du XVe siècle), remarquable par ses trois nefs,
N.-S. de Lapa, les églises dos Clerigos, de la Trindade, São Ilde-
fonso ; le Palais royal, le Palais de justice, l'Hôtel de ville, la Douane,
la Poste, la Bourse, la factorerie anglaise, la caserne Saint-Ovide,
la caserne d'artillerie, l'École polytechnique (avec observatoire et jardin
botanique), l'Académie des Beaux-Arts, le musée, l'Institut indus-

triel, l'école de marine et de commerce, l'hopital militaire, l'hopital de
la Misericordia, le marché, le Palais de Cristal. Porto possède encore un
lycée, une bibliothèque publique, riche de 150 000 volumes et de 1 200 manuscrits, deux galeries d'art, des sociétés savantes, un orphelinat,
trois théâtres et plusieurs casinos.

L'industrie de Porto, analogue à celle de Lisbonne quant aux produits
manufacturés, compte sept cents fabriques. La filature et le tissage du coton, de la soie et de la laine viennent en première ligne ; la fonderie du
fer, la tannerie, l'orfèvrerie, la joaillerie, la coutellerie, la quincaillerie,
la distillerie, la fabrication du tabac, du savon, des bougies, des cordages,
du papier, de la potasse, de la faïence, des chapeaux, des bouchons de
liège, la raffinerie du sucre ont acquis un essor encourageant. Mais le
grand mouvement des affaires a pour ressort la viticulture et l'exportation
des vins de *Porto* (Angleterre, Brésil) : à Gaia, 200 maisons portugaises
et 50 anglaises s'occupent exclusivement de cette branche de commerce ;
les entrepôts ou chais, creusés en plein roc, peuvent tenir en réserve
300 000 hectolitres de vin. Porto exporte en outre du minerai de fer, du
bétail, de la laine, de la soie grège, des chapeaux, des chaussures, du
liège et les fruits du Midi. Les importations consistent principalement
en sucre, céréales, coton, morue, houille, alcool, tissus, douves, peaux
et cuirs.

Alphonse Ier de Léon chassa de Porto, en 820, les Arabes qui s'étaient
emparés, en 716, de l'ancien municipe de *Portus Cale* et qui le recon-
quirent en 825 et le détruisirent. Un corps d'aventuriers, Gascons et
Francs, rebâtit la ville en 984. Porto, fortifiée en 1110, fut la capitale du
Portugal jusqu'en 1174. Son histoire ultérieure est signalée par une
révolte en 1757, l'occupation française, 1808-1809, l'insurrection de 1820,
le blocus de 1832, les soulèvements de 1842 et 1846, le pronunciamiento
de 1851 en faveur de Saldanha, la mort de Charles-Albert, roi de Sar-
daigne, en 1849, et la peste de 1899.

Coïmbre, chef-lieu de district (province de Beira); siège d'un évêché;
située sur la rive droite du Mondego, à 226 kilomètres nord-nord-est de
Lisbonne par chemin de fer. Population : 17 000 habitants. Climat très
doux et l'un des plus pluvieux de l'Europe.

Un beau pont de pierre, au sud-est, donne accès au centre de la ville
qui se déploie au sommet et sur la déclivité d'une colline. Des escaliers
entre la ville basse et la ville haute où s'étagent des terrasses, deux
belles rues, plusieurs *largos* ou places, un magnifique jardin botanique
aux plantes exotiques, un aqueduc de vingt et une arcade, des édifices
très anciens pour la plupart, enfin l'Université recommandent Coïmbre
à la bienveillante attention de l'étranger.

Les cloîtres et les églises méritent de l'attirer en premier lieu : l'ancienne cathédrale, *Sé Velha*, aux murs couronnés de créneaux, est une
basilique massive du XIIe siècle; la nouvelle (de la fin du XVIe siècle) n'a
pas de caractère; l'église do Carmo a un bel intérieur; le monastère de
Santa-Cruz (du XVIe siècle) possède les tombeaux d'Alphonse Ier et de
Sanche Ier; le cloître de Santa Clara (du XIIe siècle), sur la rive gauche

du Mondego, renferme les tombeaux de plusieurs rois de Portugal. Dans le voisinage se trouvent un beau parc et la Quinta das Lagrimas où Iñès de Castro fut mise à mort en 1530.

L'Université est l'unique académie consacrée au haut enseignement en Portugal. L'Université de Lisbonne y fut transférée en 1308 ; elle y fut rétablie définitivement en 1537, après une suspension de deux siècles. Elle est installée dans un vaste bâtiment sur la plate-forme de la colline. Ses cours se rattachent à cinq facultés : théologie, jurisprudence, médecine, mathématiques, philosophie. Elle compte 74 professeurs et 1 100 étudiants. L'Université a pour annexes un observatoire, un musée d'ethnographie et d'histoire naturelle, un laboratoire de chimie. Coïmbre possède en outre un lycée (San Bento), un collège royal des Beaux-Arts et un séminaire.

L'industrie de cette ville se restreint à la fabrication de la toile et de la poterie, et son commerce à l'expédition du vin, de l'huile, des oranges et des citrons.

Coïmbre est le *Conimbria* des Romains. Enlevée aux Maures en 1064, elle devint la résidence des rois de Portugal jusqu'en 1147. Le tremblement de terre de 1755 s'y fit ressentir assez fortement. De 1810 à 1811, les Français, commandés par Masséna, et les Anglais, sous les ordres de Wellington, se livrèrent sur son territoire une série de combats. En 1834, Coïmbre devint le point d'appui de dom Miguel, et en 1846, elle se souleva en faveur de la cause miguéliste ; l'année suivante, Saldanha s'en rendît maître.

Ordres portugais de chevalerie.

Ordre militaire de Saint-Benoît d'Avis.

L'ordre d'Avis est une branche issue de l'ordre de Calatrava, fondé en 1158 par le roi de Castille Sanche III, et introduite en Portugal le 13 août 1162 par le roi Alphonse Ier. En 1789, la reine Marie réserva spécialement aux militaires et aux marins.

Les cadres de l'ordre, non compris les étrangers, sont fixés à 6 grands-croix, 49 commandeurs et un nombre illimité de chevaliers.

La croix est émaillée de vert et suspendue à un ruban vert.

Ordre militaire du Christ.

Fondé en 1317 par Denis Ier, l'ordre du Christ a été sécularisé en 1789. Il comprend 3 classes, dont 6 grands-croix, 450 commandeurs, non compris les étrangers et un nombre illimité de chevaliers.

La grande croix est émaillée de bleu avec bordure blanche, et chargée d'une croisette centrale, émaillée de rouge; le ruban, de soie rouge.

Ordre de Saint-Jacques de l'Épée.

Fondé en Espagne vers 1170, l'ordre de Saint-Jacques fut introduit au Portugal en 1177. Sécularisé, il fut destiné en 1862 à récompenser les mérites scientifiques et littéraires, malgré son appellation guerrière.

L'ordre de Saint-Jacques est divisé en 4 classes dont l'effectif est ainsi fixé : 8 grands-croix (dont 6 portugais et 2 étrangers); 30 commandeurs avec plaque (25 portugais, 5 étrangers); 50 officiers (40 portugais, 10 étrangers); 70 chevaliers (60 portugais, 10 étrangers).

La croix est émaillée de violet, les accessoires de vert; elle se porte à un ruban violet.

Ordre militaire de la Tour et de l'Épée.

Cet ordre fondé en 1459 par Alphonse V l'Africain. De nouveaux statuts ont été décrétés en 1832. L'ordre de la Tour et de l'Épée est spécialement destiné à récompenser le mérite militaire.

L'ordre possède 4 classes : grand-croix, commandeur, officier, chevalier.

La croix a cinq rayons émaillés de blanc, est chargée d'un disque émaillé bleu et or, sur lequel se détachent une couronne de chêne et d'olivier et un sabre.

Ordre de Notre-Dame de la Conception de Villa-Viçosa.

C'est en 1818 que Jean VI fonda cet ordre de Notre-Dame de la Conception ; il publia les statuts en 1819. L'ordre comprend des membres honoraires et des membres titulaires.

L'insigne consiste en une étoile à neuf rayons émaillés de blanc et séparés par une gerbe de rayons solaires d'or, chargée d'une étoile d'émail blanc. Au centre de l'étoile se trouve un disque azur et or, portant les initiales de l'Ave Maria. Le ruban est azur, liséré blanc.

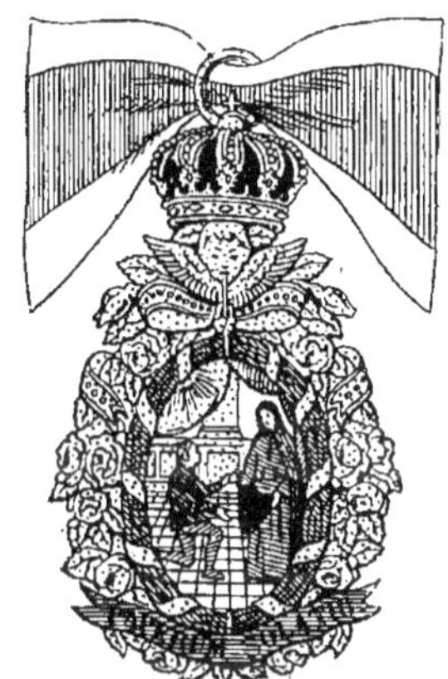

Ordre de Sainte-Isabelle.

Fondé en 1861 pour les Dames, cet ordre, aux termes de ses statuts, n'est conféré qu'aux princesses de la famille royale ou des maisons étrangères et à 26 dames nobles qui doivent être mariées et âgées d'au moins vingt-six ans.

La décoration se compose d'un médaillon émaillé, suspendu à un ruban rose bordé de deux raies blanches. Elle se porte sur le sein gauche.

Monnaies, poids et mesures.

Le Portugal possède un système monétaire particulier.

L'unité monétaire est le *real*, qui vaut théoriquement un peu plus de la moitié du centime français. Vingt *reis* (*reis* est le pluriel de *real*) servent à compter dans les petites transactions ; 1 *tostão* ou 100 *reis* peut être pris aussi pour unité ; enfin, pour les opérations importantes, on calcule, soit en *milreis*, monnaie de compte, soit en *contos de reis* ou millions de reis. La livre sterling, ayant un cours légal de 4 500 reis, est une autre unité très en usage.

Comme monnaies réelles, il existe : 1° en or, des pièces de 10 000 reis ou couronne, de 5 000 reis, de 2 000 reis et de 1 000 reis ; — 2° en argent, 500 reis, 200 reis, 100 reis et 50 reis; — 3° en bronze, 20 reis, 10 reis, 5 reis et 3 reis.

La Banque portugaise émet toute la monnaie fiduciaire sous forme de billets de 50 000, 20 000, etc., et des coupures de moins de 1 franc, par suite de l'absence de monnaie métallique dans le pays, absence produite par la crise économique du Portugal.

Les monnaies d'or et d'argent, — les premières devenues introuvables et les secondes encore rares, — sont frappées à la Monnaie de Lisbonne au titre de 916, 66 millièmes. On a frappé du billon portugais en Angleterre.

Le système portugais a été établi par une loi du 29 juillet 1854, qui a choisi l'or comme unique étalon. Le cours forcé du papier-monnaie existe depuis 1891, date de la suspension des payements en or.

Pratiquement, tous les payements se font en papier; mais, quand il existait une monnaie métallique, l'argent avait force libératoire jusqu'à concurrence de 5 milreis et le bronze pour une valeur maxima de 500 reis.

La parité du milreis est de 5 fr. 60, et, en sens inverse, 100 francs valent 17 857 reis.

Pour le change de Lisbonne sur Paris, on adopte la parité légale de 540 reis pour 3 francs. En conséquence, on cote à raison de x reis par 3 francs. Par exemple, si la cote est de 730 reis, moyenne de ces dernières années, on dira, s'il faut calculer l'envoi de 100 francs d'or à

Paris $\dfrac{730 \times 100}{3} = 24\,333$ reis, somme à verser au banquier de Lisbonne,

plus les menus frais.

Pour les poids et mesures, le système décimal est le seul légalement employé.

BIBLIOGRAPHIE

Le Pays.

ADAM (Mme Edmond). *La Patrie portugaise.* (Paris, 1896, in-12.)

ARNAUD (Adrien). *Le Portugal et l'Espagne à vol d'oiseau.* (Paris, 1869, in-12.)

BALBI (A.). *Essai statistique du royaume de Portugal.* (Paris, 1862, 2 vol. in-8°.)

BÉGIN. *Voyage pittoresque en Espagne et en Portugal.* (Paris, 1852, gr. in-8°.)

BENGUY D'HAGERNE (G. de). *A travers l'Espagne et le Portugal.* («Bull. Société de géographie de Lille», août 1890, in-8°.)

BERGMANN. *Une excursion en Portugal.* (Meaux, 1890, in-18.)

BOINETTE. *Le Portugal (géographie, histoire, commerce, etc.).* (Bar-le-Duc, 1882, in-18.)

BOULRON. *Coup d'œil sur le Portugal.* («Revue de géographie», tome XXXV, p. 214 et 305.)

BRAGA (Theophilo). *A Patria portugueza.* (Porto, Lello et Irmão, 1894.)

CLOUSSE (Gustave). *Espagne et Portugal: Notes sur les villes principales de la péninsule ibérique.* (Paris, Librairie de l'Art, 1889. in-8°.)

CRAWFORD (Oswald). *Portugal old and new.* (Londres, 1880.)

DAYOT. *Croquis de voyage: Espagne, Portugal, etc.* (Paris, 1887, in-8°.)

DELGADO. *Terrenos paleozoicos de Portugal.* (Lisbonne, 1878.)

DESCAMPS (Maxime). *Souvenirs d'Espagne et de Portugal.* (Lille, 1892, in-8°.)

DROUET (H.). *Catalogue de la Flore des îles Açores, précédé de l'itinéraire d'un voyage dans cet archipel.* (Paris, Baillière, 1866, in-8°.)

FOLQUE. *Carte géographique: 1,500 000e.* (Lisbonne, 1870.)

FORRESTER. *Portugal.* (London, 1860.)

FOUCHÉ-DELBOSC (R.). *Bibliographie des voyages en Espagne et en Portugal.* (Paris, 1896, in-8°.)

GASPARIN (Mme A. de). *Andalousie et Portugal.* (Lille, 1892, in-16.)

GUEDES (O.). *L'Industrie minière au Portugal.* (Lisbonne, 1878.)

HALLIDAY. *The present state of Portugal.* (Edinburgh, 1877-1881.)

KINSLEY. *Portugal illustrated.* (Londres, 1828.)

LECK. *Iberian Sketches.* (London, 1885.)

LE CLERCQ. *En Portugal.* («Tour du Monde», 1881, 1er sem.)

LE ROUX (Hugues). *En yacht: Espagne, Portugal, etc.* (Paris, 1892, in-18.)

MERSON (Olivier). *Guide du voyageur à Lisbonne* (Paris, 1857, in-8°); — *Voyages dans les provinces du nord du Portugal.* («Tour du Monde», 1er sem. 1861.)

MINUTOLI. *Portugal und seine Kolonien.* (Stuttgart, 1855, 2 vol.)

MURPHY. *Travels in Portugal.* (Londres, 1795.)

NOLHAC (Stan. de). *En Portugal.* (Paris, 1891, in-18.)

O. S. *Le Portugal historique et pittoresque.* («Revue britannique», juin 1870.)

PEIXOTO (Rocha). *A Patria portugueza.* (Porto, Lello, 1898, 1 vol.)

PEPPER (D.). *Le Portugal, ses origines, son histoire, son organisation.* (Paris, 1879, in-8°.)

PERY (G.-A.). *Geographia estatistica de Portugal e colonias.* (Lisbonne, 1875.)

POURCET DE FONDEYRE (J.). *Lisbonne et le Portugal.* (Paris, 1846, in-8°.)

RATTAZZI (Mme). *Le Portugal à vol d'oiseau.* (Paris, 1883, in-18.)

ROSNY (Léon de). *Souvenirs d'un voyage en Espagne et en Portugal.* (Paris, 1853, in-18.)

ROUFFEYROUX (Léonce de). *Le Portugal.* (Paris, 1880, in-8°.)

SAINT-VICTOR (G. de). *Portugal : Souvenirs et impressions de voyage.* (Paris, 1891, in-18.)

SALAS (J. DE). *Nociones geograficas.* (Madrid, 1880.).

SINES DE LOS RIOS. *Portugal.* (Madrid, 1890.)

SOUZA-HOLSTEIN (De). *Le Portugal et les Portugais.* (« Bull. de la Soc. de géographic de Lisbonne », 1876-77.)

STEPHENS. *Portugal.* (London, 1891.)

ULBACH (Louis). *Espagne et Portugal : Notes et impressions.* (Paris, 1886, in-18.)

VERHAEGEN DE NAEYER. *Vingt ans d'étapes : Voyages en Italie, Portugal, etc.* (Bruxelles, 1888, in-8°.)

VIGNERON (Lucien). *A travers l'Espagne et le Portugal.* (Paris, 1883, in-8°.)

VOGEL (Ch.). *Le Portugal et ses colonies.* (Paris, 1860, in-8°.)

WILLKOMM. *Die Pyrenäische Halbinsel.* (Prague, 1884.)

Iles de l'Atlantique.

AVEZAC (D'). *Les Iles d'Afrique.* (Paris, 1878, in-8°.)

BOID. *A Description of Azores.* (London, 1835, in-8°.)

BOWDICH. *Excursion in Madeira and Porto-Santo.* (Paris, 1888.)

DROUET et MORELET. *Rapport au roi de Portugal sur un voyage d'exploration aux Açores.* (Dans les « Mémoires de la Société d'Agriculture de l'Aube », t. IX, 1857.)

KERHALLET et LEGRAS. *Madère.* (Madrid, 1868.)

ROUNDELL (M^rs Ch.). *A Visit to the Azores.* (London, 1889.)

SMITH (A.). *L'Ile de Madère.* (Paris, J.-B. Baillière, 1878, in-18.)

STARKIE-YARDNER. *Madeira.* (« Quarterly journal of the Geological Society », 1882.)

TAYLOR (Ellen M.). *Madeira.* (Londres, 1882.)

Voy. COLONIES.

La Race.

BATAILLARD (P.). *Les Gitanos d'Espagne et les Ciganos de Portugal.* (*Ibid.*)

CALDAS (José). *Archéologie préhistorique dans la province de Minho.* (*Congrès de Lisbonne.*)

CARTAILHAC (E.). *Les Ages préhistoriques de l'Espagne et du Portugal.* (Paris, 1886, 1 vol. gr. in-8°, avec gravures et planches.)

COELHO (Adolpho). *Sur les cultes péninsulaires antérieurs à la domination romaine.* (*Ibid.*)

CONSIGLIERI (Pedroso). *Sur quelques formes du mariage populaire en Portugal.* (*Ibid.*)

ESTACIO DA VEGA. *Antiguidades monumentaes do Algarve : tempos prehistoricos* (Lisbonne, 1886-89, 3 vol. in-8°.)

MARTIN (Henri). *Du type ethnique et anthropologique des Ibères, etc.* (*Ibid.*)

OLIVEIRA (Paula d'). *Notes sur les ossements humains qui se trouvent dans le musée de la section géologique de Lisbonne.* (*Compte rendu du Congrès de Lisbonne et ouvrage ci-dessus de M. Cartailhac.*) — *Nouvelles fouilles dans les Kjökkenmöddings de la vallée du Tage.* (Publications de la Commission des travaux géologiques, t. II. Lisbonne, 1898.)

PEREIRA DA COSTA. *Noticia de alguns martellos de pedra e outros objectos que foram descobertos em trabalhos e outros antigos da mina de cobre de Ruy Gomes no Alemtejo.* (Lisbonne, 1868, in-8°.)

RIBEIRO (Carlos). *Description du bassin quaternaire du Tejo et du Sado* (Lisbonne, 1866, in-4°) en portugais et en français. — *Descripção di alguns silex et quartzites cascados encontrados nas camadas di terreno terciario* (1871, in-4°, 10 pl.). — *Notice sur la station humaine de Licea* (Lisbonne, 1878, in-4° avec pl.). — *Les Kjökkenmöddings de la vallée du Tage.* (*Compte rendu du Congrès de Lisbonne*, 1884, in-8°.) — *L'Homme tertiaire en Portugal.* (*Compte rendu du Congrès de Lisbonne.* (Lisbonne, 1844, in-8°.)

SARMENTO (Martins). *Les Lusitaniens.* (*Ibid.*)

SILVA AMACH (DA). *Ethnogénie du Portugal.* (*Revue d'Anthropologie,* 1880.)

Mœurs et Coutumes.

Les ouvrages indiqués ci-dessus.

Législation. — Administration. — Armée.

Annuario estatistico de Portugal. (Lisbonne. Imprensa nacional, 1898.

Annaes de Estatistica. T. I, Série I. Finances. (Lisbonne, Imprensa nacional, 1894.)

Code (Le) civil portugais. Trad. et annoté par P. Lepelletier. (Paris, Pedone-Lauriel, 1894, in-8°.)

Code (Le) de commerce portugais, de 1888, trad. et annoté par Lehr. (Paris, Pichon, 1889.)

Codigo civil portuguez, annoté par José Dias Ferreira. (Lisbonne, 1877, 5 vol. in-8°.)

GIACARDI (E.). *Le Portugal au point de vue commercial, son avenir.* (Paris, 1890, in-8°).

LEHR (Ernest). *Le Nouveau droit pénal portugais; Étude sur le Code pénal du 16 septembre 1886.* (Paris, 1890, in-8°.)

Langue, Littérature et Beaux-Arts.

BARBOZA. *Grammatica philosophica da lingua portugueza.* (Lisbonne, 1830.)

BRAGA. *Historia da Litteratura portugueza.* (Lisbonne, 20 vol., 1870-1880.)

CARVALHO (F. DE). *Ensaio sobre a historia litteraria de Portugal.* (Lisbonne, 1845.)

COELHO. *Diccionario manual etymologico.* (Lisbonne, 1889.)

COELHO (F.-A.). *Dialectos romanicos ou neo-latinos na Asia, Africa e America.* (Lisbonne, 1881-1886.)

COSTA E SILVA. *Ensaio biographico-critico sobre os melhores poetas portuguezes.* (Lisbonne, 1850-1855, 10 vol.)

FORMONT (M.). *Le Mouvement littéraire en Portugal.* (Paris, 1892.)

HAUPT. *Die Baukunst der Renaissance in Portugal.* (Francfort, 1890-1895, 2 vol.)

LOISEAU. *Histoire de la Littérature portugaise.* (Paris, 1887.)

LUCAS (Charles). *L'Architecture en Portugal, mélanges historiques et archéologiques.* (Paris, 1878, in-8°.)

ORTIGÃO (Ramalho). *Culto da arte em Portugal.* (Pereira, 1897, 1 vol.)

RACZYNSKI (Comte A.). *Les Arts en Portugal.* (Paris, J. Renouard et Cie, in-8°.) — *Dictionnaire historico-artistique du Portugal.* (Paris, J. Renouard, 1847, in-8°.)

REIS. *Curso de litteratura portugueza e brazileira* (Maranhão, 1869, 4 vol.)

ROBINSON. *The early portuguese school of painting.* (Londres, 1866.)

SACO ARCES. *Grammatica gallega.* (Lugo, 1866.)

SILVA E ARANHA (F. DA). *Diccionario bibliografico portuguez.* (12 vol. 1858-1885.

SILVA (P. DA). *La Littérature portugaise.* (Paris, 1866.)

SOUBIES (Albert). *Histoire de la musique en Portugal.* (Paris, Flammarion, 1898, in-18.)

Vasconcellos (Joaquim de). *Albrecht Durer e sua influencia na Peninsula.* (Porto, 1877.)

Vianna (G.). *Essai de phonétique portugaise.* (Paris, 1883.)

Histoire et Politique contemporaine.

Antas (Miguel d'). *Les Faux Dom Sébastien.* (Lisbonne, 1865, in-8°.)

Barboza de Pinho Leal. *Portugal antigo e moderno.* (Lisbonne, 1873-1877.)

Béarn (Comte de). *La Dynastie de Bragance et l'avenir du Portugal.* (Paris, 1863, in-8°.)

Bordigué (Comte de). *Légitimité portugaise.* (Paris, imprimerie de Pihan Delaforest, 1830, in-8°.)

Borges de Figueiredo. *Oppida restituta.* (« Bulletin de la Société de géographie de Lisbonne », 1885.)

Bouchot (Auguste). *Histoire du Portugal.* (Paris, 1854, in-12.)

Caix de Saint-Aymour. *Recueil des instructions aux ambassadeurs de France au Portugal.* Introduction. (Paris, 1866, in-8°.)

Carte (R.). *History of the revolutions of Portugal.* (London, 1746.)

Coquelle (P.). *Aperçu historique sur le Portugal et la maison de Bragance.* (Paris-Auteuil, imprimerie des apprentis orphelins, 1897, in-18.)

Cunha de Pina Manique (F.-A. da). *Portugal desde 1828 a 1834.* (Lisboa, typ. de Sousa, 1872, in-8°.)

Denis (Ferd.). *Le Portugal,* 1 vol. in-8°. (Collection de l'*Univers pittoresque.*)

Ennes, Ribeiro, etc. *Historia de Portugal.* (Lisbonne, 1877-1883.)

Figaniera (J.-C. de). *Bibliographia historica portugueza.* (Lisbonne, 1850.)

Fortia d'Urban et Mielle. *Histoire du Portugal.* (Paris, 1828, 10 vol.).

Gallenga (A.). *Iberian Reminiscences. Fifteen years' travelling impressions of Spain and Portugal.* (London, Chapman and Hall, 1883, in-8°.)

Gebauer. *Portugiesische Geschichte.* (Leipzig, 1759.)

Giedroyk. *Histoire de Portugal au* XIX° *siècle.* (Paris, 1876.)

Goblet d'Alviella (Comte). *L'Établissement des Cobourg au Portugal. Étude sur les débuts d'une monarchie constitutionnelle.* (Bruxelles,1869, in-8°.)

Helfferich (A.) et G. de Gourmont. *Les Communes françaises en Espagne et en Portugal pendant le moyen âge.* (Paris, 1860, in-8°.)

Herculano. *Historia de Portugal.* (Lisbonne, 1848-1858.)

Latino Coelho. *Historia politica e militar de Portugal.* (Lisbonne, 1874.)

Lavisse et Rambaud. *Histoire générale* (passim). (Paris, 1894, in-8°.)

Lefranc (Émile). *Histoire d'Espagne et de Portugal.* (Paris, 2 vol. in-12; (s. d.)

Luz Soriano (Simão-José da). *Historia da guerra civil e do estabelecimento do governo parlamentar em Portugal, comprehendendo a historia diplomatica, militar e politica d'este reino desde 1777 até 1834.* (Lisboa, imprensa nacional, 1866-1884, in-8°.)

Macmurdo (Edw.). *The History of Portugal.* (London, 1891, in-8°.)

Neves (A. das). *Invasão dos Francezes em Portugal.* (Lisbonne, 1870, 5 vol.)

Nogueira Soares (D.-G). *Considerações sobre o presente e o futuro politico de Portugal.* (Lisboa, typ. T.-Q. Antunes, 1883, in-8°.)

Oliveira Martins (J.-P.). *Portugal contemporaneo.* (Lisboa, Bertrand, 1881, in-8°.)

Pinto de Souza. *Bibliographia historica de Portugal.* (Lisbonne, 1881.)

Portugal and the Congo, a Statement prepared by the African Committee of the Lisbon Geographical Society, Luciano Cordeiro recording Secretary. (London, E. Stanford, 1883, in-8°.)

Pourcelle (Edg.) et E. Bonaventure. *Essai historique sur le Portugal; statistique.* (Paris, 1872, in-12.)

RAYMOND (Emmanuel). *L'Espagne et le Portugal depuis l'invasion des Carthaginois jusqu'à nos jours.* (Paris, Germer-Baillière, 1885, in-16.)

REBELLO DA SILVA. *Invasion et occupation du royaume de Portugal en 1580.* Trad. du portugais (Paris, 1864, in-8°); *Historia de Portugal.* (Lisbonne, 1860-1871, 5 vol.)

SALISBURY (W.-A). *Portugal and its People, a History.* (London, T. Nelson, 1893, in-8°.)

SCHÆFER. *Geschichte von Portugal.* (Hambourg et Gotha, 1836-1854, 5 vol.; trad. en franç., Paris, 1840.)

SCHEPELER. *Geschichte der Revolutions Spaniens und Portugals.* (Berlin, 1826-1827, 3 vol.)

SEPTENVILLE (Baron de). *Fastes militaires et maritimes du Portugal. L'Expédition de Ceuta en 1415.* (Paris, 1879, in-8°.)

SILVERCRUYS (Ed.). *Le Portugal depuis les Carthaginois jusqu'au règne de dom Carlos Ier.* (Lille, imprimerie de Liégeais-Six, 1892, in-16.)

SORIANO. *Historia da guerra civil.* (Lisbonne, 1866-1882, 8 vol.)

TAVARES DE MEDEIROS. *Le Mouvement social de 1885 à 1897.* (Paris, Giard et Brière, in-8°.)

TEIXEIRA DE VASCONCELLOS. *Le Portugal et la Maison de Bragance.* (Paris, 1859, in-8°.)

TESSIER (Jules). *Le Chevalier de Jant. Relations de la France avec le Portugal au temps de Mazarin.* (Paris, 1877, in-8°.)

VÉZELAY (Rod. DE). *Le Portugal politique.* (Paris, E. Dentu, 1890, in-8°.)

Colonies et Histoire des découvertes.

ALCAFORER. *Relation historique de la découverte de l'île de Madère;* trad. du portugais. (Paris, Renou et Maulde, 1869, in-8°.)

BATALHA REIS. *Os Portuguezes na região do Nyassa,* 1889.

BERJEAU (Ph.). *Le Second voyage de Vasco de Gama.* (« Bulletin de la Société de Géographie d'Anvers », tome XVI.)

CAPELLO et IVENS. *D'Angola à la côte orientale.* (Lisbonne, 1887, 2 vol. in-8°.)

CARVALHO. *L'Influence de la civilisation et de la colonisation latine et surtout portugaise en Afrique.* (Lisbonne, 1889.)

CASTRO (A. de). *As Possessões portuguezas na Occania.* (Lisbonne, 1867.)

CHARTON (Édouard). *Voyageurs anciens et modernes.* (Paris, 1869, tome III, p. 209, 265, Vasco de Gama.)

CHEVALIER DE LA TEILLAIS. *Étude historique, économique et politique sur les colonies portugaises.* (Paris, Dupont, 1878, in-8°.)

Collecção de monumentos ineditos para a historia das conquistas dos Portuguezes em Africa, Asia e America. (1858-1893, 11 vol. Publication de l'Académie des Sciences de Lisbonne.)

Collecção de noticias para a historia e geographia das nações ultramarinas que vivem nos dominios portuguezes. (1812-1841. Publication de l'Académie des Sciences de Lisbonne.)

COSTA (S. DA). *Provincia de São Thomé e Principe.* (As Colonias portuguezas, 1890.)

COSTA OLIVEIRA (DA). *Viagem a Guiné portugueza* (Lisbonne, 1891.)

DANVERS (F.-C.). *The Portuguese in India.* (Londres, 1894.)

DIEGO DE COUTO. *Observações sobre as principaes causas de decadencia dos Portuguezes na Asia,* publié par Ant. Caetano do Amaral. (Lisbonne, 1790.)

DRAPEYRON (Ludovic). *Commémoration du cinquième centenaire de l'infant dom Henri de Portugal, dit le Navigateur.* (« Revue de Géographie », t. XXXIV, 1894, p. 321-336.)

FARIA Y SOUZA. *Asia portugueza.* (Lisbonne, 1666-67.)

FENNEZI. *Da Benguella al Cassange*. (« Bulletin de la Société de Géographie italienne », 1882, n⁰ˢ 2 et 3.)

FOURNIER (A.). *Renseignements sur la province de Mozambique et sur les productions du Zambèze*. (« Bulletin de la Société de Géographie », 1875.)

GAFFAREL (P.). *Christophe Colomb en Portugal*. (« Revue de Géographie », tome XXVIII, 1891.)

GIRARD DE RIALLE. *Le Pays d'Angola*. (« Revue scientifique », 1876.)

KERHALLET (De). *Les Iles du Cap-Vert*. (Paris, Bossange, 1868, in-8⁰.)

LOPEZ DE CASTANHEDA. *Historia do descobrimento de conquista da India pelos Portuguezez*. (Coïmbre, 1552-1561; traduit en français par Nicolas de GROUNCHY; Paris, 1553.)

MACHADO (J.-J.). *Caminho de ferro de Lourenço-Marquez a frenteira do Transvaal*. (« Bulletin de la Société de Géographie de Lisbonne », 1880.)

MARBEAU (E.). *Le Conflit anglo-portugais en Afrique*. (« Revue française », 1ᵉʳ janvier 1890.)

MONIN (H.). *Les Premières découvertes maritimes. L'Infant dom Henri de Portugal* (« Revue de Géographie », tome XXVIII, 1891.)

MONTEIRO (J.-J.). *Angola and the River Congo*. (Londres, 1875, 2 vol.)

MURRAY. *Handbook for travellers in Portugal*. (London.)

NOGUEIRA (A.-F.). *A Ilha de São Thome sob o ponto de vista de sua exploração agricola*. (« Bulletin de la Société de Géographie de Lisbonne », 1885, V, n⁰ 7.)

OLIVEIRA MARTINS (De). *Les Explorations des Portugais antérieures à la découverte de l'Amérique*; trad. de l'espagnol, par A. BOUTRONE. (Paris, Leroux, 1893.)

O'SHEA. *Guide to Spain and Portugal*. (London, 1868.)

RIBEIRO (M.-F.). *A Provincia de São Thome e Principe e suas dependencias*. (Lisbonne, 1878, in-8⁰.)

SANTAREM (Vicomte de). *Memoria sobre a prioridade dos descobrimentos por tuguezes na costa d'Africa occidental*. (Paris, 1841, in-8⁰.)

SERPA PINTO. *Comment j'ai traversé l'Afrique*, trad. du portugais par Belin de Launay. (Paris, 1882, Hachette, 2 vol. in-8⁰, ill. et cartes.)

TERNANT (Victor). *Les Colonies portugaises*. (Paris, « Société d'études coloniales et maritimes », 1890, gr. in-8⁰.)

TOLBORT. *On the portuguese settlements in India*. (« Proceedings of the Asiatic Society of Bengal », juin-juillet 1874, p. 128-141.)

VASCONCELLOS (Ernesto de). *As Colonias portuguezas*. (Lisbonne.)

VIVIEN DE SAINT-MARTIN. *Nouveau Dictionnaire de Géographie universelle*, 1879-1895, 7 vol. in-4⁰ et supplément, 1897-1898 (en cours de publication), *passim*.

VOGEL (Ch.). *Le Portugal et ses colonies*. (Paris, Guillaumin, in-8⁰.)

WALLER (H.). *Nyassaland, Great Britain's case against Portugal*, 1890.

Journaux à caricatures.

1863. — *O Distribuidor de Carapucão*. (Lisbonne.)

— *O Duende* (1863-1866, Lisbonne.)

— *O Torniqueto*. (1863-1865, Lisbonne.)

— *Boudoir*. (1863-1865, Lisbonne.)

1870. — *O Calcanhar d'Achilles. Album de caricaturas*. (Lisbonne.)

— *O Binoculo. hebdomadario de caricaturas*. (Lisbonne.)

1875. — *O Bisturi*. (Porto.)

1876. — *Album de Caricaturas*. Phrases e annexins da lingua portugueza. (Lisbonne.)

— *O Pimpão*. (Paraît encore. Lisbonne.)

1877-79. — *O Pai Paulino*. (Porto.)

1878. — *Album de Caricaturas. Dos homems mais celebres da cidade do Porto c seus arredores.* (Porto.)

— *A Chronica critica em caricatura.* (Vizeu.)

— *O Sorvete.* (Porto.)

— *O Vulcano.* (Lisbonne.)

1879. — *O Antonio Maria.* (Lisbonne.) Journal fondé par Raphaël Bordallo-Pinheiro (1879-1883).

1880. — *Collecção das illustrações « Duende » Caricaturas.* (Lisbonne.)

— *Album das Glorias,* par Raphaël Bordallo-Pinheiro. (Lisbonne.)

— *O Pennacho.* (1880-1885, Lisbonne.)

1881. — *A Lanterna.* (Porto.)

— *O Tigre.* (Nov.-déc., Porto.)

1882. — *Album das Symphonias. Caricaturas c biographias.* (Janvier-mai, Lisbonne.)

— *A Rua.* (5-15 juillet, Lisbonne.)

— *O Alfacinha,* revista humoristica de caricaturas. (26 août-31 oct., Lisbonne.)

1883. — *A Mosca.* (Février 1883-19 juin 1887, Porto.)

— *Album do Binoculo.* (Ponta-Delgada.)

— *A Regoa em camisa.* (Lisbonne.)

1885. — *Pontos Nos ii.* (Lisbonne.) Journal fondé par Bordallo-Pinheiro, pour faire suite à *Antonio Maria.*

— *Maria Rita.* (Porto.)

— *O Microbio.* (Lisbonne.)

— *O Tio Braz.* (1885-86, Ponta-Delgada.)

1886. — *Pist.* (1886-1887, Ponta-Delgada.)

1887. — *O Dragão.* (Porto.)

1888. — *O Palito.* (Juillet-décembre, Porto.)

1889. — *Piparotes.* (6 janvier-17 février, Porto.)

1897. — *O Seculo illustrado,* fondé par Jorge Colaço. (Lisbonne.)

LA FAMILLE ROYALE

DE PORTUGAL

De Jean VI, roi de Portugal, de la maison de Bragance, et de la princesse Charlotte-Joaquina, infante d'Espagne, naquit Maria II da Gloria, qui épousa en 1836 le prince Ferdinand de Saxe-Cobourg-Gotha. De ce mariage sont issus :

Pedro V (1837-1861).   **Luiz I**er (1838-1889).

Carlos Ier (roi régnant), né en 1863, épouse en 1886 la princesse Marie-Amélie de Bourbon-Orléans et succède à son père le 20 octobre 1889.

De ce mariage :

1° *Luiz-Filippe*, duc de Bragance, né en 1887, prince royal;

2° *Manuel*, duc de Beja, né en 1889.

Prince *Affonso*, duc d'Oporto, né en 1865.

INDEX

TABLE DES GRAVURES

TABLE GÉNÉRALE

Paris. — Imp. LAROUSSE, 17, rue Montparnasse.